기독교문서선교회(Christian Literature Center: 약칭 CLC)는 1941년 영국 콜체스터에서 켄 아담스에 의해 시작되었으며 국제 본부는 미국 필라델피아에 있습니다. 국제 CLC는 59개 나라에서 180개의 본부를 두고, 약 650여 명의 선교사들이 이동 도서차량 40대를 이용하여 문서 보급에 힘쓰고 있으며 이메일 주문을 통해 130여 국으로 책을 공급하고 있습니다. 한국 CLC는 청교도적 복음주의 신학과 신앙 서적을 출판하는 문서선교기관으로서, 한 영혼이라도 구원되길 소망하면서 주님이 오시는 그날까지 최선을 다할 것입니다.

추천의 글

정근모 박사
전 과기처 장관(2회), KAIST 및 KINGS 설립자, 전 호서대 및 명지대 총장

국가 변혁은 전문인 운동에 달렸다.
아인슈타인도 말년에 절대자의 존재를 인정했으며, 소명 앞에 무릎을 꿇은 위대한 과학자일수록 신실한 그리스도인이 될 수가 있으니, 나의 부족한 헌신이 하나의 밀알이 되어 우리가 21세기 역사적인 역할을 하는 민족으로 일어서는 데 디딤돌이 될 수만 있다면 무엇을 더 바랄 수 있을까 하는 마음으로 2019년 2월에 미국조찬기도회와 아프리카 케냐 KAIST 기공식을 다녀왔다.

본서의 저자인 김태연 교수와 삼일 운동에 대해 대화를 하는 동안에 김 교수의 생각이 무엇인지를 알게 되었다. 선교 제자인 김 교수는 나의 전문인 선교가 아랍에미리트를 통한 이슬람 선교와 케냐를 통한 아프리카 선교를 한류 선교로 영적 관통을 하고, "Back to the Korea"를 이루어서 대한민국이 2030년에는 미국과 함께 G-1 국가가 되는 비전을 알아챈 듯하다. 본서에 그 구상이 담겨 있다.

G-1에 도전하는 중국의 경기가 둔화하고 G-2로 밀리지 않으려는 미국은 금리 인상을 하는 등 나라 안팎에 불확실성이 커지는데 우리는 이념에만 파묻혀서 정치를 감정적으로 처리한다면, 강대국 사이의 전쟁이나 지배 세력 교체기에 먼저 경제 위기가 초래되고 그다음으로 정치 군사적인 위기가 올 수도 있다[1]는 예측도 조심스럽게 나온다.

이는 모두 물질주의의 금수저가 세속주의의 흙수저를 지배하는 과정에서 비롯되는 것이다. 중세교회 당시에 십자군 운동을 통하여 사라센을 지배하고자 했던 라틴 가톨릭계가 결국 여자와 가난한 자와 약한 자들을 핍박했지만, 오히려 이슬람교는 이들을 포용하는 관용 정책을 펼쳤기에 이 지역들은 이슬람화 되고 말았다. 이번에 유럽 라틴계의 후손들은 아프리카를 식민지화하여 더욱 간교하게 아프리카를 지배하며 흑인을 바보로 취급하는 천민 식민주의 지배를 하였다. 이것이 유럽의 프로테스탄트 기독교다.

제2의 십자군 운동을 해야 하지만, "십자가"라는 용어가 부정적 인상을 주기에 그 명칭을 바꾸어야 한다. 심지어 조지 W. 부시 대통령은 자신이 여호수아 군대 장관이라고 하면서 중동전을 전개한 것을 우리는 기억하고 있다.

---

[1] 「서울경제」, 2019.2.22., 39면.

의 앞잡이로 세계 선교를 하고 아프리카 선교를 하는 것이 아니
원에서 전문인 세계 선교를 하려면 아프리카 선교를 통하여 먼저
경험하고 그 열매를 가지고 중국 선교와 북한 선교로 나아가는 것이
다.
자력을 통한 이슬람 선교의 방법으로서, 아랍에미리트에 원자력 발전소
이다. 한국의 핵융합 기술이 이제는 초전도 기술을 보유한 새로운 국면에
050년에 상용화가 된다는 것을 KSTAR 실험 10주년에서 밝히고 있다[2]. 이
카의 케냐에 KAIST를 설립하는 것이다.
축복의 통로로 나누어 주는 선교가 중요하다. 우리가 그동안 중국 선교와 북
만이 선교라고 이야기하고 있었다면 하나님이 기회의 땅으로 열어 주신 아프리
복음화하는 것을 통하여 신약 시대 이후의 성령 시대인 오늘날, 예수 생명의 성령
인 은혜의 법을 증거해야 한다.
도의 모디 총리가 한·인 정상 회담에서 원전 7기 건설에 한국의 참여를 바란다고
급한 것을 뼈에 새겨야 한다. 원전 사용 후 핵폐기물 처리가 포화 상태에 이르고 있
는 데도 공론화를 이유로 세월을 보내고 있으니, 이념을 넘어서는 제3의 길로서의 관
용과 화합의 정신으로 실천을 하도록 현 정부가 소매를 걷고 나서서 실천해야 한다.

김 원 희 박사
한국전문인선교원(GPI) 원장

가상칠언 정신을 아프리카에서 실천하자.

나는 정근모 박사의 국가적인 차원의 전문인 선교사로서의 삶과 비전을 따라가는 김태연 교수의 전문인 선교 순례자의 여정에 기도로 동참하고 있다. 2019년 3월 현재, 중국 선교의 문이 닫혔다고 하고, 북한 선교는 지하에서는 비밀리에 이루어져 원초적 신앙인들을 만난다고 하고, 이슬람 지역에서는 반월도로 목을 친다고 한다.

창의적 접근 지역에 씨 뿌리는 선교에만 몰두했던 한국전문인선교원이 이제는 추수기 지역에 대한 선교를 해야 할 시간이 왔다. 전문인 선교를 통하여 신(新)아프리카의 자유민주주의 시장 경제에 대한민국의 비즈니스 선교사들도 주도권을 가지고 참여하여 아프리카 통일을 주도하고 그 결과로 2030 초일류 아프리카를 만드는 데 일조를 하

---

[2] 「서울경제」, 2019.2.22., 35면.

는 것이다.

 이제까지의 교육과 훈련을 바탕으로 해서 마지막 시대, 마지막 선교를 아프리카에서 신앙적으로 성공하면 하나님이 북한 재개발과 중국과 티베트 선교를 통하여 "Back to Jerusalem" 운동을 한민족을 통해서도 가속적으로 이루실 것이라 확신하며 김태연 교수의 본서를 추천하는 바다. 특정 정치적 이념이 지배하는 시대를 막아야겠다. 부활의 그리스도의 능력으로 역전승을 할 것이다. 오히려 하나님은 그런 악한 일들조차도 자기의 뜻을 위해 사용하실 수 있다. 이것은 전문인 선교를 통해서 실현될 수 있다.

 이 시대 가운데 초격차를 벌일 수 있는 자는 전문인이다. 전문인은 연약한 여성이 남성을 지배하는 것과 같은 새로운 능력과 겸손성을 가질 때 외유내강으로 결정적인 리더십을 발휘할 수 있다. 민초들이 전문인에게 요구하는 것은 옳고 그름의 경계를 뭉개버리는 구권력들이 아니라 정의와 사랑을 분명히 하는 진실성이다.

 전문인이 초연결된 대중이 되려면 투명성이 보장되어야 하고 익명성이 보장되어야 하며 효율성이 보장되어야 한다면, 당연히 자신에 대해서는 검약성을 유지해야 가능하게 될 것이다. 전문인의 신권력은 하늘의 권세를 소유한 것인데, 이런 신권력을 추구하는 전문인 공동체가 추구하는 것은 돈, 권력, 섹스가 아닌 구원, 성화, 봉사로 나가는 것이다. 전문인이 참여하는 비즈니스는 바쁘게 열정적으로 일하는 것이고, 그 열심은 하나님이 일하시니 나도 일한다고 하는 자세에서 나오는 헌신이다.

 울며 씨를 뿌리러 나가는 자로서 기쁨으로 그 단을 거둔다고 하는 말과 같이 전문인에게 돈을 모으는 신기술은 오늘날 결국은 데이터 기술이다. 신기술이라는 말의 의미는 어떻게 데이터를 정보로, 지식으로, 심지어는 지혜로 정제(精製)할 수 있느냐는 것이다.

 전문인은 새로운 세상이 여전히 요구하는 섬기는 종, 자원하는 종이다. 하나님이 일하시는 것처럼 자신을 낮추고 축복의 통로의 자세로 일하는 자다. 전문인은 절제하고 선한 청지기로 사역을 하게 되면 하나님이 반드시 요셉이나 다니엘이나 에스더에게 주신 하늘의 권력을 받는다. 전문인은 피와 땀과 눈물의 희생을 한다. 그리스도의 대사로 시행하기 위해서는 성령의 지시를 받아 희생적으로, 즉각적으로, 신실하게, 처음 얻은 증거대로 하면 된다. 전문인은 이 사실을 안다. 신의 성품을 지닌 자가 과거, 현재, 미래의 융섭적 권력자다. 우리를 통하여 전능하신 신의 성품이 나타난다.

 본서에 담긴 아프리카 선교는 단순히 도서관에서 쓰인 것이 아니다. 본서는 특별히 정근모 박사가 추구하시는 서번트 리더십에 기초하여 한류 전문인 신학에 대한 소개와 중국 선교에 대한 경험들을 나눈다.

 케냐를 중심으로 한 가나와 르완다와 남아공 등 아프리카 54개국 중에서 관문 국가인 7개국이 먼저 중심이 되어서 현지의 선교사들과 교감하며 한국의 7개 도시와 우선 지역 개발로 연관이 되어 문화 교류를 한다면 저들도 모두가 전문인 선교사로 헌신을 할 것이라고 본다.

손 윤 탁 박사
前 한국선교신학회 회장, 현 한국선교교육재단 이사장, 남대문교회 담임 목사

선교의 시작과 끝, 아프리카로 가는 길!

주께서 말씀하신 "그 날"이 가까워지고 있다. 예루살렘에서 시작된 복음이 유대와 사마리아를 넘어 땅끝으로 향하기 시작할 즈음, 선교의 방향은 아프리카였다. 바울의 발길이 유럽으로 향하기 전에(행 16:9) 이미 에티오피아 여왕 간다게의 내시에게 복음이 전파되었기 때문이다(행 8:27). 주께서 친히 말씀하신 그 날의 징조들이(마 24:1-13) 여기저기서 뚜렷하게 나타나고 있다.

"이 천국 복음이 모든 민족에게 증언되기 위하여 온 세상에 전파되리니 그제야 끝이 오리라"(마 24:14).

김태연 박사는 성경학자인 동시에 선교학자다. 사도행전에서 시작된 복음 전파의 기록이 성경적으로 어디에서 마무리될 것인지를 가장 잘 아는 분이다. 세계의 중심이라 자처하는 중국인들을 위하여 『한국교회와 중국선교』(CLC, 2018)를 먼저 출판했다.

이번에는 선교의 역사가 가장 오래된 대륙을 향한 길을 위하여 또 한 권의 책을 집필했다. 저자의 선교적인 열정과 학문적인 연구가 "선교의 시작과 끝"이 무엇인지를 분명히 가르쳐 주고 있기에 『한국교회와 아프리카 선교』를 한국교회 앞에 추천하지 않을 수 없다.

선교는 단순한 이론이나 사변적인 철학이 아니다. 모든 신앙과 신학이 첫째는 성경적(Biblical)이어야 하고, 둘째는 2천년의 기독교 역사(Historical)에 부합되어야 하며, 무엇보다 실천적(Practical)이어야 한다는 것은 잘 알려져 있는 사실이다.

김태연 박사는 중국어를 전공하면서도 부전공으로 "국제통상학"을 선택할 만큼 적극적인 분이다. 미국에서 "기독교교육학"으로 석사학위를, "선교신학"으로 박사학위를 취득하셨으나 "조직신학"과 "구약학"을 공부한 것만 보아도 그의 구체적인 학문의 경지를 알 수 있다.

김태연 박사의 집필은 선교 현장에 대한 연구를 통하여 이루어진다. 내가 아는 김태연 박사는 선교 현장을 직접 경험하는 가운데 글을 쓴다. 나는 저자와 동남아 지역의 선교 현장을 직접 누비며 생활한 적이 있다. 노트북을 들고 직접 현장에서 글을 쓰는

그 열정에 감복한 적이 한두 번이 아니다. 학자들의 모임인 선교학회나 복음주의 운동을 위한 한국 로잔에서 함께 "동행"하는 중에도 그의 학구적인 태도를 엿볼 수 있었다. 그의 현장을 중심으로 한 연구가 오늘의 『한국교회와 아프리카 선교』라는 거작을 이루었다고 생각한다.

한국교회의 선교 방향과 아프리카 선교의 활성화를 기대하며 본서를 추천한다. 시대의 변화에 따른 새로운 선교 정책은 불가피하다고 여겨진다. 『한국교회와 아프리카 선교』는 아프리카나 케냐라는 한 대륙이나 나라의 선교에 대한 방법이나 전략을 이야기하고 있는 것이 아니라, 다가오는 시대의 세계 선교 방안 또는 전략을 담고 있다.

더구나 본서는 한국교회와의 관계에서 접근하고 있다는 점에서 한국교회의 지도자들뿐 아니라 선교신학을 공부하고 있는 신학생들이나 평신도들까지도 반드시 일독해야 할 중요한 책이다.

진 재 혁 목사
前 지구촌교회 담임, 아프리카 선교사

Blessed to be a Blessing
아프리카!
불러만 봐도 가슴이 뛴다.
그런데 『한국교회와 아프리카 선교』라니!
이런 놀라운 연합과 강력한 능력이 본서에 있다. 글로벌 시대에 이제 마지막 남은 주자는 아프리카다. 그렇게 세상은 암흑의 대륙인 아프리카를 향하고 있다. 저자는 흑진주라 부르는 아프리카를 향하여 가장 큰 은혜의 자리에 선 한국교회의 부르심과 사명을 선포하고 있다.

그러나 저자는 막연한 선교적 당위를 그냥 도전하고 있지 않다. 전문인 선교사로서의 체계적이며 포괄적인 시각을 통해 아프리카를 향한 전략적이며 생산적인 선교의 길라잡이가 되고 있고, 고난과 절망의 아프리카에 소망과 축복의 메시지를 몸으로 나눈다.

메마른 그 땅에 하나님의 사랑과 은혜의 샘물이 터져 나오기를, 어두운 그곳에 하나님의 진리와 평강의 햇빛이 밝게 비추기를!

아프리카를 마음에 품고 있는 모든 이에게 본서는 아프리카를 향한 새로운 이해와 선교를 향한 풍성한 지혜를 나누고 있다.

그리고 본서의 축복의 메시지가 저주의 대륙이라는 아프리카에 하나님의 마음을 전하는 복음이 되기를 기대해 본다.
 아프리카여!
 "일어나라 빛을 발하라 이는 네 빛이 이르렀고 여호와의 영광이 네 위에 임하였음이니라"(사 60:1).

류응렬 목사
와싱톤중앙장로교회 담임, 고든콘웰신학교 객원교수

 한국교회는 불과 150년도 되지 않은 역사라 해도 세계 기독교 역사에 유례를 찾아보기 힘든 기독교 성장을 이루었다. 이제는 선교사들을 받는 나라에서 선교사를 가장 많이 파송하는 나라 가운데 하나라는 축복을 누리게 되었다.
 다양한 선교 정책과 방향이 있지만 김태연 박사의 『한국교회와 아프리카 선교』는 전문인 선교 영역에서 성경적이고 전인격적이며 사회 변혁적인 독특한 방법을 제시한다. 아프리카는 종교의 각축장처럼 다양한 나라와 종교로 인하여 아픔의 역사를 가진 땅이다. 이제는 생명의 복음과 진정한 사랑에 뿌리내린 성경적이면서도 삶의 전 영역을 변화시킬 수 있는 선교 모델이 필요한 때다.
 김태연 박사는 신학적 배경과 탁월한 학문성에 근거하면서도 실천적인 아프리카 선교 모델을 잘 제시하고 있다. 본서를 찬찬히 읽다 보면 아프리카를 품는 것이 이 시대 한국교회가 짊어져야 할 사명으로 다가온다는 것이 신기하다. 하나님의 모든 관심이 집중되어 있는 아프리카 땅이 아픔의 눈물로 뒤덮인 땅이 아니라 복음의 환희로 빛이 날 그 날을 기대해 본다.

한국교회와 아프리카 선교

The Korean Church and the Mission for Africa
Written by Kim, Tae Yon
All rights reserved.
Korean Edition Copyright ⓒ 2020 by Christian Literature Center, Seoul, Korea

한국교회와 아프리카 선교

2020년 5월 8일 초판 발행

| 지은이 | 김태연 |

편집	곽진수
디자인	전지혜
펴낸곳	(사)기독교문서선교회
등록	제16-25호(1980.1.18.)
주소	서울특별시 서초구 방배로 68
전화	02-586-8761~3(본사) 031-942-8761(영업부)
팩스	02-523-0131(본사) 031-942-8763(영업부)
이메일	clckor@gmail.com
홈페이지	www.clcbook.com
송금계좌	기업은행 073-000308-04-020 (사)기독교문서선교회

ISBN 978-89-341-2129-9(93230)

이 도서의 국립중앙도서관 출판예정도서목록(CIP)은
서지정보유통지원시스템 홈페이지(http://seoji.nl.go.kr)와 국가자료공동목록시스템
(http://www.nl.go.kr/kolisnet)에서 이용하실 수 있습니다. (CIP제어번호: CIP 2020014010)

이 책의 저작권은 저자와 (사)기독교문서선교회가 소유합니다. 신저작권법에 의하여 한국 내에서 보호받는 저작물이므로 무단 전재와 무단 복제를 금합니다.

한국교회와 아프리카 선교

THE KOREAN CHURCH AND THE MISSION FOR AFRICA

김태연 지음

CLC

목차

추천사   1
  정 근 모 박사(전 과기처 장관[2회], KAIST 및 KINGS 설립자, 전 호서대 및 명지대 총장)
  김 원 희 박사(한국전문인선교원[GPI] 원장)
  손 윤 탁 박사(前 한국선교신학회 회장, 현 한국선교교육재단 이사장, 남대문교회 담임 목사)
  진 재 혁 목사(前 지구촌교회 담임, 아프리카 선교사)
  류 응 렬 목사(와싱톤중앙장로교회 담임, 고든콘웰신학교 객원교수)

저자 서문   12

제1장   현대 아프리카 선교의 이해   18
제2장   아프리카 문화에 대한 이해   29
제3장   2030 아프리카 미래 예측과 EU   41
제4장   문화 교류를 위한 아프리카에 대한 이해   51
제5장   한류를 통해 흑진주의 땅으로 가자   70
제6장   아프리카의 7대 관문 국가   95
제7장   아프리카 종교와 기독교 선교   127
제8장   아프리카 선교신학의 평가   166
제9장   과학적 기업, 아프리카 선교 전략   179

제10장	2030 아프리카 에너지 선교	198
제11장	에너지 발전을 통한 도시 개발 사역	210
제12장	아프리카 분쟁 지역 이슬람 연구	222
제13장	한국-케냐 국가미래전략 공유 선교	261
제14장	아프리카 국가 재건의 7단계	266
제15장	아프리카 전문인 선교의 성공 가능성	275
제16장	아프리카 문화 교류 전문인 선교 전략	296
제17장	결론: 케냐에 간 국가 전문인 선교사 정근모 박사 연구	319

저자 서문

김 태 연 박사

아프리카 선교의 문을 열었던 문화 교류 영성가인 샤를르 드 푸꼬 (Charles Eugene de Foucault)의 "의탁의 기도"를 음미해 보고 있다.

하나님 아버지,
이 몸을 당신께 맡겨 드리오니
당신 좋으실 대로 하십시오.

저를 어떻게 하시든지 감사드릴 뿐,
저는 무엇이나 준비되어 있고
무엇이나 받아들이겠습니다.

아버지의 뜻이 제 안에서 이루어진다면
이 밖에 다른 것은 아무것도 바라지 않습니다.

또한, 아버지께서 보다 큰 행복과 선으로
앞으로의 제 삶을 이끌어 주시리라는 것을 믿습니다.

하나님 아버지,
아버지를 온전히 신뢰하는 은혜를 베풀어 주십시오.

당신은 저의 아버지시기에
끝없이 믿으며 남김없이 이 몸을 드리고

당신 손에 맡기는 것이 어쩔 수 없는
저의 사랑입니다. 아멘.

나이로비의 환상을 보며 아프리카 전문인 선교의 문을 열어야 하는 필자로서는 문화 교류 선교학자의 입장에서 샤를르 드 푸꼬를 소개하는 것이다. 프랑스의 귀족 출신인 그는 1897년 팔레스티나의 나사렛으로 가서 클라라회 수녀원의 문지기로 살며 1900년까지 밤낮으로 묵상과 기도에 전념하였다.

드 푸꼬의 생활은 가장 비천한 노동, 경건한 독서, 성경 공부, 기도로 이어졌으며 푸꼬는 수많은 사람이 영적인 가난 속에서 살아가는 아프리카의 모로코에 이끌려 모로코와 알제리 국경 근처 베니수도원(Beni-Abbes)의 은신처로 유대인 시종을 가장하고 들어갔다.

드 푸꼬는 사막의 무슬림 부족들에게 복음을 전하고자 했는데, 그 방법은 설교가 아니라 모범을 보이는 것이었다. 그는 영성 기도와 사랑의 삶을 통해서 자신 스스로 "보편적인 형제"인 하나님의 사람임을 보여 주고자 했다. 이 과정은 후에 선교사들이 활동할 수 있는 터전을 준비하는 것이기도 했다.

1905년 드 푸꼬는 사하라 사막의 더 깊은 곳으로 들어가 알제리 남부의 도시인 타만라세트(Tamanrasset) 근처 아하가르(Ahaggar) 산맥의 호가르(Hoggar)산에 은신처를 마련한 후, 그곳에서 11년 동안 생활하면서 선교사들이 올 때를 대비하였다.

드 푸꼬는 투아레그(Tuareg)족으로부터 존경을 받았으며 그들의 관습과 언어에 대해 배웠다. 또한, 그는 자신의 모든 능력과 정성을 다해 사람들을 섬기며 평화를 이루기 위해 끊임없이 노력하였다. 1916년 프랑스에 반대하는 봉기가 일어났을 때 드 푸꼬는 그 여파로 12월 1일 타만라세트에서 사누시파(Sanusiyah) 무슬림들에 의해 프랑스인이기에 암살당하였다.

드 푸꼬의 모습은 오늘날의 EU의 혼란과 아프리카의 병진 앞에서 서구 제국주의에 반성을 촉구하고 한국인에게는 문화 교류의 귀감이 된다고 본다.

아프리카 지정학을 논해야 하는 데 여전히 필자의 눈은 한반도 지정학에 머물러 있다. 홀로 아리랑 노래를 부르며 남북이 하나 되기를 원하는 장면을 보고 있다. 그것이 아리 아리랑이 되면 결국은 통일 아리랑으로 나갈 수가 있을 것이다. 대한민국 현 정부는 동북아 철도 공동체와 에너지 공동체를 통하여 경제 공동체로 백두산에서 금강산과 설악산과 한라산까지 통일을 이어가려고 하지만, 그렇게 되는 원천은 하나님이 우리의 손을 붙잡고 일으켜 세워 주셔야 한다. 그리고 주의 지팡이와 막대기로 인도하시듯이 성령 하나님이 인도해 주시면 된다. 그때 우리는 비로소 물이 바다 덮음같이 여호와를 아는 지식이 온 땅에 가득하게 되리라는 것을 증명하게 될 것이다.

이 원리는 우리 전문인 선교사들을 통하여 아프리카에서도 동일하게 적용이 될 수 있다.

북아프리카 예멘에서부터 가나와 케냐와 르완다와 남아공까지 하나님의 은혜를 재체험하게 할 수 있는 에너지를 전달해야 한다.

왜냐하면 우리는 우리의 선배들이 일제 치하에서 진지하게 고민하신 해방 아리랑 신학의 뿌리를 소개하고 연변과기대 교수를 비롯한 많은 선배가 승리한 중국 선교의 이야기를 담는 것을 전제로 해야 어둠의 땅에 빛을 줄 수 있고 통일 아리랑 선교로 하나님의 사랑의 빚을 갚을 수 있다고 판단을 하였기 때문이다.

거짓 신들의 세상에서 삼위일체 하나님을 믿고 성육신 예수를 증거하는 우리 전문인의 아프리카 선교가 유럽 제국주의에 피를 본 아프리카인들에게 또 대한 제국주의로 오해를 받지 않기 위해서 섬기는 종의 리더십으로서의 전문인 선교를 행하는 것이 옳다는 판단된다.

이제 중국 선교가 막히고 어려움을 겪고 있다. 하나님이 카이로스의 시간에 주신 절묘한 기회의 땅인 아프리카 선교에서 먼저 역사하고 역으로 중국으로 기수를 돌리게 되면 어떨까에 대한 질문을 성령께서 하셨다.

교육이 O2O(Online to Offline) 시대로, 오프라인에서 온라인으로 전환해가는 4차 산업 혁명 시대에 이제는 사업이 O4O(Online for Offline) 시대로 온라인을 통해서 오프라인 일을 하고 결제를 하는 세상이 되었다.

그렇다면 중국 선교의 전략(offline)을 아프리카 선교 전략(online)으로 공유하는 전문인 선교, 즉 목사와 평신도가 팀 선교 전략으로 공유하는 공유 선교를 통하여 하나님을 기쁘시게 해야 한다고 판단된다. 필자는 아프리카 선교에 대한 정근모 박사님의 "나이로비의 환상"을 보고 미국의 시어도어 루스벨트 대통령의 사파리 사냥이라는 창조적 도전과 같은 마음으로 본서를 집필하게 되었다.

2013년에 아시아 로잔 모임이 리더 모임으로 성황리에 마쳤다. 이는 2010년에 케이프타운에서 열렸던 제3차 국제 로잔 대회에 참가하지 못한 중국의 로잔 관심자들에 대한 아시아적인 로잔 운동의 비판적 상황화에 대한 열망이 나타나는 계기가 되었다. 또한, 2013년 WCC 대회가 끝이 났다.

로잔 언약에 기초한 한국적 신학의 정립과 아시아적 신학의 정립 그리고 글로벌 신학으로의 적용을 연구하고 있는 필자로서는 이제 때가 되었다고 여겨져서 하나님의 시대적인 섭리를 믿고 로잔 언약에 기초한 한국 신학과 중국 전문인 선교학에 관한 책을 출간하였고 이제는 아프리카 전문인 선교학을 상호 비교하며 전략을 수립하도록 본서를 저술하게 된 것이다.

2014년 8월 14일에는 중국의 삼자신학과 통하는 로마 가톨릭의 수장인 프란치스코 교황이 한국에 왔었다. 향후 중국인에 의해서 쓰일 "글로벌 중국 상황화 신학"을 기대해 보며 같은 맥락에서 WCC 에큐메니칼 신학이 판을 치고 있는 아프리카에도 복음주의 입장에서 본 로잔 언약에 기초한 한류 전문인 신학을 소개하기로 한 것이다.

해 아래의 사고에 근거한, 눈에 보이는 정욕의 먹구름을 뚫고 선교 너머의 해 위의 사고를 하는 선교를 이제는 말해야 한다. 중국 선교도 마찬가지일 것이라고 저술했기에 세속주의 아프리카 선교에 대한 기록도 공산주의 중국과 상관성을 가지고 있다고 본다.

중국에서도 비일비재하게 선교사들이 공안에 잡히고 있고 구금되고 있는데, 아프리카에서는 무슬림교도가 종족 학살과 제노사이드를 자행하고 있다. 필자도 한 번 그런 구금을 경험한 적이 있다. 남아공의 만델라 수용소를 방문하면서 유비쿼터스의 시대에 중국에 전문적인 IT 비즈니스 선교사가 자신의 직업이나 사업을 가지고 아프리카에 팀으로 간다면 아프리카 선교를 보다 효율적으로 선교할 것이라는 생각이 들었다. 이런 전문인 선교 전략이 바로 케냐에 KAIST를 설립하는 전략이 될 것이다.

부분으로서가 아닌 전체로 글로벌 선교를 보아야 할 때가 왔는데, 중국은 신삼자 정책으로 기독교를 핍박하고 있기에 하나님의 뜻은 먼저 아프리카 선교를 통하여 "Back to the China" 선교를 기대하신다는 것이다.

본서는 한류 글로벌 신학을 향하여 변혁을 이루고자 하는 이러한 시각으로 하나님의 사랑의 신학을 담아 『한국교회와 중국선교』(CLC, 2018)와 어깨동무를 하는 책이다.

필자를 아들처럼 사랑하시는 한국 로잔 고문이신 조종남 박사님과 필자의 멘토이신 초일류 대한민국의 실현을 위해 에너지 전문인 선교사로 활동을 하시는 초일류 대한민국의 멘토이신 정근모 장로님의 케냐 KAIST 선교에 대한 선교 열매로서 성령 하나님이 본서를 축복해 주시고 한국전문인선교원(GPI)에서 선교사를 양성해서 케냐로 보내는 일을 다시 시작하기를 원하는 심정으로 본서를 저술하게 되었다.

마지막으로, 본서의 출간을 허락해 주신 기독교문서선교회(CLC) 박영호 목사님께 진심으로 감사를 표하고자 한다.

제1장

현대 아프리카 선교의 이해

1. 아프리카 선교 개요

　케냐에 KAIST를 설립하고자 한 계기를 정근모 박사는 미국 국가조찬 기도회에서 비롯된 것이라고 말하고 있다.
　미국국가조찬기도회의 리더인 고인이 되신 더글러스 코가 1950년대 말부터 매일 1분씩 우리나라를 위하여 기도해 온 것같이 전 세계에는 대한민국과 우리 민족을 사랑하고 기도하는 진정한 이웃이 많다.
　유명한 로렌 커닝햄 목사가 하나님의 음성을 듣고 "21세기에 하나님이 쓰실 민족은 한국인이다"라고 말씀하신 것도 결코 우연이 아니다. 지미 카터가 2001년 해비타트 행사를 끝내고 귀국하면서 나에게 "너희 나라 젊은이들은 큰 사명을 갖고 있다"라고 강조한 것도 나는 중요한 계시라고 생각한다.
　이러한 계시에 대해 필자는 많은 생각을 해 왔고 지금도 하고 있다. 그동안 대학교 학장을 하면서 자주 강연을 할 기회가 있었다. 이때마다 젊은이들에게는 미래에 대한 비전을 제시하고 또 직장인들에게 우리가 나아가야 할 길도 제시했다. 꿈을 가져야 하는 민족으로 깨어날 때가 되었다고

나는 외쳤다. 진정 우리는 분연히 일어날 때가 왔다. 일어나서 전 세계에 빛을 발해야 할 것이다.[1]

필자는 아프리카에 대한 서론을 시작하면서 정근모 박사의 헌신이라는 글을 읽으면서 극적인 액션 플랜이 아랍에미리트에서 시작되고 사우디를 거쳐서 이제 아프리카 케냐에 시작되고 있다는 확신이 든다.

올해 들어 KAIST의 가치와 위상을 잘 보여 준 사례는 케냐과학기술원 건립 사업이다. KAIST는 올 2월 12일(현지 시각) 케냐 수도 나이로비 인근의 콘자 기술 혁신 도시에서 케냐 정부 관계자들과 케냐과학기술원 설립을 위한 첫 컨설팅 회의를 가졌다.

케냐과학기술원은 KAIST가 교육과 연구, 혁신 모델을 비롯한 과학 기술 분야 고등 교육 서비스를 통째로 이식하는 턴키 방식 수출의 첫 계가다. 1971년 미국국제개발처(USAID) 차관 600만 달러를 받아 설립된 지 48년 만에 원조를 받는 대학에서 원조하는 대학으로 바뀐 것이다.[2]

우리는 하나님의 나라에 대한 관심을 가지고 하나님의 은혜를 갚아야 한다. 이제 먼저 아프리카 현장으로 가보자.

---

1 정근모, 『헌신』 (서울: 코리아비전포럼, 2007), p. 137.
2 「동아일보」, 2019.4.18., D2면.

2. 아프리카 현장

1) 사례 1

아프리카의 잔지바르에서 사역하는 오영금 선교사는 바울 선교회 소속으로 기술 선교사로 잔지바르에서 사역을 하고 있다. 본부에서 협력자로 파송한 선교사가 오 선교사 부부를 핍박하였다. 그는 오 선교사의 약을 올리고 괴롭혔으며, 오 선교사를 사기꾼으로 몰았다.

이로 인해 오 선교사는 현지에서 7년 간 어려움을 겪게 되었다. 그러나 하나님은 힘에 겹도록 대접하고 또 그에게 헌금을 주라고 하셨다고 한다. 오 선교사는 이것이야말로 원수의 머리에 숯불을 놓는 것이라고 생각했는데 하나님은 그것이 성령의 숯불이라고 하셨다. 갈등을 극복하게 하신 것이다. 전주 안디옥교회의 이동휘 목사님이 현지에 오셔서 이 모든 상황을 다 들으신 후에 사과를 하고 그를 다른 지역으로 보내라고 하면 조치를 취하겠다고 하셨다.

이제는 사랑을 베풀고도 당하는 훈련을 하나님이 시키시는 것이다. 마치 십자가상의 칠언과 같은 예수님의 품성을 생각나게 하는 것이다. "기뻐하는 자들로 함께 기뻐하고 우는 자들로 함께 울라"(롬 12:15)는 품성 훈련을 시키시는 것이다.

하루는 자신의 선교 센터에서 기술을 배우려고 머물던 현지인이 강도로 돌변하여 밤에 집으로 들어오게 되었다. 모든 것을 다 빼앗기고 그 마지막 순간에 자녀들만이라도 좋은 양친을 만나서 살게 해 달라고 하나님에게 기도를 하게 되었다.

그런데 강도가 목숨은 살려주고 나가 버렸다. 그다음 날 버젓이 센터에

나와서 기술을 배운다고 나타난 것이다. 대적은 저녁마다 오 선교사의 가정을 저주하는데, 오 선교사는 찬양을 하며 가난과 속임수의 마귀를 대적하였다.

하나님의 품성은 우리가 다 이해할 수 있는 것이 아니다. 차비를 주고 3개월치 월급을 주었는데 오히려 대적을 하는 것이다.

기도하며 성경을 볼 때는 정상인으로 행동하더니 어떻게 이렇게 마귀의 종이 되어 대적을 하는가?

마귀를 대적하자 그가 잠잠해지더니 마귀가 나가게 되었나 보다. 그 동네의 목사들이 오 선교사 부부가 옳다고 도덕적 지지를 하는 바람에 그 사람은 얼굴이 불거지고 모든 것이 자작극임이 드러나게 되었다고 한다. 정말 숯불을 머리에 올렸더니 얼굴이 붉어지는 일이 벌어지게 된 것이다.

예수님은 당신의 제자 가운데 하나가 당신을 팔 것을 아시면서도 당신이 할 일을 하라고 허용하셨다. 우리가 선교와 품성의 입장에서 볼 때 23년을 선교하며 기꺼이 생명까지 내주신 그분의 십자가의 사랑의 넓이와 높이와 깊이와 길이를 알게 하신 것이다. 네가 하나님의 사랑이 무엇인지 모르기에 내가 강도를 보내어 그 사랑을 깨닫게 하려고 했다.

우리가 겪고 있는 고난, 재산 파탄 그 모든 것도 우리를 사랑하시는 하나님의 열정을 배우게 하시는 것이다. 회칠한 무덤 같은 옛 사람에서 새 사람으로 변혁하라는 것이 선교사를 향하신 하나님의 품성 교육의 의미다.

2) 사례 2

나이지리아의 북부 이슬람들의 불만을 이용하는 종파인 보코하람은 테러리스트의 조직이 되었다. 이와 맞서 싸우기 위해서는 부패와의 전쟁이 성공적으로 이루어지고 북부 주민들의 사회적 요구가 충족되어 공공 안정이 보장되어야 한다.[3]

그러나 오늘의 나이지리아는 다시 혼란이 가중될 것으로 보인다. 유혈사태로 얼룩진 나이지리아 대통령 선거에서 모하마두 부하리 대통령이 재선에 성공했지만, 최소한 53명이 사망하고 저유가 상황에서 어려움을 겪고 있으며 치안과 경제 상황으로 인해 혼란을 자초하고 있다.[4] 르완다, 가나, 케냐에 이어 아프리카 최대 산유국인 나이지리아에도 진정한 영적 각성이 필요한 시기다.

3. 아프리카와 교회를 위한 기도 전략

필자는 이에 아프리카를 치유할 수 있는 "아프리카와 교회를 위한 기도 전략 11"을 소개하고자 한다.

삼일절 100주년 독립기념일에 진정한 독립(independence)은 제국주의에 대한 민족주의의 선언이 아니라 서로 사랑하고 의지하는(interdependence) 것이 되어야 한다. 글로벌 시대에 글로컬이 되어야 자유, 평등, 민주, 평

---

[3] 파스칼 보니파스, 『지정학』, 최린 역 (서울: 가디언, 2019), 175.
[4] 「서울경제」, 2019.2.28.

화를 성취할 수 있다. 주변 강대국에 의해서 통일이 되는 것이 아니다. 3·1 정신에 의해서 통일이 되는 것이다.[5]

3월 1일에 삼위일체 하나님과 함께 하는 공동체를 이룰 때 이루어지는 것이라고 관찰한다. 신약성서가 삼위일체를 거론하지 않지만 하나님께서 성령의 능력으로 그리스도를 통해서 구원한다는 이위일체적 혹은 삼위일체적 구원 역사의 유형을 담지하고 있다.[6]

엠마오로 가는 길에서 예루살렘으로 귀환하는 것처럼 보여 주기 위한 모호성을 지닌 하나님의 선교에서 하나님의 영광의 빛이 나타나는 명확성을 지닌 하나님을 위한 문화 교류(interculture for God)가 되어야 한다.

(1) 가정(Family)

파란만장한 아프리카 갈취당하는 역사 속, 알렉스 헤일리의 소설 『뿌리』(the Root)에 나오는 쿤타킨테의 모습처럼 뿌리 깊은 노예 거래의 불행으로 인해 종족 간의 고통과 정치가의 독재가 끊이지 않는 어둠의 땅 아프리카를 굽어살펴 주옵소서.

가족끼리 서로 마주 보는 기쁨으로 행복을 나누며 서로를 지키는 서로 사랑의 길로 아프리카를 이끌어 주소서.

깨어진 유리 같은 신념이 아니라 서로 사랑 안에서 우리 모두 가난하거나 부하거나 행복을 노래하게 하소서!

---

[5] 이성희, "3.1 운동 100주년 한국교회 기념예배," 정동제일교회, 2019.3.1.
[6] 캐서린 모리 라쿠나, 『우리를 위한 하나님-삼위일체와 그리스도인의 삶』, 이세형 역, (서울: 대한기독교선회, 2008), 47-48.

(2) 공동체(Community)

몸과 마음을 편히 쉴 곳이 없고 고단한 삶을 지탱할 힘이 없어서 흙수저들은 목숨을 포기하는 아시아 아프리카 남미의 현실 앞에 하늘에서 만나와 메추라기를 내려 주시고 오병이어의 기적을 일으키시는 주님의 공의의 사랑을 아프리카 땅에서도 나타내 주옵소서.

사랑의 주님을 따라 서로 사랑으로 온기를 전하며 홀로 아리랑을 부르는 것이 아니라 한국과 케냐가 함께 성령 안에서 아리랑을 부르며 스스로가 긍정하고 안심하는 환대와 우정의 공동체가 유지될 수 있도록 하여 주옵소서.

(3) 다양성(Diversity)

다름을 틀림으로 오해하여 흑인들을 무시하던 동양인 가운데 한국인이 삶의 다양한 모습을 인정하며 아랍에미리트와 사우디와 케냐와 동구 유럽 루마니아와 다시 미국에 이르기까지 피부로 사람을 판단하지 않게 하옵소서.[7]

주님의 창조 세계의 시발점인 아프리카에서 하나님의 형상을 재발견하게 하옵소서.

아프리카에서 만연한 거짓을 퍼트리고 죄악을 범하는 아프리카 지역주의에서 벗어나서 따듯한 마음과 용기로 주님 앞으로 나올 수 있게 하옵소서.

---

[7] 정근모, "3.1운동 100주년 기념 제32회 3.1절 민족 화합기도회," 2019.3.1., 삼성제일교회.

(4) 여성(Woman)

하나님의 창조 명령대로 그리스도의 몸으로서의 남자와 여자를 창조하시고 그 비밀을 가르쳐 주신 주님!

더는 불의한 아프리카의 가부장적인 위계질서에서 숨도 못 쉬며 사는 교회가 되지 않게 하옵소서.

성차별과 성폭력의 불평등이 돈의 논리로 해결되지 말게 하시고 아프리카의 남자와 여자가 모두 브리스길라와 아굴라와 같이 복음을 전하는 동반자가 되어 나도 선교사가 되게 하옵소서.

(5) 청년(Youth)

아프리카에 청소년 사역자 운동이 다시 일어나서 청소년들이 하나님의 나라를 위해서 유소년들을 양육하는 기적이 일어나게 하옵소서.

아프리카의 현재의 꿈과 미래의 비전을 상실한 학생들이 KAIST와 KINGS(국제원자력대학원대학교)에서 발달한 4차 산업 혁명의 기술을 배우고 청년들을 위한 주님이 원하시는 유형의 교회가 세워지게 하옵소서.

우리 모두의 아프리카 선교의 미래를 위해서 기성세대가 청년 세대의 요구에 귀를 기울여서 암흑 지대에서 광명한 곳으로 나오는 청년들 되게 하옵소서.

(6) 교육(Education)

아프리카 어린이와 청소년들이 행복한 나라가 되게 하옵소서.

더 비싼 노동 상품만을 양산하는 악의 굴레에서 십자군 전쟁 당시에 어린이들을 아프리카에 노예로 팔아 버린 후예들인 남아프리카 공화국에 먼저 경쟁과 시장화로 왜곡된 일들이 바로잡히게 하옵소서.

행복한 환경에서 존엄한 인간으로 대한민국 청소년과 함께 하는 운동이 일어나게 하옵소서.

그곳이 하와이가 아니어도 서울이 아니어도 예수의 스마트 혈액이 흐르는 은혜의 강가를 경험하는 차세대 리더가 되게 하옵소서.

(7) 경제 정의(Economics Justice)

아프리카의 정의롭지 못한 뇌물 경제 체제하에서 작은 신음에도 응답하여 주옵소서.

사회적 경제라고 하면서 속임수를 쓰지만 이제 하나님의 때에 아프리카에도 과학적 경제가 시작되게 하옵소서.

비로소, 왜곡된 성장 제일주의에서 돌이켜 부활 속에 희망의 신호가 일어나 양극화를 극복하게 하옵소서.

그리고 주님이 주신 인권을 최대한 발휘하여 "그럼에도 불구하고 축복의 통로"로 나누어 주는 아프리카가 되게 하옵소서.

이슬람의 초승달이 지고 하나님의 영광의 태양이 떠오르게 하옵소서.

하나님은 경영의 하나님이시고 힘이 있고 자비하심을 아프리카인들이 알게 하옵소서.

(8) 생태계(Environment)

주님! 신음하는 피조 세계를 위해서 기도하게 하옵소서.

온 세상이 핵무기 철폐, 종족 학살 금지, 환경 오염 중단을 실천하게 하옵소서.

가진 세계도 어려운 데 제3세계에는 얼마나 더 어렵겠습니까?

탐욕과 편리를 좇는 인간 중심주의가 결국은 아프리카를 앉은뱅이 국가

같이 만들었습니다. 아프리카인들이 원하는 것이 은과 금이 아닌 나사렛 예수의 이름인 것을 알게 하옵소서.

아프리카의 광야를 보며 예민한 생태 감수성으로 주님의 세계를 보존하는 저희 전문인이 되게 하옵소서.

(9) 시민 사회(Civil Society)

주님! 아프리카의 민주주의와 주권 회복을 위하여 피 흘린 동족 학살이 매번 대통령 선거 때마다 끊이지 않고 일어나고 있습니다.

예언자의 눈으로 권력을 감시하고 하나님의 눈동자를 바라보며 사회 공공성을 지키는 저희 전문인이 되게 하옵소서.

아프리카다운 아프리카라는 이름을 듣는 자들이 조소하지 않도록 성숙한 세계 문화 시민권자들이 되게 하시고 천국 시민권자의 소원을 품게 하옵소서.

(10) 평화(Peace)

화해와 상생의 아프리카가 되게 하옵소서.

먼저 가나-케냐-우간다로 이어지는 일자선의 축복선이 되게 하옵소서.

그리고 자문화 방사주의로 아프리카의 평화가 54개국에 퍼져 나가게 하옵소서.

1917년 평양 대부흥이 한반도를 부흥시켰듯이 아프리카에도 성령의 부흥의 불길이 킬리만자로 산에 요원하게 타올라 아프리카 전역에 하나님의 나라가 아프리카에 임하게 하옵소서.

(11) 세계화(Globalization)

주님! 갈등과 폭력에 희생당하는 아프리카의 가난한 자들을 관용하는 세계인들의 마음이 열리게 하여 주옵소서.

아프리카에 씻을 수 없는 상처를 준 유럽 제국주의의 나라들이 패권의 바벨탑에서 내려오게 하옵소서.

아프리카 54개국이 먼저 공존 공생하여 새로운 아프리카의 그리스도의 문명을 창조하게 하여 주옵소서.

유럽의 로마가 하루아침에 이루어지지 않은 것처럼 케냐의 나이로비도 하루아침에 이루어지지 않지만, 속도가 빠른 아프리카의 나라가 속도가 느린 아프리카의 나라를 지배하는 것을 알고 있다. 이것이 가상(加上) 칠언의 기도에 기초한 11가지 육상(陸上) 기도의 내용이다.

제2장

아프리카 문화에 대한 이해

1. 서론

문화에 대한 여섯 가지 정도의 구분을 할 수가 있다.[1]

복합 문화의 입장에서 아프리카 문화 교류에 대한 문화 혁명을 통해서 아프리카가 2030 초일류 아프리카가 될 수 있다고 본다.

선교 컨텍스트에서 문화 교류의 소통을 하기 위해서는 다른 사람들이 지배하고 있는 것은 세상에서 전혀 새로운 것이 아니라는 것과 지배의 개념이 새로워졌다는 것과 지배의 방법이 현대에는 새로워졌다고 하는 자세

---

[1] ① 단일 문화 연구(mono-cultural studies)를 통해서 정체성과 상관성을 연구하는 동질성의 원리를 추구하게 된다. ② 문화 교류 연구(inter-cultural studies)를 통해서 상호 관통이 이루어지고 교류가 이루어지게 된다. ③ 다문화 연구(multi-cultural studies)를 통해서 다자간의 교류(예: 한국-중국-아프리카)가 이루어지게 된다. 다양한 가운데 조화를 이루게 된다. ④ 양 문화 연구(bi-cultural studies)를 통해서 이분법적으로 남북이 나뉜 것을 문화 교류를 통하여 제3의 길로 연합을 하게 된다. ⑤ 타문화 연구(cross-cultural studies)는 비거주 순화 선교를 통해서 하나님 중심의 세계관 변혁을 시도한다. ⑥ 복합 문화 연구(complex cultural studies)를 통해서 팀 다이내믹스를 이루게 된다. 다양한 문화의 배경에서 다양한 선교 전략을 문화 교류 전략으로 변혁시켜 제시하는 창조성, 효율성, 효과성, 융통성이 필요하다.

로 하면 된다.²

　이러한 문화 소통의 문제를 해결하기 위해서는 제3의 문화(third culture)와 변문화(transculture)의 개념으로 아프리카를 이해해야 한다. 제3의 문화(third culture)는 선교사 자녀교육에서 나온 용어이지만 문화적 혼혈인(cultural hybrid)을 겪는 탈북민이나 아프리카 등 유럽의 혼합주의 문화에서 전문인의 사고로 이해할 수 있다.

　피터 드러커가 말하는 전문인(professional)은 자발적인 의지에 의해서 스스로가 미래의 삶을 개척하는 지식 근로자다. 변문화(transculture)의 개념으로 변혁(transformation)을 4단계로 발전시켜야 영적 돌파를 할 수 있다.³

　글로벌 한류 전문인 선교학을 통해서 기대하는 목표는 다음과 같다.

① 문자가 없는 문화-무문자 구음종족들에게 한글 보급.
② 다른 민족과의 교류-문화 교류 전문인 선교.
③ 현대교회의 과제-유럽 제국주의 선교를 극복함.
④ 아프리카 교회를 향한 선교 사명: 라이즈업 코리아에서 시작 라이즈업 아프리카를 통해 라이즈업 네이션스로 나감! 아프리카 나라도 자문화 열등주의에서 자문화 방사주의로 나감!

2　Jim Harris, "'Is It Post-modern, or Is It Just the Real Thing?' - Challenging Inter-cultural Mission - A Parable," Published in "Contemporary Practice" www.Global Missiology.org, July 2011.

3　변혁이 이루어지고 변의(transmeaning)가 이루어져 변설(transpreaching)을 하게 되면 변선(transmission)을 하는 것이 변문화(transculture)다. 우리가 문화 변혁(transformer of culture)이라는 용어와 동일시될 수 있다.

2. 아프리카 선교를 논하는 이유

한국인들에게 아프리카는 세계 그 어느 곳보다도 미지의 땅이다. 아프리카가 한국의 주목을 받는 것은 주로, 내전, 보건상의 위기, 자연 재해, 테러 공격이 일어났을 때이며, 다른 그리고 북한 지역처럼 필리핀이나 중국처럼 긍정적인 발전으로 주목을 받는 경우는 흔치 않았기 때문이다.[4]

이제까지 한국의 어느 지도자도 국가적인 프로젝트로 아프리카에 대해서 관심을 가지고 투자를 한 분이 없기 때문에 진정한 의미에서의 성육신적인 선교를 해야 하는 땅이 아프리카이고 우리가 아프리카에 관심을 가지지 않았을지라도 아프리카는 여전히 우리를 떠나지 않았고 "나이로비의 환상"을 통하여 우리를 도와달라고 부르고 있기 때문이다.

유럽의 기독교 세력이 중동을 침범한 지 100년이 지난 1190년에 이르면 무슬림과 기독교간의 균형추는 무슬림 쪽으로 기울었다. 무슬림은 오랜 전투에서 상승하는 이슬람 제국이었고 기독교는 통일 가톨릭 제국으로서 죽어 가는 세력이었다. 100년 후의 일이지만 1291년 무슬림은 팔레스타인에서 기독교를 몰아냄으로써 마지막 승리를 거두게 된다. 십자군의 최후의 보루인 아크레가 이슬람 손에 넘어간 것이다.[5]

1,000년이 다 돼가는 오늘도 다시 이런 현상이 반복되고 있다. 서양의 기독교가 세속주의의 우상을 만드는 공장이며 늘 원했던 모든 것을 축복과 건강으로 회칠한 무덤같이 가르쳤고 사랑만 된다고 하면서 서로 사랑을 실천하지 않고 있으며 돈이면 귀신도 부리는 세상이 되어서 지역의 신

---

4 하름 데 블래이, 『분노의 지리학』(서울: 천지인, 2007), 390.
5 류광철, 『이슬람 제국』(서울: 말글빛냄, 2019), 402.

들이 판을 치고 있고 돈, 권력, 섹스, 성공의 유혹을 추구하고 있다.

또한, 서양의 기독교는 그리스도 예수의 사랑으로 부활하는 것이 아니라 오만의 죽음으로부터 부활하여 여전히 교만한 신자들이 되었고 내 안에 있는 우상은 여전히 자기가 만든 거짓 신을 섬기고 있고 짝퉁 하나님을 믿고 있으니 나의 우상을 갈아 치우는 것은 너무나 소중한 이슈가 아닐 수 없다.

이것을 알아야 우리는 하나님의 군대로 세상을 향하여 복음을 증거할 수 있지 않겠는가?

당신의 마음이나 문화에 영향을 미치는 짝퉁 하나님을 가려내지 못하면 당신은 스스로의 마음이나 문화의 우상을 이해할 수 없다.[6] 십계명도 우상을 물리치라는 말씀으로 시작을 하며 예수님도 공생애 전에 마귀의 유혹으로부터 우상을 물리치신 후에 사역에 임하신 것을 우리는 알고 있다.

나를 버리고 나를 유혹했던 좋은 것, 가지고 싶은 것, 내가 우월하다고 가르치는 마귀의 탐욕의 문화를 떨쳐내고 잠시 목마름의 갈증을 해결해 주는 것과 같은 거짓 신들의 손아귀에서 벗어나서 창세기 1장의 신학으로 돌아가는 순간 믿는 자들, 참으로 예수를 닮고자 하는 우리는 십자군이 아닌 십자가의 용사로 거듭나게 된다.

---

6 티머시 켈러, 『거짓 신들의 세상』, 이미정 역 (서울: 베가북스, 2012), 218.

3. 문제 제기: 십자군 전쟁 평가[7]

이슬람의 남동 유럽 진출은 전반적으로 느리게 진행되었다. 그러나 이베리아 반도 점령은 신속했으며 퇴각이 느려지면서 격렬한 분쟁이 뒤따랐다.

무슬림들은 711년 봄 7,000명의 군대를 이끌고 맨 처음 반도에 도착한 후, 7월 19일 안달루시아의 기독교 왕 로데리크와 과달레트강에서 마주치기까지 큰 저항 없이 내륙으로 진입했다. 로데리크 왕은 왕권의 정통성을 의심받고 있었으며 그의 적들 중 몇몇은 이미 이슬람의 지원을 받고 있었다.

결국 군대의 양날개로부터 배신당한 그의 전투에서 패하여 죽음을 맞이했다. 이슬람 세력은 거침없이 북쪽으로 이동했고 역시 왕실의 분열로 약화된 지금의 프랑스까지 침투했다. 침략군은 719년 나르본을 함락한 이후 732년에는 보르도를 격파하고 원정을 계속하다, 프랑크족의 통치자 샤를 마르텔에게 패하였다. 나르본은 751년에 탈환되었고 그 후로, 서유럽에서 이슬람 영역은 이베리아 반도로 국한되었다.

1) 이베리아 반도의 탈환[8]

이베리아 반도의 탈환은 7세기가 걸렸다. 전해 오는 바에 따르면, 탈환 운동은 아스투리아스의 산악 지역에 위치한 코바돈가에서 그곳에 피

---

[7] 프랑크 웨일리 외 11인, 『종교: 지도로 본 세계종교의 역사』, 니니안 스미스 편, 김한영 역 (서울: 갑인공방, 2005), 152.
[8] 프랑크 웨일리 외 11인, 『종교: 지도로 본 세계종교의 역사』, 152.

신했던 로데리크 왕의 경호원 펠라요로부터 시작되었다. 대략 718년경에 한 무리의 아랍 군대가 그를 잡기 위해 파견되었으나 패배했다고 한다. 그러나 연대는 분명치 않으며 전체 이야기는 10세기 초에야 등장하기 시작한다.

그러나 기독교의 집단 거주지가 아스투리아스에서 발생하여 그 경계를 점차 남쪽으로 확장했던 것은 분명하다. 이와 동시에 프랑크의 왕인 샤를마뉴(768-814)는 스페인 동부로 진출하고 있었지만, 롤랑의 노래와 론세스바예스 전투가 말해 주듯 항상 성공적이지는 않았다. 샤를마뉴의 제국은 그의 죽음과 함께 멸망했고 프랑크인들에 의해 정복된 스페인 땅에는 그들의 작은 왕국들이 세워졌다.

탈환과정에서 가장 결정적인 전투는 아라곤의 페르디난트와 그의 부인 카스티아의 이사벨라가 참전하여 그라나다를 점령한 1492년 1월 6일의 마지막 전투가 아니라, 1212년 7월 16일 카스티아의 알폰소 8세가 승리로 이끈 라스나바스데톨로사 전투였다.

알폰소는 교황의 후원을 업고 출정 길에 올랐다. 교황은 그 원정을 십자군 전쟁으로 간주하여 모든 기독교 군주에게 원정이 끝날 때까지 소소한 다툼을 중단할 것을 요구했다. 카스티아(스페인중부)의 왕도 실제로 프랑스 기사들과 합류했지만, 전투는 주로 카스티아와 아라곤 군이 수행했다.

라스 나 바스 데 톨로사 전투 후 이슬람 세력은 서서히 퇴각하여 1252년에는 단 하나의 이슬람 왕국도 남지 않게 되었다. 무르시아, 니블라, 그라나다 모두 적어도 명목상으로는 기독교 종주국이 되었다.

2) 초기 세 번의 십자군 원정(1092-1192)[9]

이와는 대조적으로 8세기부터 이슬람 지배하에 있던 팔레스타인의 탈환 운동은 항구적인 성공을 거두지 못했다. 십자군 전쟁의 이념은 부분적으로는 순례를 계속하려는 열정적 신앙에서 비롯되었고 다른 한편으로는 투르크족의 위협에 직면한 동로마 제국을 지지할 필요에서 나왔다. 아랍인들 대신 성지를 지배하게 된 투르크족은 팔레스타인에 있는 기독교 사회를 아랍인들 보다 훨씬 가혹하게 지배했다.

이러한 배경하에 1095년 프랑스 클레몽트에서 열린 공의회에서 교황 우르바누스 2세는 기사들에게 서로 간의 싸움을 중단하고 투르크족과 싸울 것을 촉구했다. 그는 투르크에게 억압받는 그리스도인들을 도와줄 것을 요청했고 그 대가로 죄의 사면을 약속했다. 이것이 십자군 참여에 대한 전대사(올바른 성향을 가지고 예루살렘으로 출발한다는 조건으로)의 기원이었다.

1차 십자군 전쟁은 비교적 성공적이었다. 십자군은 1099년 예루살렘을 함락했다. 그 무렵 십자군은 이미 독립적인 국가들을 건설했다. 이 중 안디오크 후령은 1098년에서 1268년까지, 아데사 백령은 1098년에서 1144년까지 존속했다. 예루살렘 왕국(1099-1187과 1229-1244)은 부용의 고드프루아(고드프리)가 지배했다. 기독교 군이 점령한 소아시아의 다른 지역들은 동로마 황제에게 반환되었다.

그러나 에데사는 1144년 투르크족에게 다시 빼앗겼고 새로운 십자군이 나섰으나 성공을 거두지 못했다. 3차 십자군 전쟁은 1187년 살라딘이 예루살렘을 탈환함으로써 시작되었다. 영국 왕 리처드 1세는 예루살렘

---

9   프랑크 웨일리 외 11인, 『종교: 지도로 본 세계종교의 역사』, 152-53.

으로 가는 길에 키프로스를 점령하여 키프로스왕국을 건설했다. 이 십자
군 국가는 1489년까지 존속했지만, 3차 십자군은 특별한 성과를 거두지
못했다.

3) 후기 십자군[10]

1198년 교황 이노센트 3세는 4차 십자군 전쟁을 제의했다. 베네치아는 십자군을 이집트까지 수송하기로 계약했으나 1202년 십자군의 수가 예상했던 규모의 3분의 1에 불과했고 약속한 수송비가 모금되지 않았다. 이에 대한 대가로 십자군은 베네치아의 요구에 따라 헝가리의 왕으로부터 아드리아의 해안 도시 차라를 빼앗아 수송료를 지불했다.

십자군은 또한 알렉시우스 4세와 최근 폐위된 그의 부친 이삭 엔젤루스에게 동로마 제국의 왕위를 되찾아 줄 것을 약속했다. 1203년 콘스탄티노플에서는 십자군에 의한 대학살이 일어났고 1204년 초에는 알렉시우스 본인도 파멸을 맞이했다. 가난한 십자군들은 도시를 약탈했고, 성인의 유골을 포함해 수많은 귀중품을 서방으로 가져갔다. 콘스탄티노플에는 라틴 제국이 세워져 1261년까지 존속했다.

이후의 십자군 전쟁 중에는 황제 프리드리히 2세가 1228-1229년에 일으킨 것이 유명하다. 이듬해 그는 예루살렘을 포함한 팔레스타인 일부를 기독교 지배에 두기로 이집트와 협상했고, 조약은 1244년까지 효력을 유지했다. 한편 프랑스 왕 루이 9세의 첫 번째 십자군 전쟁(1248-1250)은 그의 열렬한 십자군 정신에도 불구하고 이집트 다미에타에서 치욕적인 패배

---

10 프랑크 웨일리 외 11인, 『종교: 지도로 본 세계종교의 역사』, 153.

로 끝났다. 그는 튀니스의 아미르 무하마드 1세에 맞선 두 번째 십자군 전쟁 중 병으로 사망했다.

13세기에 1212년 처참했던 소년 십자군을 포함하여 다른 십자군 운동이 몇 차례 더 있었지만, 기독교에 대한 이슬람 세계의 태도가 더 강경해진 것 외에는 어떤 성과도 거두지 못했다.

4) 평가

예루살렘은 먼저 하나님이 가시덤불에 나타나셔서 불을 붙인 곳이며 다윗의 성지이고 선민의 수도이며[11] 예수님이 "성령이 임하시면 권능을 받고 예루살렘과 온 유다와 사마리아와 땅 끝까지 이르러 복음을 증거하라"는 영적인 불을 붙인 곳이며 인간의 가슴속에 서양 문명의 인간의 탐욕의 불을 붙인 곳이다. 그리고 요한계시록에는 새 예루살렘이라는 오메가 포인트를 제시해 주고 있다.

요한계시록에 나오는 고대 도시였던 예루살렘은 초대교회의 예수님 당시에 이르러 복음이 증거되는 시발점이 되었고 중세에 이르러 유럽, 아시아, 아프리카가 만나는 교차점이었다. 예루살렘의 지정학적 관계는 종교 때문에 촉발되었지만 세 대륙의 군대가 이곳에서 만나고 지금은 제4대륙의 군대까지 가세하면서 전쟁터로 변했다.

순례자들의 가슴에는 열정을 품고 머릿속으로는 세상의 종말을 그리며 양손에는 성경과 총을 또는 코란과 반월도를 들고 있다. 폭력과 전쟁이 끊

---

[11] James Carroll, *Jerusalem, Jerusalem: How the Ancient City Ignited Our Modern World* (New York: Houghton Mifflin Harcourt, 2011), 1.

이지 않는 예루살렘은 마치 가연성 화학 물질들이 섞여 언제 터질지 모르는 일촉즉발의 도시다. 예루살렘을 향한 지독한 탐욕과 광기의 라틴계 가톨릭교도들의 예루살렘을 향한 과열의 꿈을 폭력으로 해결하려는 이중성을 보여 주고 있다. 폭력과 구속의 역사가 씨줄과 날줄로 엮여 있는 원초적인 하나님의 도시가 예루살렘이다.

영국의 리처드 1세는 예루살렘을 회복하고자 하는 똑똑하고 용기가 있고 군사에 대한 지식이 있었으나, 이슬람의 살라딘은 온건하고 인내하고 정의롭게 승자가 되어 갔다. 무슬림은 전통과 근본주의에 기초한 자세로 상대적인 연합과 충성심은 그리스도인들의 분립과 불충으로 인한 틈새를 깨고 승리한 것이다.

4. 결론: 기독교적인 3대 욕망

리처드 1세와 살라딘의 이야기를 비교해 보면 관용의 개념을 다시 한번 생각하게 된다.

관용이란 무엇인가?

'나는 당신의 신념을 절대로 인정할 수 없지만 그것 때문에 당신을 죽이지 않겠다. 사회적 불이익을 당하지 않게 하겠다는 것이며 신앙의 공공성을 유지하고 전도와 선교의 대상으로 포용하고 화합하여 품격에 감동하여 스스로 무릎을 꿇게 하는 관용화합이 되게 하겠다'는 것이다.[12]

육신의 정욕(색욕)과 안목의 정욕(물질주의), 그리고 이생의 자랑(권력욕)

---

[12] 라은성 외 3인, 『종교개혁 그리고 500년』(서울: 을유문화사, 2017), 363.

을 위해 산 것이 누구인지를 우리에게 교훈을 주고 있다.

① 리처드와 살라딘은 직접 만난 적이 없고 모두 대리인을 통해서였다.
② 두 사람은 스타일이 다른 리더였다. 리처드는 멧돼지같이 고함을 지르고 적진을 돌진하여 추풍낙엽처럼 상대방의 목을 베는 자였다면, 살라딘은 손수 적을 베는 스타일이 아니었다. 단지 적진에서 장수를 격려하고 승리하도록 하는 역할만 했다.
③ 그러나 협상하는 동안에 상대방에 대한 관심이 생기게 되었다.
④ 살라딘은 성지 순례 기간에 혹시 있을 줄 모르는 사태를 대비하기 위해서 순례자들을 엄격하게 보호했다.
⑤ 리처드가 중상을 입자, 의사와 보호 여성을 보내어 치료를 도와주었다.
⑥ 리처드는 끝내 자신의 자존심이 허락지 않아서 예루살렘을 방문하지 않았다.
⑦ 리처드는 동생인 존의 반정으로 실정하고 동생을 용서하고 왕위를 계승하게 해 주었다.
⑧ 이 둘의 기념비는 예루살렘의 다윗 성전 거리에 나란히 조각되어 있다.¹³

살라딘은 종교가 다른 적장에게 온갖 관용을 다 베푼 것에 비교하면 리처드는 관용을 베풀었다지만 그것은 배타적인 관용으로 자기 동생에게 베푼 것이다. 그러나 이 두 가지 모두가 오늘날의 복음주의 신학의 입장에서

---

13 라은성 외 3인, 『종교개혁 그리고 500년』, 365-66.

보면 두 사람은 모두 더 큰 악과 더 작은 악 사이에서 선택한 것이라고 본다. 선한 행위의 구원을 기대하게 하기 때문에 하나님의 기준에는 미흡한 것이다.

중요한 것은 오늘날의 유럽이 그렇게 많은 침략을 아프리카에 제2의 십자군으로 제3의 십자군으로 진행을 했음에도 불구하고 축복의 땅이 된 것이 아니라 반복적으로 나아진 것이 별로 없다는 것을 지적하지 않을 수 없다.

오늘날의 유럽의 문제점은 유로의 등장, 금융 유럽의 환자, 사공은 둘인데 저을 노가 없는 EU(독일과 영국), 자금과 시간도 부족하고 위기에 처한 가장 부유한 독일, 그리고 EU를 탈퇴하려고 하는 주변의 이웃나라들로 인하여 미국과 아시아의 지역 블록에 샌드위치의 신세가 된 것이 유럽의 현주소이다.[14]

이러한 요인들이 모두 다 결국 전쟁을 야기할까?

그렇지는 않을 가능성이 높은 것은 유럽은 십자군의 전쟁을 다시는 재현하지는 않을 것이라고 보기 때문이다. 아무리 그들이 하려고 하더라도 하나님이 허용하지는 않을 것이라고 본다.

---

[14] 피터 자이한, 『21세기 미국의 패권과 지정학』, 홍지수 외 역, (서울: 김앤김북스, 2018), 317-52. 요약.

제3장

2030 아프리카 미래 예측과 EU

지금까지 세계 패권국에 도전한 나라들은 성공한 나라는 포르투갈, 네덜란드, 스페인, 영국, 미국 등이고 실패한 나라들은 독일, 프랑스, 소련, 일본 등이며 영국의 제패에 대해 가장 강력히 반발한 프랑스의 나폴레옹과 독일의 히틀러에 의한 제1, 제2차 세계 대전은 이후에 미국이 개입함으로써 전쟁의 승리 후 미국으로 넘어가게 되었다.[1]

프랑스와 독일의 유럽 전쟁 시에 보여 주었던 상대방을 배려하는 양국 간의 우정이 한반도의 남북 간의 동족에게도 나타나도록 돕는 역할을 프랑스와 독일은 할 수 있다.

찰스 캠벨은 이렇게 말한다,

> 제2차 세계 대전 중에 독일의 나치에 의해 프랑스가 포위되었을 때, 그곳의 작은 마을이었던 르 샹봉 쉬르 리뇽 지역의 개신교 목사였던 앙드레 트로메이는 어느 주일 강단에 올라가 이렇게 설교를 시작했다.

---

[1] 피터 자이한, 『21세기 미국의 패권과 지정학』, 홍지수 외 역 (서울: 김앤김북스, 2018), 11-12.

"그리스도인들에게는 그들의 양심을 향하여 쏟아지는 폭력에 대해 영적 무기를 가지고 저항해야 할 책임이 있습니다."

그 이후 이어지는 4년 넘게 대부분 위그노 후손이었던 그 마을 사람들은 바로 그 책임을 성실하게 수행하였다. 신실함과 용기를 가지고 그것을 놀랍게 수행하는 동안 그들은 자신들의 생명을 담보로 걸어야 했다. 그 마을과 주변의 작은 마을의 대략 5천여 명이 넘는 유대인들에게 피난처를 제공하여 죽음의 수용소의 나치 학살로부터 그들을 구원해 낼 수가 있었다. 어떻게 위험한 상황에서 독일군에게 지배받는 프랑스 남부 지역에서 은신처를 제공했는지에 대해 묻자, 그들은 "저도 잘 모르겠어요. 단지 우리는 그렇게 해 왔기 때문에 그 일을 계속한 것뿐이에요." 그들의 행동은 그들의 품성과 그들이 속한 공동체의 품성으로부터 나온 것이었다.[2]

그러나 유럽 공동체를 구상한 프랑스의 뜻대로 독일이 움직여 주지 않고 영국은 탈퇴를 선언하고 절차를 밟는 중에 있다. 이들은 모두 라틴계 가톨릭들로서 십자군 운동의 주범들이다.

미국과 프랑스만이 전략적 정책에 매이지 않고 자력으로 경제 체제를 가진 나라들이다. 프랑스가 미국 이외에 독자적으로 항공 모함을 띄울 수 있는 나라이며 원자력 에너지를 보유하고 있기 때문에 석유 시장에 의지하지 않는다. 그리고 아프리카 식민주의의 최초의 원인자이며 명실상부한 핵무기 보유국이며 EU(유럽 연합)가 해체되면 다시 EU를 조직할 수 있는 능력이 있는 나라다.[3]

---

2 찰스 캠벨, 『실천과 저항의 설교학』, 김운용 역 (서울: WPA, 2014), 27-28.
3 피터 자이한, 『21세기 미국의 패권과 지정학』, 350-51.

우리는 여기서 역사적으로 위그노에 대해서 아는 것이 중요하다고 본다. 찰스 캠벨은 이렇게 말한다.

> 위그노는 칼뱅주의를 추종하는 프랑스 개신교도를 지칭하는 말로 16세기 독일에서 시작된 종교개혁의 물결이 프랑스로 옮겨가면서 신교도가 생겨났는데 그들은 초기에 극심한 박해를 받았다. 처음에는 한두 명씩 처형하던 것이 대량 학살로 이어졌고 앙리 2세 때에는 프랑스 대부분의 감옥에는 위그노들로 가득 채워졌다.
>
> 1562년에 종교 전쟁(위그노 전쟁)이 일어났고, 1598년까지 이어졌다. 1572년 성 바돌로매 축일에 가톨릭교도들이 프랑스 전역에서 수천 명의 위그노들을 학살하는데, 이때 위그노의 지도자 대부분이 죽임을 당한다. 앙리 3세가 암살당한 후 등극한 앙리 4세는 개신교 신자들을 차별하는 것을 금지하는 낭트 칙령을 세웠고 그들에게 종교적 정치적 자유가 주어진다.
>
> 하지만 1685년 루이 14세가 낭트 칙령을 폐기하고 가톨릭을 국교로 삼자 25만 명이 넘는 위그노들이 네덜란드, 영국, 프로이센 등으로 망명하였고, 일부는 미국의 뉴욕, 사우스캐롤라이나 지역으로 이주한다.
>
> 다양한 직업을 가지고 상공업에 종사하던 그들이 망명하자 프랑스 경제는 몰락하고 나중에 이것이 프랑스 대혁명이 일어나는 하나의 원인으로 작용한다. 18세기에도 프랑스에 남아 있던 신교도들에게 이런 박해가 다시 일어났으며, 그 세기 후반에 일어난 프랑스 대혁명을 통해서 비로소 완전한 신앙과 정치적 자유가 허락된다.[4]

---

4 찰스 캠벨, 『실천과 저항의 설교학』, 35.

이러한 프랑스와 독일의 전쟁사에서 주민들이 유럽 시민으로서 서로가 배려한 일들이 오늘날 EU의 정신적 기초가 되었다고 본다. 배려의 품성이다. 지금 남북한 지도자들에게 모두 없는 것이 상호 배려의 품성이다.

이 문제에 화해의 도구로 독일의 역할이 중요하다. 만일 미국과 독일과의 폭탄 투하에 대한 아래의 이야기를 북한의 김정은 집단이 이해한다면, 국제 사회에서 영원한 적이 없다는 사실 앞에 그리고 적의 적은 친구라는 사실을 받아들여야 할 것이다. 찰스 캠벨은 이렇게 말한다.

> 예를 들어 여러 사람이 언급한 것처럼 어떤 면에서 보면 히틀러는 제2차 세계 대전에서 승리했다. 왜냐하면 그를 무너뜨리기 위해 미국은 히틀러가 자행한 것과 같은 방식을 도입하였으며 그와 같이 되었기 때문이다. 무엇보다 미국은 독일의 도시들에 폭탄을 투하하였으며 그들에게 증오한다고 외쳤던 폭력의 방식을 똑같이 취하면서 결국에는 히로시마와 나가사키에 원자 폭탄을 사용한다. 그리고 모든 영역에서 가시적으로 무기 경쟁을 주도하면서 이전에 자행한 폭력이라는 길목으로 계속해서 치닫는다.[5]

북한과 마찬가지로 공산주의 나라였던 동독 출신의 독일의 메르켈 총리가 향후 2030 초일류 대한민국의 일환으로 북한의 개발을 돕는다는 EU 프로젝트를 발표하는 베를린 선언을 한다고 하면 북한은 베트남식 "도이머이"라고 불리는 개혁 개방을 통하여 투자자를 모아들이고 미국과 국교를 체결하는 방식의 개발과 함께 이를 마지막 기회로 여기고 좌고우면하지 말고 받아들여야 할 것으로 보인다.

---

5 찰스 캠벨, 『실천과 저항의 설교학』, 175.

남한의 지도자들이 실행하기 위해서 물류 교통 네트워크, 유라시아 초고속 정보 통신망 사업, 젊은 지도자 회의 등 연계성(connectivity)을 강화해야 한다는 것이 제10차 아시아 유럽 정상회의(ASEM)에 참석한 박근혜 대통령의 선도성 발언이다.[6]

프랑스에는 북한의 핵 폐기 문제를 전담시키고 독일에는 북한의 화학 무기 해체 등을 전담시키면 프랑스와 독일을 남한의 화해 중재자로 사용할 수가 있다. 아니면 두 가지 일을 공조해서 해결할 수 있다. 이 일이 이루어지도록 GZP(Global Zero Peace) 대사로 사역하는 것이 핵무기 철폐, 종족 학살 금지. 환경 오염 철폐를 향한 에너지 전문인 선교사의 역할이 될 것이다.

추가로 참조할 것은 스코틀랜드의 프로테스탄트 신앙과 영국의 성공회 신앙이 독립논쟁의 단초가 된 것이다. 불발이 되었으나, 갈등은 경제보다 종교이기에 모두 종교개혁 영향을 받았지만 영국의 성공회는 예배 전례를 강조하고 스코틀랜드 교회는 자유로운 형태의 예배를 받아들여 대영제국이 된 후에도 갈등이 지속되었다.

1638년 일어난 주교 전쟁은 영국 성공회 주교 제도를 스코틀랜드에 강요하다 발생하였으며 독립을 주도한 국민당 장로교 뿌리가 새로운 스코틀랜드 꿈을 키운 것이다. 현재 스코틀랜드의 개신교의 숫자는 50년 전에 비하여 절반으로 줄어든 상황이다.[7]

군사력보다 중요한 것은 영적인 힘이다. 하나님의 에너지다. 하나님의 깃발이 어느 진영에 있느냐는 것이며 그보다 더 중요한 것은 무리는 하나님의 진영에 들어와 살고 있느냐는 것이다. 우리가 하나님의 진영에 들어

---

[6] 「국민일보」, 2014.10.17.
[7] 「국민일보」, 2014.9.19., 기독뉴스.

와 살고 있기만 하다면 강소국인 우리가 굳이 미국이나 중국 양자 사이에서 조공국을 정해야 하는 굴종을 할 필요가 없는 것이다.

NATO의 프랑스와 독일은 서로가 자제함으로써 NATO가 제 기능을 발휘하고 있기에 경쟁과 대립, 분쟁과 갈등의 현실적 국제 관계를 평화와 공동 번영의 국제 질서로 개편하는 것이 필요한데, 동북아 안보조약기구(PATO)가 힘 있는 외교력의 원천적 에너지는 국제적 시각에서 인정되는 도덕성을 본성으로 하는 국가의 정체성이라고 할 수 있는데,[8] 이것이 형성이 된다면 일본과 중국도 프랑스와 독일(프랑스와 독일)을 본받아서 남한의 말을 경청하고 배려해야 한다.

남한은 영국과 같은 역할을 하게 될 것이고 북한은 저들의 주장대로 백두 혈통이 분명하다면 스코틀랜드만큼만 협조해 주어야 한다고 본다. 남북한 당국자들은 20년 후의 초일류 중립국으로서의 한반도를 기대하며 협상에 임해야 할 것이다.

프랑스와 독일의 장점은 서로 용호쌍박 하는 전쟁을 많이 한 나라이지만 품위를 지키는 역사성을 지닌 나라라는 것이다. 프랑스와 독일의 단점은 결국 해가 지지 않는 나라인 영국이 해가 지지 않는 나라가 되는 계기가 되었다. 프랑스와 독일의 기회는 EU가 유지되는 데 구름 기둥과 불기둥의 역할을 하고 있다는 것이다. 프랑스와 독일의 위협은 미국과 중국의 주도권하에서 여전히 인내하며 기다려야 한다는 것이다.

다음과 같이 평가할 수 있다.

EU도 어려운 시기를 지나고 있는 것은 십자군 운동의 원죄가 해결되지 않았기 때문이라고 본다. 독일이 제2차 세계 대전에 대해서 이스라엘에게

---

[8] 정근모, 『헌신』(서울: 코리아비전포럼, 2007), 190.

참회했듯이 그 화답으로 영국이 EU에서 탈퇴하는 것이 중요한 것이 아니라 아프리카 54개국에 회개하는 것이 우선이다.

> 육신의 생각은 사망이요, 영의 생각은 생명과 평안이니라(롬 8:6).

"더 큰 악과 더 작은 악"(more evil & less evil) 사이에서 선택하며 사는 영적 전쟁의 현실에서 어쩌면 세속적 물질주의의 파고(波高)를 헤치고 넘어가면서도 끝까지 인간이 선택한 것이 작은 악에 불과했다고 여기고 감히 그것을 더 작은 선이라고 하지 않은 것은 예수의 성육신의 자기 비하의 교리를 실천한 것이라고 볼 수 있다. 그가 성령 세례를 받은 것이 분명하다면 이러한 지적인 고민 대신에 문화 변혁자로서의 선교를 할 수 있었을 것이라고 평가하는 것이다.

> 예수를 죽은 자 가운데 살리신 자의 영이 너희 안에 거하시면 그리스도 예수를 죽은 자 가운데 살리신 이가 너희 안에 거하시는 그의 영으로 말미암아 너희 죽을 몸도 살리시리라(롬 8:11).

2019년 대한민국의 현실에서 아프리카 선교를 하기 위해서는 WCC에 연관되어 있는 아프리카를 생각하며 우리는 오늘날의 가톨릭교회를 어떻게 평가해야 할 것인가를 한스 큉의 목소리를 통해서 생각해 보기로 하자.

마지막으로 과연 누가 복음주의 개신교 신자인가?
특별히 모든 교회 전통 가르침 실천에서 끊임없이 복음에 의지하려는 관심을 가진 사람이 곧 복음주의자다. 더 구체적으로 말해서 성경에 맞추어

반성하며 복음의 기준에 맞추어 줄기차게 실행을 개선하는 사람이다. 만일 이것이 복음주의 신자가 되는 결정적인 단서라면 마침내 정교회 교인이나 가톨릭 교인도 복음에 감동된 복음주의 신자일 것이다.[9]

한마디로 선교를 고체, 액체, 그리고, 기체에 비유한다면, 안정감 있는 고체 선교, 메가처치, 기가처치, 그리고 성직주의 선교를 하는 것이 가톨릭교라고 하면 변화에 능한 액체 선교, 직장 선교, 비즈니스 선교, 그리고 성장주의 성공주의를 추구하는 것이 개신교의 선교다. 침투성이 강한 기체 선교, 성령 선교로서 성숙주의로 나가야 한다는 교훈을 얻게 된다.

충돌하는 세계관 앞에서의 문화 교류를 통한 아프리카 선교는 선교사가 먼저 기독교 세계관이 바로 세워져야 하고 관용과 화합의 정신을 200% 이상 실천해야 한다. 라인홀드 니버는 이렇게 말한다.

> 비록 동시대인들이 바울이 불법행위자라고 고발했으나(롬 3:8, 6:1, 15) 바울은 혐의를 부인했다.
> "그러므로 우리가 믿음으로 말미암아 율법을 파기하느냐 그럴 수 없느니라. 도리어 율법을 굳게 세우느니라"(롬 3:31).
> 그는 심지어는 자신과 신자들이 구약을 해명할 책임이 있다고 보았는데, 구약이 하나님의 민족으로서의 교회에 관해 지속되는 유효함이 있다고 강조했다.[10]

---

[9] 한스 큉,『가톨릭의 역사』, 배국원 역 (서울: 을류문화사, 2014), 269.
[10] 데이빗 A. 노에벨,『충돌하는 세계관』, 류현진 외 역 (서울: 꿈을 이루는 사람들, 2014), 87.

본문의 해석은 율법은 율법의 일을 하라는 것이고 율법의 역할이 여전히 유효하다는 것을 말하고 있는 것이지 우리가 율법의 지배하에 살고 있다는 의미가 결코 아니다. "구약 율법이 아닌 신약의 은혜 아래"(not under the law but under the grace) 사는 우리는 신약의 은혜의 법안에서 생명의 성령의 법 아래 살고 있기 때문이다.

이슬람의 율법은 성경 외의 계시이고 율법의 일을 할 것이고 이슬람을 믿으면 삶이 풍성할[11] 것이고 안 믿으면 반월도로 제거할 것이다. 율법의 역할이 여전히 유효한 것을 알 수 있다. "내가 칼을 주러 왔노니"라고 하신 예수의 말씀은 "칼을 던지러 왔노라"(원문)인 것을 보면 하나님의 말씀의 검이 이슬람교의 반월도와 진검승부의 시대를 살고 있는 것이다.

바울은 유대교의 신인 협력설에 대한 개념을 하나님 한 분 중심적(monergist)으로 해석을 하며 하나님을 기쁘시게 하는 어떤 인간의 행동도 하나님의 은혜만으로 생겨난다는 것이다.

① 하나님의 은혜 = 하나님의 주권 + 하나님의 의.
② 하나님의 은혜 = 하나님의 주권 + 자유의지.

이 둘 중에서 우리는 ①을 선택해야 하며 자유의지가 아닌 자원하는 종의 의지를 가지고 자율적으로 섬기는 종으로서의 청지기의 사역과 희생의 사역을 하는 것이다.

우리 그리스도인들은 생명의 성령의 법안에 거하는 삶을 사는 것으로 성령의 열매를 맺는 삶을 사는 것이다. 이슬람교에는 최소한 구약의 예표

---

[11] 토마스 R. 슈라이너, 『바울과 율법』, 배용덕 역 (서울: CLC, 2007), 42.

와 같이 예표가 없고 마호메트의 율법만 있으니 성경 외의 계시를 주장하는 더 위험한 율법 종교인 것이다. 앞으로의 전문인 선교는 고체 선교와 액체 선교와 기체 선교를 모두 합력하여 선교를 이루는 융섭형 선교로 나가야 한다.

제4장

문화 교류를 위한 아프리카에 대한 이해

1945-2018년의 아프리카의 정치를 6R(회개-부흥-개혁-화해-구조 조정-빚의 탕감)의 원리로 전문인 해석학을 하고자 한다. 원통해 불러 보고 땅을 치고 통곡할 아프리카인들의 고통과 희망을 한민족이 어떻게 동일시하여 고통하며 하나님께 울부짖어야 할지를 느껴야 하나님의 백성이다.

1. 독립을 향한 행진(1945-1954)

1939년에서 1945년까지 이어진 전쟁으로 독일은 파괴되고 프랑스, 영국, 포르투갈, 벨기에, 이탈리아, 네덜란드 등 식민지 강대국들은 급속히 퇴조하고 만다. 반면 미국과 소련은 한층 도약하여 반세기 동안 유럽을 두 세력권으로 갈라놓는다. 6년간의 전쟁 후 영국은 황폐해지고, 프랑스는 4년에 걸친 독일의 지배를 겪고 분열 양상을 보인다.

전쟁에 참여했던 제3세계인들은 자신들이 사는 영토의 인구 통계적, 경제적, 전략적 중요성을 깨닫게 된다. 아랍 연맹이나 아시아 아프리카 운동과 같은 새로운 세력이 식민지의 민족주의자들을 지원한다. 유엔은 식민지 민족주의 세력에 정치적 발언권을 부여한다.

비록 전쟁으로 많은 피해를 입었지만 소련의 인민 민주주의 국가들이 그들에게 외교적 지원, 자금, 무기를 제공한다. 중국 공산당은 1949년부터 일본의 구호였던 "아시아를 아시아인에게"에다 "동방은 붉다"라는 새로운 문구를 덧붙여 내세운다.

프랭클린 루스벨트 대통령은 미국 내 흑인들에게 시민권을 부여하는 것에 반대하면서도 민족 자결권을 옹호하고 나선다. 유럽의 해외 식민지가 사라지기를 바란 것이 그의 본뜻이다. 프랑스령에서 미국의 대통령 특사, 영사, 심리전단 요원들은 민족주의자들이 봉기하도록 자극한다. 루스벨트는 모로코 술탄에게 미국의 경제적 보호령이 될 것을 제안한다.

알제리에서는 미국 영사인 머피가 당시 통합을 지지하던 온건 민족주의자 페르하트 아바스에게 정치적 조언을 한다. 튀니지에서 이탈리아 파시스트 정권에 협조했다는 약점이 있는 하비브 부르기바는 미국 총영사 둘리틀의 보호를 받게 된다.

유럽 열강들은 세계 대전 직후 식민지 제국에 일련의 개혁을 단행한다. 전쟁에 참여한 식민지 주민들에게 경의를 표하는 한편, 내외부적으로 정치적 압력을 줄이는 것이 개혁 조치의 목표였다.[1]

다음과 같이 평가할 수 있다.

하나님 앞에 열방은 먼저 동일시 회개해야 한다. 중국의 붉은 용의 전술부터 시작하여 미국의 흑인에게 시민권을 부여하는 것 등 민족주의와 공산주의로 나누는 것과 민족 자결주의에 입각하여 "America First!"와 같은

---

[1] 장 졸리, 『지도로 보는 아프리카 역사 그리고 유럽 중동 아시아』, 이진홍 역 (서울: 시대의 창, 2016), 148.

민족주의가 여러 나라를 병들게 하고 소민족주의로 분리된 미국의 경제 보호령이 되라는 제안을 받는 아프리카는 "Africa First!"를 외쳐도 볼멘 음성에 불과한 것이 현실이었다.

2. 미국과 러시아의 유럽 압박(1954-1960)

1954년 프랑스가 인도차이나 디엔비엔푸에서 패배하고 제네바 협정에 조인하여 베트남 공산당에게 베트남 북반부를 내주는 한편, 알제리 전쟁이 시작한 해다. 1956년 유럽, 특히 프랑스와 영국은 국제 무대에서 가장 심각한 정치적 패배를 맛보고 새로운 외교적 한계를 가늠하게 된다.

소련은 국제법을 위반하고 헝가리를 침략하고 소련과 미국의 압력을 받은 프랑스와 영국은 이집트에서 승전하고도 수에즈 운하에서 철수할 수밖에 없었다. 프랑스는 전쟁 중이던 알제리에서, 그리고 영국은 분쟁 중이던 코먼웰스의 여러 나라에서 굴욕적인 철수를 하지 않으려고 버틴다. 소련과 미국의 압력은 그 뒤로도 계속된다.

미국노동총연맹, 산업별조합회의 AFL-CO는 알제리 민족해방전선 FUN을 지원하고, 미국은 1958년 9월 19일 알제리 공화국 임시 정부 창립 당일부터 사실상 임시 정부를 인정한다. 소련은 식민 지배에 반대하는 태도를 취할 뿐 아니라 티토의 유고슬라비아, 네루의 인도, 수카르노의 인도네시아, 나세르의 이집트 등을 아우르는, 1955년 반둥에서 탄생한 이른바 "비동맹그룹"과 같은 민족주의적 마르크스주의 운동을 지지한다.

1956년은 튀니지와 모로코가 독립한 해이기도 하다. 튀니지는 하비브 부르기바가 베이 알아민을 축출한 이듬해에 공화국이 되며 모로코는 마다카스카르로 추방되었던 술탄 시디 무함마드 벤 유수프가 돌아온 뒤 독립한다.

수에즈 위기 당시 동맹국인 미국이 손을 놓아 버린 데 놀랐던 영국은 미국의 지지를 받지 못한 대규모 외교적 구상을 모두 포기한 반면, 프랑스는 여전히 국제 무대 전면에서 한몫 담당하기를 바란다. 이를 위해 프랑스의 기 몰레(Guy Mollet) 정부는 수에즈 위기가 종식된 직후 과학자들과 군대에 핵무기를 완성하라고 지시한다. 파리의 많은 지도자는 새로운 다인종 사회가 형성, 유지되기를 희망하며, 에너지 자립을 위해 석유와 가스 자원을 보유한 알제리가 프랑스령으로 남아 있기를 바란다.

새로운 국제적 세력 균형이 형성됨에 따라 탈식민지화 과정이 급물살을 탄다. 국제전으로 나라가 황폐해지고 국민이 굴욕을 당했으며 엘리트층은 극심하게 분열되어 있었기에 민족주의 운동과 두 강대국의 압력에 굴복한 유럽의 지도자들은 더없이 불공평한 질게 뻔한 싸움을 하고 있었음을 인식한다.[2]

다음과 같이 평가할 수 있다.

부흥의 의미를 유럽이 안다면 아프리카는 진정한 부흥도 알 수 있다. 유럽의 식민주의는 일종의 수탈을 위한 데에서 비롯된 부흥이기 때문에 진정한 부흥이 아니라 부흥의 불길을 끄거나 더 이상 부흥하지 못하게 하는 것이기에 탈식민지화 과정 자체가 부흥이라고 평가할 수 있다. 진정한 부흥은 흥부다. 가난하지만 부러진 제비 다리를 고쳐 주는 착한 흥부의 자세를 가지는 것이다. 그럼에도 축복의 통로의 자세를 아프리카인들이 가진다면 하나님이 반드시 "블레싱 아프리카"(blessing Africa)를 하실 것이다.

---

2 장 졸리, 『지도로 보는 아프리카 역사 그리고 유럽 중동 아시아』, 152.

3. 유럽 제국주의에 대한 엇갈린 평가(1960)

1960년대는 아프리카 독립의 시대였다. 동시에 유럽 제국주의 역사를 되돌아보는 시간이기도 했다. 캐나다, 오스트레일리아, 뉴질랜드, 남아프리카 공화국처럼 본국 이주민이 정착한 식민지를 제외하면, 유럽의 식민 지배는 1세기를 넘기지 못했다.

탈식민지화는 미국과 소련이 유럽의 식민지 제국을 해체하려는 공동의 목표를 위해 연합한 결과였고 동시에 미-소 패권 경쟁의 전주곡이기도 했다. 미소 경쟁의 대가로 세계는 종종 분쟁의 소용돌이에 휘말렸는데, 가장 심각한 피해는 제3세계의 몫으로 돌아갔다.

유럽 대륙에서 소련은 서방 진영의 확산을 막기 위해 더욱 견고히 철의 장막을 쳐나갔다. 1961년 베를린 장벽이 건설되면서 유럽에서 철의 장막이 완성된다.

아시아에서 1958년 중국의 마오쩌둥이 대약진 운동을 벌이고 1959년 티베트 봉기를 유혈 진압하자 중국을 경계하게 된 소련은 1960년 자국의 핵 기술자들을 국내로 불러들인다. 소련은 인도와 파키스탄, 중국과 인도 사이의 분쟁에 개입하고 베트남 공산당을 지원한다.

그리고 20세기 초 에스파냐인들이 쫓겨난 뒤 미국이 주인처럼 군림하던 쿠바에서 피델 카스트로가 거둔 승리에 박수를 보낸다. 1960년 미국의 대통령으로 선출된 존 F. 케네디는 소련과 대화하는 것을 찬성하면서도 쿠바의 공산 정권과는 철저히 대립한다.

근동과 중동에서는 이스라엘을 비호하거나 원유 매장량이 풍부한 이슬람 국가를 장악하려는 외세끼리 알력이 심해진다. 마지막으로, 아프리카에서 미-소는 프랑스와 포르투갈의 식민 지배에 저항하는 민족주의 운동을 꾸준히 지원한다. 프랑스는 1960년 민족 자결권을 제시하며 알제리에서 철수하고 이제 막 개발에 착수한 원유와 천연가스 자원을 포기한다.

하지만 사하라 이남에서는 영국과 달리 후방전을 택해서, 독립보다는 거대한 프랑스-아프리카 연방 체제를 바라던 프랑스어권 국가들과 손잡고 단일한 세력권을 형성한다. 유럽의 정치적 악화를 의미하는 탈식민지화로, 유럽인과 옛 해외 영토의 지도자들 사이에 모호한 관계가 형성된다. 그 모호함은 유럽인들이 급격한 상태 변화를 일종의 쇠퇴로 인식하지 않은 데서 비롯되었다. 또 다른 요인도 있다.

민족 자결권이라는 명목(문화적 차이를 강화하는 효과를 냄)으로 주창되고, 동서 간의 이념 대립(반대로 지역의 특수성을 최소화하고 개혁에 걸림돌로 작용함) 때문에 오도된 이른바 탈식민화는 사실, 아프리카보다는 유럽이나 중동에 매력을 느낀 본국의 대기업들이 부추긴 것이다. 그러한 까닭에 그동안 유럽 제국주의 역사에 대해 온전한 평가가 이루어지지 않았다. 평가는 종주국과 관계없이 지역이나 민족, 식민지의 위상에 따라 엇갈렸다.[3]

다음과 같이 평가할 수 있다.

개혁은 모호성이 없이 계속되어야 한다. 유럽은 탈식민지화를 아프리카로 국한하여 이야기하지만, 하나님은 탈식민지화를 유럽을 포함한 아시아와 라틴 아메리카도 그렇게 되어야 한다고 본다. 우리도 비핵화가 북한의 비핵화라고 생각한다. 북한이 한반도의 비핵화라는 용어를 쓰면서 미군 철수를 주장하고 있는 것처럼 전략적 모호성(Strategic Ambiguity)을 주장하는 자들이 있는데, 이는 복음으로 거듭나지 못한 연유다. 하나님은 문화 교류를 통한 문화 명령을 지키고 지상 대명령을 준행하라는 것이다.

---

3 장 졸리, 『지도로 보는 아프리카 역사 그리고 유럽 중동 아시아』, 156.

4. 독립과 제3의 길(1960-1970)

불균등한 세 주요 세력이 유럽의 해외 영토에서 자원 쟁탈전에 돌입한다. 탈식민지화를 장려했던 장본인 미국과 소련, 그리고 비동맹주의를 내세웠지만 실제로는 상황에 따라 두 열강 중 어느 한쪽과 손잡곤 했던 비동맹집단이 그들이다. 미국은 반식민주의의 선봉장을 자처했지만, 법보다는 사업을 우선시했고 미국이 주창하는 자유주의는 아프리카에 불평등을 심화시킨다.

경제적인 어려움을 겪던 소련은 두 가지 목적에서 자원 전쟁에 나선다.

첫째, 어로 자원이 풍부한 연안 국가(모리타니, 기니, 가나, 앙골라, 모잠비크, 탄자니아, 에티오피아, 소말리아, 남예멘)와 어업 협정을 체결하여 국민에게 부족한 단백질을 제공하려는 것이다.

둘째, 유럽과 미국에 공급되는 원유 보급 항로에서 전략적 위치를 차지하려는 것이었다.

이런 역사적 도전에 직면하여 프랑스와 영국은 양국의 단결이 아닌 독자 노선을 택한다. 영국은 수에즈 위기 때 겪은 미국의 배신에 당황한 나머지 자국 영향력의 쇠퇴와 중동 철수로부터 교훈을 얻지 못한 것처럼 보였다. 영국은 국제 무대에서 모든 정치적 야심을 접은 듯, 미국에 밀접히 의존하는 양상을 보인다. 심지어 남로디지아나 남아프리카 공화국에서 미국이 모호하고 비우호적인 태도를 취했을 때도 영국은 태도를 바꾸지 않는다.

프랑스도 수에즈 위기 이후 국제 무대에서 영향력과 세력의 한계를 인식한다. 하지만 프랑스는 대응에 나선다. 1956년 기 몰레 정부와 직업군 창설을 지지한 군부는 핵 방어 체계 수립을 결정한다. 프랑스 각계의 책임자들은 세계를 분할한 두 열강 사이에서 프랑스가 중재자 역할을 할 수 있기를 바란다.

영국의 정치 지도자들은 제국의 해체를 무력하게 지켜본다. 자국의 국제적 기업이 자본의 상당 부분을 미국 기업에 매각하는 데도 달리 손을 쓰지 않는다. 반대로 프랑스의 정치 지도자들은 아프리카에서 영향력과 경제적 이권(사하라 이남에서 프랑스의 경제적 이권은 영국보다 적었다)을 유지하기 위해 공식(프랑스, 아프리카 공동체), 비공식 국가 간 기구를 창설한다. 이로 인해 아시아에 대한 외교와 상공업 조직 재편성이 늦어지는 위험을 감수해야 했다.

일종의 후반전이었을까?

미국과 소련 프랑스와 영국이 벌이는 이권 다툼은 많은 아프리카 국가에 심대한 영향을 미친다.

나이지리아, 앙골라, 브라자빌 콩고(옛 프랑스령 콩고, 오늘날의 콩고 민주공화국)의 원유, 서사하라의 인광, 레오폴드빌 콩고(옛 벨기에령 콩고, 오늘날의 콩고 민주 공화국), 잠비아, 나미비아의 희금속을 차지하기 위해 국제 기업들이 경쟁한다. 미국 정부와 기업은 자원 경쟁에 매우 유용한 정치적 지렛대를 갖고 있었다. 아직 미국 남부에서 인종분리법이 유지되는 상황이었지만, 미국은 흑인 공동체라는 카드를 서슴없이 활용한다.[4]

다음과 같이 평가할 수 있다.

화해는 정치적 지렛대가 아닌 서로 사랑이다. 인종분리법이나 흑인 공동체 등 지금은 당연히 해결된 것이지만 그 당시만 해도 정치적 지렛대로 이권을 놓고 화해를 시도하는 것은 집안의 탕자들이 마치 돌아온 탕자를

---

4 장 졸리, 『지도로 보는 아프리카 역사 그리고 유럽 중동 아시아』, 160.

아버지의 사후에 학대하는 것과 같이 아프리카인들을 그렇게 학대한 것이기에 사죄해야 하며 그 이후에 진정한 의미의 화해가 가능하다.

자국민 보호나 사회 복지라는 개념에 의해서 제국주의 국가들은 하나님의 도성이 아니다. 일본이 위안부 문제를 대한민국에 사죄하지 않는 것과 같이 영국은 케냐나 남아공에 더 이상 사죄를 하지 않을 것이다. 회개하고 용서를 구해야 가슴의 할례를 받는 서로 화해가 이루어진다.

5. 정치 현실주의의 회귀와 소련 최후의 반격(1970-1989)

인도네시아의 반둥의 정신은 사라졌다. 인도네시아에서 1967년 권좌에 오른 무함마드 수하르토 장군은 정권 출범 후 곧 석유 이권을 챙기느라 전임 대통령 아크멧 수카르노의 비동맹 정책을 망각하고 만다. 유고슬라비아에서는 티토 대통령이 1980년 사망하기 전까지 국내 경제 문제를 해결하기 위해 서방 국가에 정치적 양보를 거듭한다.

인도에서는 아버지인 판디트 네루의 뒤를 이어 수상이 된 인디라 간디가 안보를 선결 과제로 내세우며 1971년 소련과 우호조약을 체결하고 1972년 핵무기 개발에 나서며 군 현대화에도 박차를 가한다. 이집트에서는 안와르 사다트(1970-81)가 서방 세계와 화해하고 소련 자문관들을 축출한다. 베트남 공산당은 국토의 초토화를 무릅쓰고 결사 항전 끝에 1975년 미국에 뼈아픈 패배를 안겨 준다.

이렇게 제3세계주의와 정치적 세계화가 종식되고 경제 금융 세계화의 서막이 오른다.

사하라 이남 아프리카에서 미국은 남아프리카 공화국, 자이르, 나이지리아와 같이 천연 자원이 풍부한 소수 국가로 관심의 폭을 좁힌다. 미국의 지정학적 전략은 극동(라오스, 캄보디아, 아프가니스탄 전쟁 등)에서는 정치적인 성격, 중동(아랍-이스라엘 분쟁, 그리스-터키 분쟁, 이란-이라크 분쟁, 예멘 내전, 레바논 내전 등)에서는 경제적인 성격을 띤다.

카터 대통령 재임 기간(1976-1980) 미국이 아프리카에 정치적으로 개입하지 않은 것을 이용해, 소련은 아프리카에서 우위를 선점하며 자국의 경제 문제를 해소해 보려고 하지만, 쿠바와 함께 앙골라(1976-1991)와 에티오피아(1978-1989) 내전에 개입하면서 막대한 경제적 손실을 입는다. 더불어 미국과 과학 기술 경쟁에 치달은 것도 소련을 파탄에 몰아넣으며 쇠락을 가중시킨다.

그 무렵 아시아 국가들이 새롭게 아프리카에 관심을 갖기 시작한다. 중국은 1970-1975년 동아프리카에 탄자니아와 잠비아를 잇는 철도(타자라 철도)를 건설하여, 포르투갈 영토나 남아프리카를 거치지 않고 동광석을 수출할 수 있도록 한다. 문화 혁명(1966-1969)의 패해와 중국 국민당 정부(타이완)의 방해로 힘을 잃자, 중국은 아프리카와 농업 협력에 치중하지만, 큰 성과를 거두지 못한다.

세계 2위의 경제 대국으로 성장한 일본은 1970년대 초반 산업 협력 협정을 통해 남아프리카 공화국을 비롯해 몇몇 아프리카 국가에 진출한다.

이집트에서 1970년 나세르 대통령이 사망한 뒤 소련은 알리 사브리 부통령이 권좌에 오르기를 바랐지만, 안와르 사다트가 정권을 잡는다. 책략에 뛰어난 사다트는 1971년 소련과 우호 협정을 맺고 1972년에는 리비아, 시리아와 아랍 공화국 연방을 창설한다.

하지만 이스라엘과 전쟁해서 상대적으로 우위를 점한 1973년 10월 이후, 경제 자유화를 단행한다. 1974년에는 미국과 외교를 재개하고 1975년에는 수에즈 운하를 다시 개통한다. 그뿐만 아니라 일부 아랍 국가 지도자들의 극심한 반발을 무릅쓰고 1977년 이스라엘 방문을 감행하고 1979년 평화 조약을 체결한다. 그러나 사다트가 서방 세계와 화해하면서 꿈꿨던 경제 성장은 실현되지 않았고 오히려 무슬림 형제단을 비롯한 극단주의자들이 득세하게 된다.

다음과 같이 평가할 수 있다.

진정한 의미의 구조 조정이란 관용과 화합을 같이 조정하는 것이다. 관용을 베풀다가 관용을 베풀지 않으면 화합을 원하는 약자는 언제든지 원위치로 회귀하고 마음의 문을 닫게 되는 것이다. 책략이 뛰어난 사다트의 실패를 보면서 율법을 구조 조정을 하는 것은 불가능한 일이고 오직 예수의 종의 도, 청지기의 도, 희생의 도로만 가능한 것을 아프리카 선교에서 다시 배우게 된다.

6. 미국이 주도한 세계화(1989-2001)

1989년 베를린 장벽이 붕괴한 데 이어 소비에트 연방이 몰락하면서, 제2차 세계 대전 이후 형성된 양극 체제가 종식된다. 마침내 미국이 유일한 강대국으로 부상한다.

대개 의회나 정계, 재계를 대변하는 압력 단체의 뜻에 따라 결정되는 미국의 정책이 동맹국을 비롯한 전 세계에 강요된다(1991년 쿠에이트에서 이라크군을 몰아내기 위해 미군 주도하에 다국적군이 이라크를 공격하거나, 1991년 북대서양조약기구[NATO]가 민족주의적 성향이 강하다고 여겨진 세르비아 주도 신유고 연방을 해체하기 위해 군사 작전을 펼친 일 등).

러시아는 캅카스(체첸 반군의 게릴라 투쟁), 동유럽(1999년 폴란드, 체코, 헝가리의 북대서양조약기구 가입), 발트해 연안 국가(에스토니아에 소수 민족으로서 거주하는 러시아인 문제) 등지에서 방어전을 치른다. 그러나 과거 소련의 패권을 되찾지 못한다. 러시아는 주요수입원인 원유가 상승하는 데도, 정치적 안정을 도모하고 차관을 제공받는 데 어려움을 겪는다.

구조 조정 프로그램과 아프리카 발전 계획은 세계개발은행(WB), 국제통화기금(IMF), 국제연합(UN) 및 아프리카단결기구(OAU)와 아프리카 연합(AU)의 역할로 아프리카 현실의 당면한 문제를 해결하려고 노력을 하게 된다. 공공 분야의 규모 감축과 관리의 개선과 각 경제 분야에서의 가격 왜곡 제거와 무역 자유화의 증대 그리고 공공 및 민간 분야에 대한 국내 저축의 장려를 "UNDP"를 통해서 노력하고 있다.[5]

위의 목표를 달성하기 위해서 WB와 IMB가 아프리카에서 계속해서 실천하고 있는 주요 정책은 다음과 같다.

① 환율 조절 특히 평가 절하.
② 국내 저축을 장려하고 적절한 자원 분배를 달성하기 위한 이자율 정책.
③ 통화 공급 및 대출의 통제.
④ 정부 지출과 적자 재정을 줄이는 재정 정책.
⑤ 무역 및 지불 자유화.
⑥ 재화, 서비스 및 생산 요소 가격의 규제 완화.[6]

---

5 에이프릴 고든, 『현대아프리카의 이해』, 김광수 역 (서울: 다해, 2002), 183-84.
6 에이프릴 고든, 『현대아프리카의 이해』, 184.

아프리카와 과거 제국주의 열강(프랑스, 영국, 벨기에, 포르투갈, 이탈리아, 에스파냐) 사이의 협력 관계는 계속 유지된다. 하지만 EU 차원의 협력이나 다자간 협력은 계속 축소된다.

에두아르 발라뒤르 내각(1993-1995)이 1994년 CFA프랑(서아프리카 프랑화)의 가치를 50% 평가 절하하고 대외 협력부가 외무부에 흡수된 뒤, 프랑스는 옛 해외 영토에 대한 보호 조치를 중단한다. 프랑스는 재정부의 요청에 따라 기존의 특수 관계에 따른 장점이 있었는데도 아프리카 국가들을 다른 나라와 동등하게 취급하기 시작한다. 일본은 1997년 동남아시아를 휩쓴 금융 위기 이후 긴축 재정기로 접어든다.

국제 관계에 지각 변동이 일어난다. 기존의 동서 진영으로 말미암아 일어났던 분쟁이 자취를 감춘다. 대신 새로운 경제적, 정치적 이해관계에 따른 다양한 민족, 종교 분쟁이 발생한다. 카슈미르에서는 인도와 파키스탄이 대립하고 스리랑카에서는 인도군이 타밀 반군과 싸우는 집권 정부를 지원한다.

아프리카는 과거 물질적 이득을 안겨 주던 정치적 무기를 잃는다. 독립한 지 40년이 지났지만 여전히 통합의 길은 요원하다. 아프리카는 미국이 주도하는 다양한 형태의 제국주의에 따른 폐해로 신음한다. 유럽, 아시아, 라틴 아메리카도 이 새로운 제국주의에 힘겹게 적응해 나간다.

미국이나 EU에게 아시아는 "새 지평"(New Frontier)으로 남아 있다. 아시아 대륙은 개척 가능성이 무궁무진한 시장인 동시에 중국을 비롯한 여러 아시아 국가가 세계무역기구(WTO)에 가입하면서 주요 경쟁자로 떠올랐다.

중부 유럽과 동유럽 국가들은 서방 경제에 편입되기 위해 막대한 비용을 치렀지만, 아프리카 국가보다 경제적 위험 요소가 적어 보인다. 많은 투자자에게 아프리카는 정치적으로 불안정하고 GDP에 비해 부채 비율이 높은 지역으로 여겨진다.

개발 도상국 지도자들도 이러한 변화를 감지한다. 아프리카를 비롯한 개발 도상국의 지도자들, 특히 1980년대에 집권한 새 세대들은 더 이상 자국에만 머무를 수 없다는 사실을 인식하고 두 가지 방식으로 대응에 나선다.

첫째, 실용주의다. 자국의 기업을 창설하고 남반구 저개발국 간의 무역을 진흥하는 것이다. 하지만 이 방법은 실패로 돌아간다. 미흡한 사법 체계와 협소한 내수 시장, 경제 권력 형성에 두려움을 느낀 정치 엘리트들의 반대가 원인이었다.

둘째, 대개 자국의 지도자와 마찰을 일으키며 민족 전통문화를 근거로 한 온갖 형태의 소민족주의나 종교적 근본주의를 고양하는 것이다.

다음과 같이 평가할 수 있다.

빚의 탕감은 술수가 아니라 축복의 통로가 되는 것이다. 미국이 G-1 국가가 되면서 자문화 우월주의와 미국 제국주의로 열등한 나라들에 압제를 가했다면 이는 다양한 가운데 무질서와 불복종이 일어나게 되는 것이고 자문화 열등주의의 소국들은 민속 종교에 더욱 의지하고 불확실성의 불확실한 하나님(impossible impossibility of God) 앞으로 나오지 않고 모호성의 조상의 신들에게 회귀하게 되는 것이다.

2000년 9월에 유엔 밀레니엄 정상회의에서 세계 지도자들이 세계 전체적으로 평화와 안전성, 인권, 그리고 지속 가능한 성장을 얻기 위해 2015년까지 달성할 목표로 세운 새천년 목표는 다음과 같다.

① 심한 가난과 배고픔을 근절시킨다.
② 초등 교육은 받게 한다.

③ 성 평등함과 여성의 권리 증진을 이룬다.
④ 아동 사망률을 줄인다.
⑤ 산모 건강을 향상시킨다.
⑥ HIV/AIDS와 말라리아 그리고 다른 질병들을 없앤다.
⑦ 개발을 위해 국제적 파트너십(동반 관계)을 가진다.[7]

이러한 국제적인 구제 사역을 주도적으로 감당하는 미국은 다각적인 비판을 받고 있으며 이제는 한국을 파트너로 해서 아프리카를 스마트 도시 국가로 개발하는 방안도 강구하고 있다.

7. 미국 질서에 대한 다각적 비판(2001-2018)

미국의 역할은 국제 사회에서 아프리카를 도울 준비가 된 유일한 나라다.

만일 자유로운 산업 사회를 자유롭고 비혁명적이며 비전체주의적 방식으로 발전시키려 한다면 오늘날 그 일을 할 수 있는 국가가 미국[8]이고 미국이 마치 요셉과 같은 국가라고 하면 대한민국은 요셉의 젖동생 베냐민과 같은 역할을 아프리카에서 수행할 수 있다는 것이 필자의 전문인 선교적 관점이다.

---

7   에이프릴 고든, 『현대아프리카의 이해』, 155-56.
8   피터 드러커, 『피터 드러커의 산업 사회의 미래』, 안종희 역 (서울: 21세기북스, 2013), 268.

미국사는 한마디로 만들어 가는 위대한 경찰 국가의 역사이고 미국식 민주주의 사회로의 진전을 기록한 것이다. 이들도 종교의 자유를 피해서 미국으로 이민을 온 세대이기 때문에 중동과 아프리카의 문제를 그래도 유럽보다는 더 나은 방법으로 해결해 주리라고 보았으나 결과는 참담하다.

미국은 우리가 생각하는 것보다 훨씬 더 깊고 다양한 나라이며 미국은 신대륙에서 출발한 신생 국가이기 때문에 아프리카가 배울 점이 있으며 미국은 겉과 속이 전략상 모호할 수 있는 자국 중심의 국가로 회귀하고 있으며 도저히 감지할 수 없는 무소불위의 경제력을 지니고 있기에 중국이 G-1 국가가 되기는 어려워 보인다.[9]

2001년 발생한 9.11 테러 사건은 많은 이의 공분을 불러일으킨 동시에 조지 W. 부시 대통령이 이끄는 미 공화당 정부가 국제 문제에 대처하는 태도에 대한 비판을 확산하는 계기가 되었다. 두 종류의 가치관이 대립한다.

첫째, 무력으로 전 세계에 자신의 생각을 강요할 수 있다고 생각하는 특정 종교와 자유주의 신봉자들의 가치관이다.

둘째, 유럽인 대부분이 그렇듯, 공공연히 드러내 말하지는 않지만 협조적인 다극 체제를 꿈꾸는 사람들의 생각이다.

역사상 가장 강대한 나라의 국가 원수가 된 부시 대통령은 국제 문제에 대한 유엔의 중재를 거부했다. 그래서 미국 당에서 최초로 국제 테러가 발생했을 때, 부시는 즉각 무력대응에 나선다. 무력 응징의 희생양은 이라크와 그 대통령 사담 후세인이다.

---

9 최승은·김정명, 『미국, 명백한 운명인가, 독선과 착각인가』, (서울: 리수, 2008), 5-6.

이라크는 이란과의 전쟁(1980-1988)과 쿠웨이트 독립을 위한 다국적군의 개입(1991), 그리고 10년이나 지속된 국제 봉쇄를 겪으면서 끝내 미국에 굴복하기를 거부했다. 이라크는 종교 국가도 아니고 테러를 실행했다는 혐의를 받은 이슬람 무장조직 알카에다에도 아주 적대적이었다. 그러나 미국은 현실을 외면한 채, 사담 후세인이 테러의 주범이고 핵무기와 생화학 무기를 제조하고 있다며 이라크를 재침공할 빌미로 삼는다.

노련하지만 상대적으로 힘이 약했던 유럽은 대화와 타협으로 이라크 문제를 해결하자고 주장하나 성과를 거두지 못한다. 이라크가 대량 살상 무기를 보유하고 있지 않다는 국제 전문가들의 조사 보고서도, 여러 미국인 자문관의 경고도, 이성을 되찾으라는 유럽의 호소도, 특히 독일, 러시아, 중국을 비롯한 국제 사회의 다수의 지지를 받았던 도미니크 드 빌팽 프랑스 외무장관의 탁월한 유엔 연설도, 결국 미국이 이라크라는 표적을 포기하도록 만들지는 못한다.

이라크 침공(2003)은 정치적 실패로 이어지며 중동의 정세를 더욱 악화시켰고 미국에 대한 세계의 불만을 고조시킨다. 특히 이슬람 근본주의자, 신마르크스주의 국제주의자, 극단적 민족주의자등 다양한 소수파 세력의 비판이 거세졌고, 때때로 여론도 이들에 동조한다.

미국의 이라크 전쟁은 세계 정세에 심각한 영향을 미친다. 이라크는 알카에다의 득세와 함께 내전으로 치닫고 아프가니스탄과 레바논에서 서방 세계는 고전을 면치 못한다. 파키스탄에서는 정치, 종교적 분쟁이 발생하고 이란은 핵개발 프로그램에 착수한다. 극동에서는 중국과 일본 사이의 긴장이 고조되고 국제 테러리즘도 맹위를 떨친다.

미국의 일방주의에 대한 불만은 유럽과 세계 각국, 특히 이슬람 국가와 신흥국에서 다양한 형태로 나타났다. 세계 정세 악화로 선진 산업국들은 정작 악의 근원, 특히 남북문제(적도 이북 지역과 이남 지역의 격차 문제)해결을 도외시하고, 국방 안보 예산을 증액한다. 불안한 정세로 가장 큰 피해를 본 것이 아프리카다. 반대로 아시아, 특히 중국과 인도는 정세 약화의 수혜자가 된다.

아프리카의 여러 나라에서 다원 민주주의와 평화 정착을 지향하는 움직임이 나타나기 시작한다. 그러나 동시에 빈곤, 이스라엘과의 갈등, 자국의 전문가와 EU 동맹국들의 경고를 무시한 미국 행정부의 전략적 오류와 전략적 모호성 그리고 정치적 미숙함 때문에 급진주의 경향 역시 강화된다.

양차 대전 사이 근대화의 길을 걸으며 아랍 국가들 사이에서 가장 세력이 커진 이집트에서는 무슬림 형제단이 일부 알아즈하르 대학교수들의 지지를 받으며 세를 확장한다. 이슬람 극단주의 세력은 2005년 관광객을 겨냥해 테러 행위를 저질렀고 2006년에도 시나이반도에서 해변 휴양지 다합을 공격하고 유엔 감시단을 습격했다. 또한, 2007년 이후 이집트의 여러 종교 지도자는 이란의 사아파 지도자와의 화해할 것을 주장한다.[10]

다음과 같이 평가할 수 있다.

글로벌 시대에 이제까지의 지역주의가 블록화하면서 '종족주의자는 지구상에서 사라지는 것이 아닌가?'라는 염려를 하게 한다.[11] 그러나 내부자적인 시각으로 보면 글로벌주의 안에서도 선과 악의 투쟁이 있고 지역주의와 종족주의도 마찬가지라는 것이다.

아프리카의 굴기는 "Christian Peace facilitator Africana"다.

아프리카는 일단 겸손한 종의 자세로 평화의 촉진자가 되어서 54개국

---

10 장 졸리, 『지도로 보는 아프리카 역사 그리고 유럽 중동 아시아』, 172.
11 피터 드러커, 『자본주의 이후의 사회』, 이재규 역 (서울: 한국경제신문사, 1993), 214.

전체가 자치 자립 자전의 자세로 자비량하는 나라가 되어서 아프리카 연합으로 거듭나는 것이다.

   EU와 대등한 지위를 확보하기 위해서는 피스메이커가 되고자 하는 과정에서 유럽에 당한 과거의 실패를 잊고 용서하고 새 아프리카를 건설하며 일어나 빛을 발하는 것이다. 후손에게도 오늘의 고통을 유산으로 넘겨줄 이유가 없기 때문이다. 이를 위해서 한류 열풍의 대한민국과 팀 다이나믹스(team dynamics)를 이루는 한 팀이 되어야 한다.

   이러한 아프리카의 근현대사를 보면서 1948년에 대한민국을 수립한 대한민국이 윈-윈 파트너십으로 아프리카에 영적인 블레싱을 전달하는 릴레이 횃불 운동이 일어나 라이즈업 아프리카로 일어날 수 있다.

제5장

한류를 통해 흑진주의 땅으로 가자

우리가 아프리카를 가는 이유는 2030 초일류 대한민국을 이루기 위해서가 아니라 아프리카를 치유하는 축복의 통로가 되기 위해서다.

이를 위해서 먼저 아프리카에서의 치유 의식이 무엇인지를 알고 치유해야 할 영역들을 성서를 빗대어 설명하고자 한다. 치유 의식은 영적 존재가 살아 있는 사람의 삶에 개입함으로써 질병이 치유된다는 믿음에서 생겨난 종교 의식이다. 이러한 치유 의식에는 영적 존재와 적절한 관계를 맺고 유지하기 위한 일종의 종교적 전수 과정이 포함되어 있다. 따라서 영적 존재가 일으킨 질병이나 고통은 종교적 부름에 비유될 수도 있다.[1]

1. 치유 과정[2]

영적 존재로 인해 병을 얻은 것으로 생각되면 환자는 예언자나 사제를

---

1 프랑크 웨일리 외 11인, 『종교: 지도로 본 세계종교의 역사』, 니니안 스미스 편, 김한영 역 (서울: 갑인공방, 2005), 204.
2 프랑크 웨일리 외 11인, 『종교: 지도로 본 세계종교의 역사』, 204.

찾아가 조언을 구한다. 사제나 예언자 또는 영매(靈媒)는 병을 일으킨 영적 존재를 가려내 효과적인 치유 의식을 결정한다.

치유 단계는 두 단계로 진행이 된다. 우선 생리학적 징후를 치료해 환자를 정상적인 상태로 되돌려 놓는다. 그 다음, 환자를 치유 의식 전문가로 변화시키는 일련의 의식을 치른다.

의식을 치른 환자는 계속해서 종교적 수련을 쌓아 자신이 직접 치유사가 되기도 한다. 결국 고통받은 자는 치유 의식을 통해 치유사가 되기도 하는데, 바로 이 점에서 치유 의식의 가장 큰 특징이다. 불행과 고통이 오히려 힘과 완전함을 가져다주기 때문이다.

2. 자르 보리[3]

자르는 에티오피아에서 생긴 의식이다. 자르 보리 의식은 일반적으로 이슬람 사회에서 많이 발견된다. 자르 보리의 영혼은 기본적으로 여성에게 고통을 주기 때문에 여성의 종교 활동이라고 보아도 무방한 데, 이것은 아프리카의 종교가 성과 결부되는 하나의 방식으로 이해할 수 있다. 자르 영혼이 주는 고통의 가장 일반적 징후 중 하나는 여성의 출산에 문제가 생기는 것이다.

일부 학자들은 이슬람 이전 시대부터 영적 존재와 계속적인 종교적 관계를 유지해 옴으로써 자르 보리 의식을 발전시킨 여성의 종교적 지위가 이슬람화 과정을 거치면서 축소되었다고 주장하기도 한다.

---

[3] 프랑크 웨일리 외 11인, 『종교: 지도로 본 세계종교의 역사』, 204.

자르 보리 의식의 열렬한 신자는 처음에는 주로 빙의(憑依) 현상에 의해 고통을 겪지만 결국에는 영적 존재의 매개자가 된다. 다시 말해 그들의 몸에 들어간 영혼이 그들의 몸을 통해 살아 있는 사람들과 대화하는 것이다.

이러한 방식으로 영혼에 사로잡힌 매개자는 공동체와 다른 사람을 위해 자신의 몸을 영혼에 내어줌으로써 영적 존재에 봉사한다. 영혼에 사로잡힌 상태에서 매개자는 완전히 수동적으로 변하기 때문에 이때 행한 행동과 말에 대해서는 책임을 지지 않는다.

3. 은고마 의식[4]

치유 의식은 중앙아프리카와 남부 아프리카의 반투어족을 사용하는 민족들 사이에서 발견된다. 예를 들어 줄루어족을 사용하는 사람들에게 이상고마 의식은 본질적으로 여성 점술사들의 의식이다. 조상들이 여성을 의식으로 불러들이면 그 여성은 오랜 전수 과정을 거치면서 제식을 통해 조상과 적절한 과정을 유지하는 방법을 배운다.

콩고 하류의 렘바 의식은 수 세기 동안 그 지역의 시장과 원거리 무역을 장악했던 막강한 남성 사제들의 의식이었다. 은고마 치유 의식처럼 렘바도 치유 의식인 동시에 치유 의식을 통해 치유되는 고통의 이름이었다. 렘바는 또한 렘바 사제들이 처방하고 조제했던 효험이 강한 "신성한 약"으로서 사제들은 이 약으로 렘바 질병으로 고통 받는 사람들을 고치고 렘바 금기를 어긴 사람들을 처벌할 수 있었다.

---

[4] 프랑크 웨일리 외 11인, 『종교: 지도로 본 세계종교의 역사』, 205.

은고마 의식에서는 영혼에 사로잡히는 일이 자르 보리만큼 흔하지는 않다. 그러나 사제들은 제식을 통해 영혼과 밀접한 관계를 유지할 뿐 아니라 때로는 영혼을 조정할 수 있다고 알려져 있다. 조상신은 이상고마 점술사 위를 떠다니며 미래를 점칠 수 있게 도와준다고 한다.

음악과 춤은 자르 보리 의식과 은고마 의식에서 필수적인 요소다. 음악은 살아 있는 인간이 영적 존재와 통할 수 있는 가장 중요한 수단이다. 자르 보리 영혼에게는 자신만의 고유한 음악이 있기 때문에 영혼의 고유한 음악을 연주하면 그 영혼을 제식으로 불러들일 수 있다고 한다. 영혼이 예언자의 몸에 들어가기 전 예언자는 영혼을 받아들이는 준비과정으로 춤을 추기도 한다.

실제로 은고마라는 단어는 음악이나 춤을 뜻하기도 하고 북을 의미하기도 한다. 은고마의 북을 비롯한 몇몇 악기들은 의식에서 영혼을 불러들이기 위해 사용한다.

다음과 같이 평가할 수 있다.

① 진정한 치유는 영혼의 치유다.
② 매개자가 치유를 하는 대리인의 기능을 성령이 대신하신다.
③ 구약의 엔돌의 신접한 여인의 이미지와 자르 보리 의식은 연관이 될 수도 있다.
④ 남성 중심의 사회에서 여성이 사역할 수 있는 새로운 자아의 길을 열어준 것이다.
⑤ 치유 받는 치유자(healed healer)의 개념은 상처 입은 치유자(wounded healer)의 개념과 관계가 있다.
⑥ 예수님의 사역의 중심은 치유 사역, 가르치는 사역 그리고 설교다.

⑦ 한의 신학을 발전시킨 한국의 민중 신학과 접촉점을 찾을 수 있으나 아프리카의 치유 신학은 융섭적으로 변혁하여 바로 문화 교류 전문인 신학으로 나가야 한다.

남성(Man)의 우상 숭배 여성(Woman)의 우상 숭배에 대해서 먼저 알아보자.

어니스트 베커는 이렇게 말한다.

> 낭만적인 사랑이 인간적인 문제를 해결해 주지 못한다는 사실은 오늘날 남성들이 맛보는 좌절의 너무나 중요한 일부분이다. … 어떤 인간 관계도 신의 자리를 배겨낼 수 없다. … 이성(연인)을 아무리 이성으로 삼고 우상으로 떠받들어도 그 사람은 필연적으로 세속의 타락과 불안전성을 드러낼 수밖에 없다. …
> 그렇다면 연인을 그런 위치까지 끌어올려서 도대체 뭘 얻고자 하는 것인가?
> 자신의 결점과 자신이 하찮은 존재라는 느낌을 없애고 싶은 거다. 우리 삶이 정당화되길 바라고, 우리 존재가 헛된 것이 아니었음을 알고 싶은 거다. 그러니까 우리는 다름 아니라 구원받기를 원한다. 두말할 필요도 없이 인간은 그런 것들을 줄 수 없다.[5]

남자든 여자든 낭만적인 사랑을 우상화하는 틀에 박힌 행위는 막다른 골목이다. 내 안에 있는 우상들을 제거해야 한다. 하나님은 남자도 여자도

---

5 티머시 켈러, 『거짓 신들의 세상』, 이미정 역 (서울: 베가북스, 2012), 76-77.

아니시다. 인간에게 그렇게 이해가 되기 위해서 신인 동형론으로 도성인 신 하신 것이다. 그렇다면 성별을 초월한 개념으로서의 남자와 여자의 의미를 찾을 필요가 있다고 보았다.

4. 가나안 일곱 족속과 일곱 가지 산

성경 구약의 가나안 7족에 대한 문화 교류적 측면으로 유럽 제국주의를 비평하는 소개를 하면서 아프리카의 7개의 나라와 연관하여 7가지(미디어, 정부, 교육, 경제, 종교, 축제, 가족) 문화적 접근을 먼저 하고자 한다. 선교적인 측면에서 아프리카에서는 11가지(가족, 공동체, 다양성, 여성, 청년, 교육, 경제정의, 생태, 시민 사회, 평화, 세계화)의 영역[6]에 대한 현지 적용으로 표현할 수 있다.

1) 헷 족속과 미디어의 산

히위 족속이란 단어는 공포 그리고 두려움이란 뜻을 가진 단어에서 왔다. 이것은 압도적인 양의 부정적인 뉴스를 방송하고 또한 의도적으로 어떤 부정적인 이야기가 가장 많이 방송되어야 하며 가장 중요하게 방송되어야 하는지를 결정하는 현대 뉴스 미디어의 정확한 특징들이다.

주관자 아볼루온(파괴자라는 뜻을 가지고 있다)은 미디어의 산의 정상에 앉아서 뉴스를 왜곡하고 사람들의 두려움을 증폭시킴으로써 그들을 노예로

---

[6] "3.1 운동 100주년 한국교회 기념예배," 정동제일교회, 2019.3.1., 8-12.

삼고 있다. 본질적으로 참된 복음 전파자들로 활동할 엘리야 혁명가들은 뉴스를 정확히 보도할 것이며 심지어 부정적인 뉴스일 경우에도 그렇게 할 것이다. 그러나 그들은 보도하는 내용의 모든 부분에서 구속의 은혜를 찾아내어 전할 것이다. 그들의 말들은 세상에 대한 하나님의 축복들을 강력하게 예언할 것이다.[7]

공포와 두려움을 주는 유럽 제국주의의 히위 족속의 거짓 미디어 방송을 분별할 수 있어야 아프리카인들은 문화 교류 선교사가 될 수 있다.

2) 기르가스 족속과 정부의 산

대부분의 사람들은 정치를 악한 것으로 본다. 그 이유는 그리스도인들이 이것을 마귀에게 내어주었기 때문이다. "진흙 속에 거하는"이라는 뜻을 가진 기르가스 족속은 이 산에서는 매우 흔한 것들인 이 땅에서의 욕망들과 타락한 열망을 뜻한다. 이 산의 왕인 루시퍼는 교만과 반대되는 영인 겸손과 섬김의 영을 소유하고자 이 산을 오르는 자들에 의해 쫓겨날 것이다.

진정한 사도들—사도라는 이름의 명함을 가진 자들이 아니라 성경이 정의를 내린 그 역할대로 활동을 하는 자들—이 정부의 산을 취하는 데 꼭 필요한 도구가 될 것이다. 그들은 예수님의 정사의 더함이 무궁하다는 것을 이해할 것이다(사 9:7).[8]

육신의 정욕과 안목의 정욕과 이생의 자랑을 추구하는 아프리카의 세속

---

7 조니 엔로우, 『일곱 산에 대한 예언』, 김동현 역 (서울: 순전한 나드, 2009), 305.
8 조니 엔로우, 『일곱 산에 대한 예언』, 305-6.

인들이 그 영혼이 진토에 붙은 삶에서 구원받고 성화 되어 봉사하는 종의 자세, 청지기의 자세, 그리고 희생의 자세가 아프리카 선교의 종의 노래가 되어야 한다.

3) 아모리 족속과 교육의 산

수 세기 전에 기독교 대학과 대학교로서 영향력이 매우 컸던 교육 기관들이 이제는 자유주의적이고 인본주의적인 철학으로 물들어 버렸다. 교육의 산은 세상의 수많은 지도자를 교육한 하버드대학교, 예일대학교, 프린스턴대학교와 같은 학교들에 의해 지배되고 있다. 이 산의 아모리 족속은 교만, 자랑, 거만함을 대표하며, 인간을 숭배하는 사상인 인본주의, 자유주의, 이성주의, 무신론의 특징을 가지고 있다.

하나님의 심판은 이제 사람들이 하나님이 과연 계신지에 대한 의구심을 품기보다는 하나님이 계신 데 대해 자신들이 무엇을 해야 하는지를 물을 만큼 분명하게 임할 것이다.

모든 교육 제도의 전반에 나타나는 잘못은 질문을 좌뇌로만 이해할 것을 강조하는 것이다. 우뇌로 생각하는 것에 반하여 극단적인 편견은 하나님으로부터의 창조적이고 상상력이 풍부하며, 직감적인 계시를 받아들일 수 있는 대부분의 아이들을 이성적이고 비판적이며 그래서 매우 제한된 인간의 오감만을 받아들이는 아이들로 변화시킴으로써 하나님의 계시를 받아들일 수 없도록 만들고 있다.

엘리야 혁명은 바알세불을 이 산의 왕좌에서 쫓아낼 것이며, 교육을 우뇌를 사용하는 것이 주가 되는 일로 되돌려 놓을 것이다. 그래서 아이들이 하나님의 임재를 분간하고 하나님의 비밀들을 예언하는 방법을 열어 놓을

것이다.⁹

하나님의 음성을 듣는 법은 먼저 성령 충만한 가운데 성경 말씀에 충만하여 영적인 눈이 열리도록 교육을 해야 하는 것이다. 아프리카인들에게 이성적인 좌뇌 교육보다도 감성적인 우뇌 교육이 균형을 잡아서 O2O (online to offline)로 하나님과 동행하는 삶을 사는 교육이 되어야 하며 현장 중심의 교육과 훈련으로 위기 관리의 리더십을 발휘하는 지혜자를 양육해야 한다.

4) 가나안 족속과 경제의 산

탐욕과 가난의 거짓은 서로 쌍둥이와 같으며 맘몬 또는 바벨론 권세들의 영향력으로부터 자라난다. 거짓의 영은 모든 사람들에게 돈이 그들의 진정한 공급원이 된다고 설득한다. 이것은 사람들을 가난으로 속박하는 것을 선호하나 하나님이 풍성한 축복을 주시는 곳에서는 그 풍성함을 더욱 더 바라기만 하는 탐욕으로 왜곡시켜 버린다.

그러나 이 땅의 경제적인 구조는 언젠가는 붕괴될 것이며 가난과 탐욕의 영 아래에서 활동했던 모든 사람들이 하나님 외에는 아무것도 의지할 것이 없게 될 것이다. 하나님은 사람들이 이러한 시스템에서 나오도록 부르신다. 하나님만을 절대적으로 의지하는 자들은 모든 나라들의 부를 얻게 될 것이다.

풍성함은 하나님이 그들의 종들을 통해 주시는 예언적인 말들에 대한 믿음의 결과로 올 것인데, 이것은 성경에서 종종 증명되는 역동적인 사실

---

9 조니 엔로우, 『일곱 산에 대한 예언』, 306.

이며(요셉, 엘리야, 엘리사와 같은 사람들을 통해 볼 수 있다), 아시아, 남미, 아프리카의 여러 나라에서도 경험을 통해서 증명된 일이다. 바벨론은 무너지기 전까지 계속 진행될 것이지만 하나님을 의지하는 자는 결코 부족함을 경험하지 않을 것이다.[10]

가난으로 인해서 도적질하고 거짓과 위선이 난무한 아프리카인들을 미워할 것이 아니라 가난의 문제를 해결해 주어야 축복의 통로가 되는 삶을 사는 순례자다.

5) 브리스 족속과 종교의 산

우상 숭배는 사람들이 이행할 수도 없고 또한 하지도 않을 헛된 약속을 하는 신들에게 복종하도록 함으로써 사람들로부터 공급과 보호를 제거한다. 이것은 브리스 족속이 의미하는 바다.

종교의 영은 종교의 산의 정상에 있으며, 하나님께로만 향하도록 되어 있는 예배를 빼앗아 가도록 하기 위해서 그것이 노골적으로 사탄을 숭배하는 것이든 교회 내에서의 아주 잘 준비된 종교 행위이든 아니면 이 둘 사이에 있는 그 무엇이든 자신이 할 수 있는 모든 것을 행하고 있다.

이 영은 우리의 예배를 현재는 진실인 것처럼 보이지만 실은 그 안에 독이 섞여 있는 교리들로 왜곡시키고 있다. 심지어 성숙한 그리스도인들조차도 산 정상에서의 경험이나 하나님과의 진정한 관계보다 교리를 더 높임으로 예배에서 실패할 수 있다.

---

10 조니 엔로우, 『일곱 산에 대한 예언』, 307.

이 산은 성령의 역동적인 인도와 능력에 의해서만 취해질 수 있다는 것을 가르친다. 엘리야 혁명가들은 성령이 예기치 못한 방법들로 일하실 것을 기대할 것이며 그분의 목소리에 귀를 매우 기울일 것이다. 무조건적이며 열정적인 주님에 대한 사랑이 있기에, 그들은 진부한 말들과 원칙들, 시간이 잘 짜인 예배들, 그리고 단정하고 산뜻한 미국 제국주의 신학에 기초한 종교적 행위들을 거부할 것이다. 현재 답보 상태에 있는 기독교의 전통들과 기대들을 거부하며 대신에 하나님과의 초자연적인 경험을 하게 될 것이다.[11]

이 산을 정복하는 것은 아프리카인들이 영안이 열려서 거짓 신의 숭배에서 벗어나서 성령 세례를 받고 생명의 성령의 법안에 거하며 성령의 열매를 맺는 삶을 사는 것이다. 산 순교자가 되어서 하나님의 뜻을 준행하는 삶을 사는 것이 선교적 교회의 융통성이다.

6) 히위 족속과 축제의 산

축제의 산은 미술, 음악, 스포츠, 패션, 오락을 포함하며 우리가 인생을 즐기며 축하하는 모든 방법들을 포함한다. 이 산은 사탄의 무리들에 의해 모든 부분들이 완전히 점령되어 있어서 대부분의 믿는 자들이 이 산이 점령될 수 있는지조차 확신하지 못하고 있다.

그러나 하나님의 영은 그분의 백성들의 창조성과 열정을 통해 자유로이 움직이시기를 원하신다. 이 산은 진정한 축제를 타락한 모조품으로 대체하는 히위 족속으로부터 반드시 되찾아져야 한다. 또한, 많은 사람을 하나

---

[11] 조니 엔로우, 『일곱 산에 대한 예언』, 308.

님에 의해 제공된 진정한 쾌락과 기쁨으로부터 벗어나도록 유혹하는 이세벨의 영으로부터도 반드시 되찾아져야 한다.

이세벨의 영은 하나님이 주신 좋은 선물들을 타락하게 만들었으며 이에 대한 선지자들의 역할은 대중문화의 속임수를 뚫고 지나가서 참되고 변치 않는 대안을 우리 사회 특별히 자신들의 청소년기를 이 산에서 살며 호흡하며 지낼 우리 사회의 한 부분인 바보들의 행진을 청소년들에게 제공하는 것이다.

엘리야 혁명가들이 음악, 미술, 문학 그리고 모든 다른 형태의 축전을 하나님의 방법대로 만들어 낼 것인데, 그것은 하나님의 임재 속에 거함으로 하나님의 창조성이 자신들을 통해 나가도록 함으로 이루어질 것이다. 세상은 기독교 예술가들이 갖고 있는 재능을 가치 있게 보고 그것을 좇기 시작할 것이다. 왜냐하면 그들의 작품의 탁월함이 그들의 작품의 근원이 초자연적인 분임을 나타낼 것이기 때문이다.[12]

문화 변혁자로서의 그리스도인의 자세가 미디어에 현혹된 이세벨의 영에서 벗어나서 이 세대 가운데 아프리카인들이 중요한 제작과 편집 그리고 분배에 있어서 중요한 역할을 하게 된다. 화려함보다고 진솔한 하나님의 임재를 느껴야 할 것이다.

7) 여부스 족속과 가족의 산

말라기 4:6은 엘리야가 올 것이며 "아버지들의 마음을 그들의 자녀들에게로 그리고 자녀들의 마음을 그들의 아버지들에게로 돌려놓을 것"을 약

---

[12] 조니 엔로우, 『일곱 산에 대한 예언』, 308-9.

속하고 있다. 이것은 구약의 마지막 약속이며 심지어 마지막 구절에 있는 약속이다.

엘리야는 올 것이며 가정들을 구할 것이다. 가정이 공격을 받고 있다는 것은 분명한 사실이다. 왜냐하면 우리는 전례 없었던 가정 붕괴의 시대 속에 살고 있기 때문이다. 이 문제의 중심에는 가족들의 삶에 완전히 참여하여 관계를 맺는 아버지들의 부재가 있다. 그 결과는 수많은 사회적 그리고 육체적 질병이며, 그것들은 거절을 포함한 우울증, 두려움, 성적 일탈, 중독, 분노, 폭력들로 인해 주어진 것이다.

이 산에 있는 권세는 종종 성적인 제사 행위들과 아이들을 제물로 바치는 제사와 연관된 바알이다. 목사들의 참된 역할은 시장 경제에서, 정부에서(특별히 재판의 권위가 있는 곳에서), 그리고 또한 교회에서, 이 가정의 신으로부터 바알을 제거한 뒤 삼위일체와 하나님의 가족 안에서의 관계를 실현하는 가정들로 대체하는 도구가 되는 것이다. 우리는 엘리야 영의 회복의 사역을 모든 나라들에 전하는 사명을 받을 것이며 그 일을 수행할 것이다.[13]

5. 라이즈업 아프리카

일곱 산에 대한 마지막 결론은 가정이다. 가정이 파괴된 오늘날 그리스도 안에서의 하나님의 가족의 의미를 잘 음미해 보아야 할 것이며 가족 중심의 아프리카인들이 오순도순 별을 보고 속삭이는 밤이 있도록 하나님의

---

[13] 조니 엔로우, 『일곱 산에 대한 예언』, 309-10.

영광을 위한 미션 홈 가족이 되도록 섬겨야 한다.

이 일을 위한 실천 전략으로 라이즈업 아프리카(Rise Up Africa)라는 페스티벌을 열어야 한다. 로잔 운동의 아버지인 빌리 그래함 목사의 전도협회가 하는 것처럼 눈에 보이는 90%의 명목적인 신자가 눈에 보이지 않는 10% 이내의 성령 체험을 한 신자들을 만나서 재헌신한 자들을 나도 선교사로 양육하는 과정을 케냐 KAIST를 중심으로 실시해야 한다.

이 일을 위해서 『QA 성경』(Quest Bible)에 기초하여 성경 공부를 한 자들이 선교사의 비전을 가지고 양육되고 이들이 전문인 선교사 훈련을 통하여 사명을 감당하게 되면 울릉도에 있는 외로운 섬 독도의 작은 얼굴에 파도가 치지만 동시에 하나님이 그 독도의 작은 얼굴에 햇살을 비춰 주시리라고 믿는다.

그래서 우리는 홀로 아리랑을 한국에서 온 전문인 선교사들을 통하여 아리 아리랑으로 피의 아리랑(along with God)을 부르며 결국은 전문인 아리랑을 실천할 수가 있다. 하나님의 뜻을 실천할 수 있다고 본다.

이 일을 실천하기 위해서는 로렌 커닝햄의 YWAM과 함께 전도 집회의 전략을 전수받아서 많은 노하우와 아프리카 전도에 필요한 열방대학의 학생 자원들을 학생 자원 운동으로 일으켜야 한다.

그리하면 존 모트(John R. Mott)의 학생 자원 운동(SVM)에서 비롯된 홍정길, 이동원 목사의 KOSTA 운동의 제2의 KOSTA(이동원 목사)와 마찬가지로 우리도 크리스티 윌슨 주니어의 자비량 자원 운동(TVM)과 피터 드러커의 전문인 자원 운동(PVM)과 폴 스티븐스의 비즈니스자원 운동(BVM), 그리고 아랍에미리트와 사우디아라비아, 동구 유럽의 루마니아, 아프리카 케냐 그리고 남미 페루 등 복음이 필요한 제3세계에서 원자력 에너지 선교 활동을 하시는 정근모 박사의 문화 교류자원 운동(ICVM)으로 구체적으로 시너지 효과가 일어날 수가 있다.

필자는 이를 MAN/WOMAN 운동이라고 명한 것이다.¹⁴

이러한 영적 리더들을 통해서 아프리카의 라이즈업 네이션스 운동이 일어나기 위해서는 우리 모두는 안드레와 같이 베드로를 예수님에게 인도하는 역할을 하는 것처럼 나도 선교사가 되어서 복음 전도의 사명을 개인 전도와 교회 전도 그리고 도시 전도에 있어서 전문인의 역할을 해야 하는 것이다.

6. 우리가 해야 할 준비

이를 위해서 우리가 해야 할 준비 과정을 소개하면 다음과 같다.

첫째, 아프리카의 영혼을 위해서 주기도 운동을 해야 한다.
언약궤가 돌아오듯이 마음의 준비를 하고 언약궤를 맞이해야 한다. 언약궤는 백인이 가지고 오리라는 믿음을 가졌는데 이는 케냐의 초대 대통령 케냐타의 고언과 같이 백인 선교사가 와서 다 같이 주기도를 하자고 했는데 기도를 마치고 나니 성경은 아프리카인의 손에 들려 있고 저들의 집 문서는 백인들의 손아귀에 빼앗겼다는 이야기처럼 식민주의 언약궤가 아닌 것을 알아야 한다.

---

14 MAN/WOMAN 운동은 'Marketplace As Natural Church place' 운동이며 이를 온라인과 오프라인(O2O)으로 세계화하는 것이 WOMAN 운동이 되어서 하나님 나라의 BAM(Business As Mission) 효과를 낼 수 있도록 하는 즉, 'World 040 Marketplace As Natural Church place' 인 것이다.

축복과 건강의 물질만을 추구하는 부흥을 염원하는 것이 아니라 영적인 부흥과 대각성 이후에 선물로 축복과 건강을 선물로 받는 이치를 이제 마지막 시대 마지막 주자로 한류의 영풍을 타고 과학의 하나님 전지하신 하나님의 언약궤인 KAIST와 원자력 에너지를 하나님의 사랑의 언약궤로 알고 종족 간에 서로 사랑할 수 있는 마음의 준비가 되어 있어야 한다.

이 마음이 먼저 케냐를 거쳐서 아프리카 54개 모든 나라들에 퍼져 나갈 때 하나님의 축복이 동유럽과 라틴 아메리카와 아시아에까지 역사하게 된다. 그 마음을 우리는 벤세메스로 가는 젖 띤 암소에게서 배울 수 있다.

필자가 과학적 해석학(Scientific Hermeneutics)을 한번 해 보기로 한다.

사무엘상 6장에는 언약궤가 창조(creation)의 하나님이 계시는 것으로 돌아오는 장면을 보여 주고 있다. 하나님은 어디에나 계신다!(God is everywhere) 그러나 이 순간에는 하나님이 이끄시는 장소로 먼저 보내져야 한다.

언약궤를 우선 기럇여아림으로 보내셨다. 우리가 말하는 케냐다. 블레셋 사람들이 언약궤를 7개월간 자기네 땅에 두었다가 우상 제사장들에게 언약궤를 돌려보낼 방법을 묻는 장면이 복음을 모르는 세속적 인본주의자들의 모습이다.

빈손으로 언약궤를 보내지 말고 속건 제물로 배상해야 한다고 하는 것은 창조의 하나님의 섭리를 저버리고 타락(corruption)과 부패의 사슬에 빠진 자리에서 이제는 약자인 아프리카인이 아니라 강하신 하나님의 손 아래에서 일어나라(Rise Up)는 신호이나 알아듣지 못한다. 여호와의 물건을 탈취한 데 대한 속죄인 것이다. 서구 유럽은 온유한 자에게 베푸시는 아프리카란 땅을 식민지화한 것을 지금이라도 양심적 배상을 해야 한다.

여호와의 물건은 거룩한 것이고 영광의 빛을 전파하는 가운데 새 피조물이 되는 재창조(recreation)의 과정에 참여하는 재료다. 속건 제물은 5 방백의 수효대로 악성 종기 모양의 금덩이 5개, 금 쥐 5개를 만들어 언약궤와 함께 보내기로 한다. 여기서 쥐가 퍼뜨린 악성 종기를 의미하는 종기와 쥐 형상을 만든 것이다.

블레셋의 우상 제사장들이 애굽의 바로가 완악하여 여러 가지 재앙 당한 후에 이스라엘 백성 보낸 것을 상기시키며 "나 외에 다른 우상을 섬기지 마라"고 하신 십계명의 말씀을 넘어선 하나님의 형상을 지닌 성육신하신 메시아가 올 것을 예표로 보여 주는 것이다.

속히 언약궤를 돌려보내 하나님이 내릴 재앙을 피하라고 한다. 아프리카에도 제3차 세계 대전 이후의 제4차 세계 대전의 대상이 되는 것이 아니라 2030 초일류 케냐가 된다는 비전을 영적 각성 운동을 통하여 가져야 한다.

우상 숭배자도 하나님을 두려워하고 약간의 성경(구약) 지식은 있으나 하나님을 알지 못하는 상태다. 현재의 건물 중심의 메가처치(megachurch), 기가처치(gigachurch)는 창세 전부터 계획하신 하나님이 원하시는 교회는 아니다. 거짓 신을 섬기는 종교가 되어버렸기 때문이다.

임마누엘 하나님 안에서 변혁하는 변혁(transforming transformation)이 필요하다. 그것이 언약궤를 모신 증강 현실이다. 왜냐하면, 성령을 받고 영안이 열려야 통찰력이 생겨서 매일같이 하나님의 인도하심을 받기 때문이다.

그들이 새 수레를 만들어 언약궤를 금 종기와 금 쥐를 담은 상자와 함께 싣고 젖 나는 암소 두 마리가 끌게 하고 송아지는 떼어 내 집에 두고 벧세메스로 보내 보자 한다. 언약궤는 말씀이요 금 종기는 기도요 금 쥐는 찬송이라고 생각할 수도 있겠지만 어쨌든 가고 있는 상황은 도상의 선교(On the Way Mission)로 하나님을 위한 선교가 이루어지고 있는 것을 알 수 있다.

마치 케냐에 KAIST가 시작한 것과 마찬가지다. 만약 벧세메스로 수레가 곧장 가면 자기들에게 내린 재앙이 여호와로 인한 것이고 암소가 수레를 끌고 새끼에게 되돌아오면 재앙이 우연인 것으로 판단하자 한다. 우리는 이 시대 가운데 하나님의 역사를 보고 있고 계속 보게 될 것이다. 점진적 계시의 완성과 같은 예수님의 피의 발자취와 같이 피와 땀과 눈물이 드려지는 것이다.

언약궤를 두 암소가 끄는 새 수레에 실어 보낸다. 두 암소는 멍에를 메어 보지 아니했고 젖 떼지 않은 새끼를 떼어 놓았기에 모정(母情)이 있을 것이다. 전문인 선교의 모정은 하나님의 나라를 위해서 많은 직장 선교인과 비즈니스 선교사들이 중국과 북한 선교 등 우선적으로 전략을 세웠으나 하나님은 '아프리카 케냐 선교를 통해 영적 돌파를 하고 2030 초일류 케냐가 되면 2030 초일류 대한민국은 선물로 주신다'는 증강 현실을 가지게 하시는 것이다.

그럼에도 암소가 울면서 벧세메스 길로 바로 가는 기특한 모습을 보여주고 있다. 하나님에 대한 충효(忠孝)다. 블레셋 방백들이 벧세메스 경계까지 따라간다. 경계의 신학이 아니라 넘어가야 한다. 육신의 정욕, 안목의 정욕, 이생의 자랑을 넘어선 하나님의 뜻을 준행하는 고통과 희망의 신학을 신앙으로 실천해야 한다.

주님이 주시는 소명을 받고 사명을 감당하기 위해서는 4차원의 영성인 꿈, 생각, 믿음, 말씀을 가지고 울며 씨를 뿌리러 나가는 자에게는 기쁨으로 단을 가지고 돌아오는 역사가 임할 것이다. 벧세메스 사람들이 궤를 보고 기뻐하며 여호수아의 밭 큰 돌 위에 수레의 나무를 패고 암소들을 번제로 드린다.

기공식을 드리고 믿음은 바라는 것들의 실상이요 보지 못하는 것들의 산 증거이니 우리 모두는 어느 날 케냐 KAIST를 보고 살아 계신 하나님의 섭리를 알고 놀라게 될 것이다. 블레셋 방백들이 모든 것을 보고 에그론으로 돌아간다. 계속해서 성령의 역사는 케냐를 거쳐서 아프리카 전역에 하나님이 허용하시는 언약궤의 이동 장소를 따라서 진행되는 것이다.

이것이 자비량 선교(tent making mission)의 전략이다. 서양 제국주의가 와서 그냥 해 주던 방식이 아니라 모두가 협동 사업(cooperation program)으로 자치(self-governing), 자립(self-supporting), 자전(self-propagating)을 실천하는 스마트한 전문인 선교사가 되는 것이다.

벧세메스 사람들이 언약궤를 보다가 70명이 죽임을 당한다. 향후, 원자력 에너지 선교가 이루어지는 과정 가운데 축복과 건강만을 위하는 아프리카인들을 위한 것이 아니라 저들도 축복의 창고지기 케냐 KAIST로 만족하지 말고 변화를 받아 성령의 인도하심을 받는 전문인들이 사역자가 되어서 생활 가운데 전도자가 되어야 할 것을 경고하고 있는 것이라고 본다.

백성들이 애도하며 언약궤를 어디로 보낼까 하여 전령을 기럇여아림 주민에게 보내서 언약궤가 왔으니 와서 옮겨 가라 전한다. 벧세메스 사람은 언약궤를 구경거리로 여겼고, 블레셋 사람은 성물을 전리품 취급하다 재앙을 만나게 된다.

그러나 하나님의 사람은 이 모든 비거주 순회 선교(Non-Residential Missionary)의 일환 가운데 6R 운동의 원리대로 먼저 회개(Repentance)하고 부흥(Revival)을 체험하며 명목적 그리스도인에서 돌이켜 개혁(Reformation)을 하고 이제 눈을 열어 보니 형제 자매 간의 서로 사랑으로 화해(Reconciliation)하고 서구 유럽 율법주의자들, 소위 말하는 명목적 그리스도인들이 심어 준 자문화열등주의(ethnoinferiorism)에서 벗어나서 "자기의 의"를 구하는 자세에서 "하나님의 의"를 구하는 방향으로 구조 조정(Restructure)을 하여 선순환으로 하나님의 역사를 보며 경배와 찬양을 하나님께 올려드리게 되는 것이다.

이것이 주께 올려드릴 거룩한 산 제사다. 이것이 빚의 탕감(Remission)이다. 이후에 진정한 의미에서의 선교가 이루어지게 되는 것이다. 굴기(Rise Up)다.

하나님의 사랑을 입은 자들이여! 이제, 일어나라!

하나님의 영광의 빛을 발하라!

둘째, 아프리카의 명목적 그리스도인 지도자들을 한국-케냐 KAIST로 동원해야 한다.

다음은 K-K KAIST에 대한 소개다.

(Korea) KAIST

1971년 2월 설립된 이공계 대학원인 한국과학원(KAIS)을 전신으로 한다. 1981년 1월 5일 한국과학원과 정부출연연구 기관인 한국과학기술연구원(KIST)이 통합되어 한국과학기술원(KAIST)이 되었고, 1984년 12월 27일 한국과학기술대학(KIT)이 설립되어 학사 과정을 신설되었다. 1989년 6월 4일 한국과학기술연구원과 분리되고 7월 3일에 한국과학기술대학과 통합하여 본원을 대전의 대덕캠퍼스로 이전하고 서울에 분원을 두었다. 2003년 7월 12일 기관장 명칭을 원장에서 총장으로 변경하였고, 2008년부터 공식 명칭을 영문명인 "KAIST"(카이스트)로 변경하여 지금에 이른다.

박사·전문석사·석사 및 학사 과정 등을 두고 연구 생산성의 향상과 연구 시설의 효율적인 이용을 위하여 다른 연구 기관, 대학 및 전문 단체 등과 연구 시설 및 기기 등을 공동으로 이용한다. 2001년 933건(수탁액 855억 원)에 이르는 수탁 계약 연구를 실행하였고 매사추세츠공과대학, 미시간대학교, 스탠퍼드대학교 등 해외의 유수한 대학들과 협력 프로그램을 추진하고 있으며 프랑스 INSA와 박사 공동 학위 제도를 운영하고 있다. 또 인공위성 연구 센터 등 29개 KAIST 연구 센터와 63개 일반 연구 센터 및 일반 연구실을 운영하고 있고, 주요 산업체와 다양한 산학 협력을 이루고 있다. 2019년 기준, 자연과학대학·생명과학기술대학·공과대학·문화과학대학·정보과학기술대학·경영대학·이노베이션 학부 등 5개 단과대학과 1개 학부로 이루어져 있으며, 나노과학기술대학원·의과학대학원·문화기술대학원·과학기술정책대학원·과학저널리즘대학원·테크노경영대학원·금융전문대학원·정보미디어경영대학원·기술경영전문대학원·지식재산대학원 등의 전문대학원이 개설되어 있다.

부설기관으로는 고등과학원·나노종합팹센터·한국과학영재학교, 부속 기관으로는 과학도서관·사이버과학영재교육센터·반도체설계교육센터·과학영재교육연구원·어학센터·IT아카데미·온라인전기자동차사업단·모바일하버사업단·인천기획단·EEWS기획단 등이 있다. 본원인 대덕캠퍼스는 대전광역시 유성구 대학로 291(구성동 373-1)에, 분원인 서울캠퍼스는 서울특별시 동대문구 회기로 85 KAIST 경영대학(청량리동 207-43)에 있다. 현 총장은 신성철 박사다.[15]

---

15 [네이버 지식백과] KAIST [Korea Advanced Institute of Science and Technology] (두산백과)

(Kenya) KAIST

케냐 KAIST에서 미래를 찾자.

Kenya Advanced Institute of Science and Technology in Konza City.

케냐의 실리콘밸리를 구축하고 있는 Konza City에 설립된다. 나이로비에서 70km 정도 떨어져 있다. 현재는 UoN(University of Nairobi)에서 수업을 진행하고 추후 건설할 모양이다. Konza City Vision 2030은 판교 신도시 건설과 비교하면 된다. 20,000만 명 이상의 고용 창출이 예상이 된다. Konza Technopolis에서 Phase 1로 대학을 건설하는 데 KAIST가 진행하는 것으로 Output은 2022년까지 330여명의 학생을 졸업생을 목표로 진행하며 케냐는 물론 동아프리카의 학생도 유치할 계획이다. 기술 중심 창업도 융성할 것으로 보인다.

개설학과는 Agricultural Biotechnology, Chemical Engineering, Civil Engineering, Electrinical Engineering, ICT Engineering, Mechnical Engineering 등이다.

2030년까지 중진국(middle-income)으로 성장하기 위해 기술, 과학, 혁신을 육성한다. R&D의 투자도 아끼지 않으며 선진 기술과 엔지니어링에도 투자한다. 케냐 쪽 주요 기관은 Konza Technopolis Development Authority(KoTDA)다. 파이낸스는 95M 달러 EDCF(수출입은행) 규모다. 카이스트 컨소시엄은 9.5M 달러 규모를 수주하고 36개월 동안 기본적인 커리큘럼과 학교 행정 컨설팅을 제공한다.[16]

---

[16] www.techinaafrica.com/south-korea-케냐-enter-agreement-establishment-kaist-konza-city.

외부자적 시각으로 보는 것을 콘셉트(concept)라고 한다면 내부적 시각으로 보는 것을 인셉트(incept)라고 할 수 있다. 현재 위기라고 하지만, 위기는 흘러가는 시간인 크로노스의 부패한 심령이기 때문에 반복되는 것이고 단어 안에 그리스도가 있고 거룩함과 자비량 정신이 있으면 카이로스의 시간에 하나님의 역사하심으로 기회가 주어질 수 있다.

미국 국가조찬기도회의 한국인에게 이 일이 주어졌기에 덕 코께서 말씀하신 대로 "It's Your Time"이라는 말씀이 실현이 되는 것이다. YWAM의 로렌 커닝햄이 말씀하신 대로 북한 복음화의 "It's Your Time"과 함께 이것을 현재의 미래라고 하고 선각자의 역할이 바로 현실을 직시하고 미래를 예견하는 삶을 사는 것이다.

케냐 KAIST의 교육 선교도 외부자적 시각으로 보기보다는 공시적 시각으로 볼 필요가 있다. 한국의 KAIST와 협동 사역을 할 수 있는 초기 단계를 생각해 보면 많은 인력의 교류가 필요한데, 한국의 교수는 안식년으로 가기도 하고 은퇴한 다음에 실버 선교사로 가기도 하고 케냐의 교수도 한국의 KAIST에 오기도 할 것이다.

따라서, 통시적인 입장에서 "지금 세계에 무슨 일이 동시에 벌어지고 있는가?"라는 지정학의 입장에서 보면, 지금 아프리카에서는 무슨 일이 일어날까를 생각하며 2030년까지의 로드맵을 세워나가야 한다.

현재의 미래인을 전문인(Professional)이라고 보는 입장에서 시간차의 미래만 보고 흥망성쇠를 경험하는 목사, 선교사보다는 경제 상황의 공간적 차이와 문화 상황의 공간적 차이를 십자가의 도로 창조적 파괴를 할 수 있는 공간차의 미래를 통찰하며 설계할 수 있는 전문인 문화 교류 선교사가 필요하다.

셋째, "창세기 1장 신학교"를 "Genesis 1 University"로 실제 O2O 교육장으로 개원하여 창조과학의 입장에서 목회를 하도록 양육해야 한다.

현대자동차에서는 당연히 국위 선양과 현대의 세계화를 위해서 장학금을 만들어야 한다.

넷째, 장로 등 교회의 명목적 지도자들을 동원하여 비즈니스를 통하여 복음이 증거되는 CBMC 운동을 아프리카 본 어게인 운동으로 먼저 실시해야 한다.

다섯째, 청소년 운동을 다시 일으켜서 각국의 YWAM 청소년들과 네트워킹을 해야 한다.

4차 산업 혁명 시대의 영성 지도자로 KAIST와 한동대학교에서 양육을 하고 아프리카 내륙 선교는 물론이고 남미와 아시아 등 제3세계로 취업이 이루어지게 해야 한다.

여섯째, 각국의 공동체에 예수 복음 바울 선교의 스피릿이 전달되어야 한다.

54개 아프리카 나라들의 연합인 AU(Africa Union)가 모두 라이즈업 네이션스 운동에 참여하는 아프리카원자력협회와 실행 기관으로 아프리카원자력선교협회를 구성해야 한다.

일곱째, 세계로잔위원회와 일치하여 로잔 언약과 남아공의 케이프타운 선언에 기초해야 한다.

지속적인 양육으로 다 캠퍼스 인공위성 선교(multi-campus satellite mission)와 마찬가지로 미국 국가조찬기도회와 CBMC가 기도하며 MAN/WOMAN 운동을 실천해서 아프리카가 초일류 아프리카가 되고 2030년에 대한민국이 초일류 대한민국이 되고 아시아 연합(Asia Union)의 리더가 되는 역할을 바로 해야 한다.

이를 위해서 국가별 대통령 직속 54명의 전문인 지도자들을 기성세대와 차세대를 소그룹으로 "국가 영성 재건 위원회"로 형성하여 바알에 무릎 꿇지 아니한 7,000명을 교육하여 최고위 C-Lamp 과정에서는 기드온의 300 정병과 같이 훈련하기 위한 구체적인 준비 과정을 소개하면 다음과 같다.

첫째, 이 일을 위해서 12명의 전문인 교수진이 구성되어야 한다.

둘째, 아프리카의 정체성을 발견하는 기독교 세계관 학교를 세워야 한다.

셋째, 아프리카의 지역 신과의 영적 전쟁에서 승리하는 영성훈련을 해야 한다.

넷째, 아프리카의 국내 선교사와 해외문화 교류 선교사를 양성하는 전문인선교훈련원을 시작해야 한다.

다섯째, 아프리카의 국가를 책임지는 케냐의 "나이로비 과학 아카데미"를 세워야 한다.

제6장

아프리카의 7대 관문 국가

아프리카의 대표적인 7개국을 먼저 소개하면서 마치 먹구름 뒤의 무지개와 같이 아름다운 것이 아프리카의 모습이라고 말하고자 한다.

그리고 몽골어로 대한민국에서 온 자들을 무지개의 백성, 솔롱코스라는 말을 들으면 우리 대한민국 사람들에게 아프리카 선교에 대한 글로벌 책임을 맡기셨다고 해석을 하고 싶다. 한국인이 수천 년의 위대한 전통과 현대화 한다는 것, 그리고 범세계적으로 하면 된다는 한국 혼을 가지고 성취한 것이다.[1]

마찬가지로 공동체를 만들고 선진 공업 사회 속에서도 노사가 단합하는 멋있는 나라가 될 수 있다면 아프리카도 그런 나라로 바꿀 수 있다는 것이다.

그리고 케냐를 중심으로 전문인 선교사를 파송하는 나라가 되면 7개국을 조선 팔도와 같이 네트워킹하여 아프리카 선교의 과업을 완수해야 하기 때문에 그 특징을 먼저 살펴보고자 한다. 조선팔도가 안 된다면 우선 7개의 도시와 자매결연을 하면 된다. 전문인 선교를 하기 위해서는 언어의

---

1 피터 드러커, 『자본주의 이후의 사회』, 이재규 역 (서울: 한국경제신문사, 1993), 6.

전문성, 지역의 전문성, 직업의 전문성, 사역의 전문성, 그리고 성령의 기름 부으심이 있어야 하기 때문이다.

그 결과로 우리가 성과를 올릴 수 있는 것은 성취 동기 이전의 헌신 동기로, 성과평가보다도 성령의 열매를 거두며 성과 관리보다 나눔의 공유경제를 실천할 때 진정한 의미에서의 도산 안창호의 이상 촌과 같이 축복의 땅 아프리카가 될 수 있다.

1. 아프리카의 프랑스, 세네갈

아프리카는 대자연의 보고이며 유네스코가 지정한 세계 유산의 보고이기도 하다. 현재 약 136개의 아프리카 문화가 유네스코의 세계 문화 유산에 등재되어 있으며 세네갈에는 고레(Goree) 섬을 비롯하여 7개의 세계 문화 유산이 있다. 노예 섬으로 잘 알려진 고레섬은 다카르에서 배로 30분이면 도착한다. 18세기부터 300년간 3천만 명 이상의 아프리카인이 팔려갔던 비극의 장소로 1978년 유네스코 문화 유산으로 등재가 되었다.

21세기를 경제 냉전의 시대라고는 하지만, 다른 한편으로는 문화 냉전의 시대이기도 하다.[2] 따라서 문화 교류를 통한 문화 선교가 소중하다.

문화 유산으로 등재된 생루이(St. Louis)의 일부 마을은 전반적으로 깨끗해 보였고 인적도 드물어 사람 냄새가 거의 나지 않는 프랑스 마을을 연상한다. 그런데 이런 역사적 마을에 사는 것이 못 하나 제대로 박을 수 없어서 불편하기 그지없다고 한다. 아프리카의 생활은 가족 중심인데 늘어가

---

2 이한규 외 7인, 『7인7색의 아프리카』 (서울: 한국외국어대학교지식출판원, 2016), 45.

는 가족을 위해 방을 개조하거나 나누려 해도 허가가 제대로 나지 않아 문제가 많다고 한다.[3]

이를 평가하자면, 해비타트의 사랑의 집짓기 운동을 통하여 주거 문제를 해결해 주는 것도 중요한 건축 선교의 한 사례가 될 수 있다.

2. 13월의 달이 뜨는 곳 에티오피아

상술이 뛰어난 구라게(Gurage)족은 에티오피아의 유대인이라고 불릴 정도로 장사 수완이 뛰어난 종족이다. 에티오피아의 도시와 타운 지역의 상권을 구라게족이 장악하고 있다는 놀라운 사실이다.

구라게족이 2.5%에 불과한데도 장악을 할 수 있다는 것은 그들의 인생의 목표가 돈을 버는 것이고 그것도 노골적으로 돈만 추구하는 자들의 이미지다. 구라게족이 운영하는 호텔 인근에는 시장과 터미널이 있어서 접근성이 용이하다. 이들이 돈을 벌고자 하는 것은 수적인 열세로 정치적인 입지가 약하기 때문에 종속 구조 속에서 경제적 성공을 목표로 하는 것이다.

이들은 에티오피아의 이웃나라인 에리트레아에서 이주해 온 자들로서 농사를 지을 장소가 없어서 장사를 하게 된 것이다. 이들의 근면성과 성실성은 유명하다고 한다. 그러나 베풀지 않기 때문에 다른 종족으로부터 욕을 먹고 있다고 한다.[4]

---

[3] 이한규 외 7인, 『7인7색의 아프리카』, 84-85.
[4] 이한규 외 7인, 『7인7색의 아프리카』, 57-58.

다음과 같이 평가할 수 있다.

BAM(Business As Mission)을 통해서 영친 관계를 맺고 '개성-상해-구라게'로 이어지면 비즈니스 전문인 선교가 가능하다고 본다. 이민족으로 이주를 하여 고난을 당하자 절망하는 것이 아니라 근면과 성실로 장사를 통해서 개천에서 용이 난 종족이니 거래할 만하다고 본다.

아프리카 킹덤 컴퍼니는 다음과 같이 되어야 한다.

① 아프리카 기업의 주권과 소유권이 하나님께 있음을 인정하는 영적 기업.
② 성경적인 세계관과 원리에 따라 하나님이 친히 경영하시는 기업.
③ 성령님의 인도하심을 받고 하나님의 뜻에 순종하는 영적 기업.
④ 경영의 윤리성과 탁월성과 영속성을 위해 노력하는 영원하신 기업.
⑤ 선교적 사명을 이행하는 육신의 생명보다 귀한 영적인 기업.

3. 서아프리카의 자존심, 가나

가나의 국제공항인 코토카 국제공항은 1969년 코토가 장군이 민족 해방 운동을 결성했는데 이 단체는 가나 최초의 독립 정부였던 은크루마 정권을 쿠데타로 전복시켰다.

그러면 은크루 마대통령은 무슨 문제가 있었는가?

은크루 마대통령은 대통령이 되기 전에 독립운동가로 활동했다. 그는 옥중에서 당선되어 영국 식민 정부는 그를 석방할 수밖에 없었다. 그는 나라의 이름을 가나 제국을 본받아서 가나로 명명하게 되었다.

은크루마는 범 아프리카주의를 주장하고 54개의 나라가 연합하여 아프리카 연합을 구성하자는 것으로 이 모임을 이끌었으며 특히 아코솜보 댐 건설을 완수하여 전력을 생산하였으나 기대에 미치지 못하고 실각하게 된 전력이 있다. 가나는 1980년대 이후에 재안정을 이룬 아프리카의 선진국이다.[5]

다음과 같이 평가할 수 있다.

영국의 식민지였고 나라를 제국의 이름에서 따왔다고 하는 것은 자존심이 큰 나라임을 알 수 있다. 자존심이 있는 가나란 나라가 제2의 도약을 위해서 수력 원자력 발전소를 비롯한 가나의 과학화에 투자를 하게 되면 가나를 통하여 하나님의 역사가 르완다, 케냐와 함께 주도권을 쥐는 놀라운 역사가 일어나게 될 것이다.

마치 아말렉과의 전투 앞에서 모세와 아론과 훌이 지팡이를 같이 들었던 호렙산의 삼위일체 파트너십의 일자 수평선 어깨동무 전략을 제시하게 된다.

4. 다섯 색깔의 만델라의 나라 남아공

남아공의 국기를 보면 다섯 색깔의 무지개를 생각하게 된다. 남아공의 최대 종족인 줄루족은 지금도 과거의 줄루족의 영광을 끌어안고 살아간다. 줄루는 하늘이라는 뜻을 가지고 있다.

---

[5] 이한규 외 7인, 『7인7색의 아프리카』, 111-13.

줄루어로 줄루인을 아마줄루라고 하는데, 하늘에서 내려온 사람이라는 뜻이다. 특히 시카 줄루는 잔인함과 용맹함, 전략적 두뇌와 정신적 결함을 가졌던 줄루 최고의 영웅이었다.[6]

이들에게는 흘로니파라는 관습이 있는데, 나이가 연장자와는 마주 앉아 눈맞춤 대화를 가급적 피하는 것이다.[7] 무엇보다도 남아공은 다이아몬드의 채굴을 놓고 영국의 야심이 드러난 곳으로서 영국 제국주의와 남아프리카의 통일을 경험한 나라로 만델라를 이야기하지 않을 수 없다.

남아공의 정치는 1980년대 말부터 급변하는 국제 정치 체제와 함께 변화하기 시작했으며 1948년부터 존속해 온 인종 차별 정책인 아파르헤이드가 1991년에 철폐되면서 1994년에 아프리카 민족주의의 의장인 넬슨 만델라(Nelson Mandela)가 대통령으로 선출되었다.

넬슨 만델라는 1994년 다인종 선거에서 최초로 대통령으로 선출이 된 것이다. 그는 156명의 반(反)아파르트헤이드의 혐의로 투옥되었고 그 이후에 출감되었다가 재투옥되었으며 그의 아내인 위니 만델라에 의해서 국제 사회에 이 소식이 알려지게 되었다.

그가 대통령이 되자 전직 대통령이었던 백인 드 클레르크(De Klerk)를 부통령으로 임명하여 흑백 간의 용서와 화해를 향한 마음의 정치를 구현한 자로 1993년에 두 사람은 노벨 평화상을 받았다.[8]

더구나, 데스몬드 투투(Desmond Tutu)는 1988년 케이프타운 영국 성공회 대주교로서 인종 차별에 대한 처벌에 있어서 처벌의 피해자와 그의 가

---

6 이한규 외 7인, 『7인7색의 아프리카』, 151-52.
7 이한규 외 7인, 『7인7색의 아프리카』, 176-77.
8 김광수 외, 『남아프리카 공화국 들여다보기』 (서울: 한국외국어대학교출판부, 2010), 126-27.

족들의 불만과 반대 요구 앞에서 저지른 인권 남용에 대해서 사면을 해야 한다고 주장하였다.[9]

다음과 같이 평가할 수 있다.

남아공은 남쪽에 위치하고 있기에 2004년 남아공의 케이프타운에 갔을 때, 대한민국의 부산과 같은 느낌을 받았다. 우리는 대화를 할 때 눈을 맞추고 대화를 하는 것에 비하면 이들은 눈을 마주치는 것을 버릇이 없고 무례한 것으로 본 것이라는데, 하나님의 눈동자가 가난한 자, 병든 자, 고아와 과부라는 개념을 알게 되면 이러한 율법에서 벗어날 수가 있을 것이다. 문화의 내부를 들여다보면, 전통, 관습 그 안에 가치가 있고 믿음이 있고 세계관이 있다.

만델라의 리더십은 영국 제국주의 이후의 사회에서는 흑백의 문제를 넘어서는 아파르헤이드의 정신을 이긴 자가 승리하리라고 믿고 수용소에서의 채찍과 고난을 극복한 것이며 차별 대우를 한 백인들을 용서한 것은 화합의 촉매제가 되고 융합되어 사랑의 원자탄이 된 것이다.

우리에게도 관용과 화합의 정신이 도산 안창호와 성촌 정근모에게 있다.

2030 초일류 대한민국으로 가는 길에 WEA(World Evangelical Association)와 WCC(World Council of Churches)를 모두 개인 자격으로 활동할 수 있게 하는 로잔의 화합의 정신이 역사하는 남아공을 통해서 우리는 교훈을 받을 수밖에 없다.

특별히, 투투 대주교의 자세는 율법이 아닌 생명의 성령의 법으로 사면을 허락하라는 것이니 진정으로 용서를 했다면 사면을 해야 한다는 하나

---

9   김광수 외, 『남아프리카 공화국 들여다보기』, 127.

님 차원에서의 서로 사랑의 정신을 구현한 것이다.

아프리카 선교 전략으로 우선 남아공과 케냐가 축복의 두 초점이 되어야 한다. 남아공은 수많은 고난의 역사의 고난과 희망의 신학의 원조가 되어야 하고 케냐는 아프리카 국내 선교는 물론 이웃 나라인 중동의 이슬람 문화권을 피드백 하는 세계 문화 교류 선교의 관문이 되어야 하기 때문이다. 만일 우리가 하나님 앞에 충하고 민족 앞에 효를 한다면 어떤 축복을 우리에게 주시는 것이다.

남아공의 다섯 색깔의 무지개 국기를 보면서 아모스 9장에 5가지로 나타난 이스라엘의 축복을 소개하고자 한다.

① 왕권이 회복이 된다(11절)

"Recovery of the royal family of David." 아프리카 54개국이 2030년에 초일류 아프리카 연합국이 시작될 것이다.

② 열방에 축복의 통로가 된다(12절)

"Bringing all nations into blessings." 한류에 복음을 실은 사랑의 원전선이 아프리카의 남아공과 케냐에 도착하게 되는 것을 신호탄으로 희망봉을 돌아서 케냐의 KAIST까지 의료 혜택 사정권에 두고 띄워야 한다.

③ 엄청난 물질의 축복을 준다(13절)

"Abundant materials blessings." 그 결과로 대한민국은 이사야 60:3-4의 예언의 말씀이 오늘날 전환기에 있는 대한민국에 아프리카 선교를 통하여 주실 축복의 예언의 말씀으로 적용할 수 있다.

나라들은 네 빛으로 왕들은 비치는 네 광명으로 나아오리라 네 눈을 들어 사방을 보라. 무리가 다 모여 네게로 오느니라 네 아들은 먼 곳에서 오겠고 네 딸들은 안겨 올 것이라(사 60:3-4).

미국과 공동 G-1 국가가 되고 중국은 G-2, 일본은 G-3 국가가 되거나 없어진다.

④ 바벨론 포로에서 돌아온다(14절)

"Return to captivity from Babylon." 세속주의에 포로 된 심령이 예수 복음으로 돌아온다.

첫째, 아프리카 사업 현장의 리더가 설교자가 된다(『QA 성경』 공부).

둘째, 생활 전도자가 되어 Business 현장에서 만나는 사람들이 청중이 된다.

셋째, BAM(Business As Mission)은 무사안일주의와 이기주의에서 벗어나야 팀 사역이 성공한다.[10]

넷째, MAN(Marketplace As Natural Chur chplace)/WOMAN(World 020/040 Marketplace As Natural Chur chplace) 운동이 활성화된다.[11]

---

[10] 왜냐하면 'BUS-I-N-ESS'의 S에는 6가지의 의미를 가지고 있기 때문이다. 세속주의의 성공-섹스(Sex), 스크린(Screen), 스포츠(Sports). 그리스도인의 성공-구원(Salvation), 성화(Sanctification), 봉사(Service).

[11] 하나님의 형상대로 지음을 받은 아담과 하와의 후손인 우리에게는 남자와 여자의 국내 선교와 해외 선교의 윈-윈 파트너십이 중요하다. 종의 도, 청지기의 도, 희생의 도로 나가면 실행할 수 있다. 그러므로 우리가 전문인으로서 아프리카에 가서 타문화권 목회를 영적인 의미로 그리스도의 몸으로서의 자연적인 교회의 유형인 MAN/WOMAN 사역으로 하게 되면 적어도 4가지 유형의 전문인 교회가 형성이 될 수 있다.

교회 멤버십에 따른 전문인 목회-동화된 다민족 목회, 복수 이상의 민족으로 이루어진 다민족 목회, 통합된 다민족 목회와 교회 구조에 따른 전문인 목회-장소 공유 목회, 다중언어 목회, 범민족 목회와 교회의 형성 방법에 따른 전문인 목회-리더십 다문화 목회, 복음주의 다문화 목회, 인구통계학적 다문화 목회, 네트워크 다문화 목회, 역문화 다문화 목회와 다민족 다문화 목회-셋방살이 모델, 한 부서 모델, 다중교회 모델, 교회 개척 모델, 동역 모델, 입양 모델, 동화 모델, 다교회 모델, 다민족 모델, 복합 모델, 통역 모델, 다세대 모델 등 다양한 형태가 다양하게 전개되고 있는 실정이다.[12]

사업 현장 교회(MAN)는 곧 유기체적 교회이며 그리스도의 몸이지 파라처치가 아니다.

> 아프리카인이 마땅히 우리를 그리스도의 일꾼이요 하나님의 비밀을 맡은 전문인으로 여길지어다. 그리고 맡은 전문인들에게 구할 것은 충성이니라 (고전 4:1-2, 전문인 버전).

여기서 성경 본문 상 그리스도의 일꾼은 생활 전도자를 말하는 것이고 하나님의 비밀은 거듭남의 비밀을 말하는 것이고 충성은 하나님의 뜻대로 행하는 것을 말하는 것이다. 전문인 선교를 하는 컨텍스트에서는 성과 책임(accountability)을 올려서 나눔의 경제를 이루는 것을 말한다. 나는 직업이 전문인 선교사이기 때문에 먼저 아프리카 선교를 위해서 이렇게 해석하고자 한다.

---

[12] 구성모 외 7인, 『다문화 선교』(서울: CLC, 2015), 148-49.

나를 포함하여 구성원은 자신의 조직 내 책임을 어떻게 명확하게 규정하고 있는가?

책임을 명확하게 규정하지 않았다면 그 이유는 무엇인가?[13]

조직 내 책임성을 높이려면 각자가 맡은 직무에 대한 명확성을 높일 필요가 있다.

책임은 미시적으로만 해석할 것이 아니라 공시적으로 공감하고 통시적으로 해석을 해야 한다. 다시 말해서 기업의 책무성, 사회적 책무성을 넘어서 글로벌 책무성으로 같이 나가야 한다. 모든 사람은 조직 내에서 자신의 성과 책임(accountability)이 필요하다.

조직이 그리스도의 몸으로서의 유기체와 같이 되어서 성과 책임은 헌신과 희생의 결과로 성령의 열매로 나타나게 된다. 성과 책임은 직무 담당자가 업무상 기대되는 성과를 낼 책임을 명확히 한 것이다. 이를 위해서는 인사 관리에 있어서 창조성, 효율성, 효과성, 융통성이 필요하다.

그리고 피터 드러커의 말과 같이 한 눈은 2달 뒤를 한 눈은 2년 뒤를 내다보고 성과를 측정해 나가야 하는 인내심이 필요하다. 성과 책임은 성과 영역과 방향성이 영적인 기업으로까지 확대되어야 한다.

기업가를 굳이 나누자면, 세속 기업가(Chief Security Officer), 사회적 기업가(Chief Social Officer), 과학적 기업가(Chief Science Officer), 영적 기업가(Chief Spiritual Officer)으로 나눌 수 있다. 공통점은 S라는 알파벳인데 나눔(Sharing)이란 단어로 귀결이 된다. 천국 기업가(Chief Omniscience Officer)이신 하나님의 경영하에 있다.

---

[13] CBMC 153지회, "화요조찬 포럼: 성과 책임," 2019.2.26. www.kingdomcompany-platform.com 참조.

⑤ 영원한 하나님의 나라에 거한다(15절)

"The eternal inhabit of the Kingdom." 천국 시민권자의 삶은 육신의 삶인 바이오(bio)와 영생의 삶인 조에(zoe)의 조화다. 오늘 여기서 이 두 가지를 다 경험하며 순례자와 같이 천국으로 완성되어 익어 가는 삶을 사는 것이다.

소명을 받는 자는 많지만 사명을 감당하는 자는 남은 자만 하는 것이다.

아프리카가 마지막 시대 마지막 주자로 하나님이 예비하신 다윗의 5개의 물맷돌과 같이 긴하게 쓰이게 될 것이다. 그 다섯 개로 세속주의, 권위주의, 물질주의, 찰나주의, 그리고, 샤머니즘이 창궐한 아프리카를 변화시킬 수가 있다. 남아공은 이 일에 사명자가 되어야 한다. 이는 산 순교자다.

우리가 고난을 통과해야 회복이 된다. 대한민국에서 1919년 삼일 운동의 100주년을 기념하여 영적 각성을 일으키는데, 아프리카 54개국이 그 선교의 동역지의 나라다. 이스라엘이 회복된 것처럼 야곱이 아닌 이스라엘화 된 새 피조물이 되어야 한다. 이스라엘이 하나님과 겨루어 이겼다는 의미는 나는 죽고 그리스도만의 구약의 그림자라는 것이다. 유대교에서는 이스라엘을 다음과 같이 해석하고 있다.

'이스라엘 = 이삭+레아+라헬+엘 하나님.'

대한민국이 영적인 이스라엘인 것처럼 아프리카가 영적인 이스라엘이요 영적인 대한민국이요 영적인 아프리카다.

영적인 이스라엘인 우리 한 사람 한 사람 그리스도의 몸으로서의 교회인 MAN과 WOMAN이 회복되어야 열정이 살아나고 하나님의 시간에 회복이 된다.

내가 아버지의 이름을 그들에게 알게 하였고 또 알게 하리니 이는 나를 사랑하신 사랑이 그들 안에 있고 나도 그들 안에 있게 하려 함이니이다 (요 17:26).

5. 아프리카 연합의 중심, 르완다

김보혜 여의도순복음교회 파송 선교사의 르완다 청소년 사역에 대한 스토리텔링이다.

호서대 유학생 사무엘 이야기.
르완다에서 일을 돕던 사무엘이 인천공항에 도착하였다. 수도 키갈리를 출발한 지 3일 만이다. 샘은 처음 타보는 비행기가 너무 오고 싶었던 한국이었는지 눈빛이 반짝반짝 호기심으로 충만하다. 지난 7월 르완다에 단기선교사 팀으로 왔던 베데스타 팀을 샘이 도왔는데 이제 역으로 샘이 도움을 받게 된 것이다. 천안으로 가는 고속도로에서 연신 수많은 아파트 숲에 "저기엔 도대체 누가 사느냐?"고 쉴 새 없이 물어 온다. 샘을 호서대에 유학생으로 데려오기 위해서 꼬박 1년을 마음을 졸였다.
2006년 르완다에 선교사로 오기 전까지 시간 강사로 다닌 5개의 대학 가운데 호서대에서는 사회학 강의를 많이 했었다. 당시의 인연으로 지난해 WOGA 컨퍼런스 양재동 햇불교회에서 주관한 세계여성지도자대회(이형자 권사)에 참석하기 위해 귀국했을 때 교수님들이 국제 유학원 프로그램이 있으니 추천해 달라고 해서 추천한 학생이 샘이다. 르완다에서 왔다고 하니 인도에서 왔느냐고 해서 민망했으나 주변에 후원자를 구하고서 가까

스로 성사가 되었다.¹⁴

이 이야기를 평가하자면, 교육 교류를 통하여 지속적으로 교육 사업이 한국-아프리카 간에 이루어지게 될 때 하나님의 역사가 아프리카 54개국 전역에 임하게 된다.

6. 아프리카의 심장, 콩고 민주 공화국

아프리카에서 가장 가난한 나라 중의 하나가 바로 콩고인데, 콩고인들은 왜 그리도 열심히 신을 찾는지 궁금하다. 콩고의 기독교 영향력은 사회 전반에 걸쳐 있다. 전체 인구 중 약 50%가 로마 가톨릭이고 약 20%가 개신교다. 아프리카화 된 기독교의 일파로 아프리카 독립 교회를 대표하는 캄방구교회에 다니는 사람들도 약 10%에 이른다. 즉 콩고 전체 인구의 약 80%가 기독교도라는 것이다. 아프리카의 전통과 문화가 서구 기독교와 혼합되어 아프리카화 된 기독교라고 할 수 있다. 일부 종파에는 메시아 지도자(재림한 예수라고 주장하는 사람)도 있다.¹⁵

필자는 1890-1990년 동안 한국 복음주의 신학에 대한 연구를 했기 때문에 이런 콩고 교회의 문제점을 잘 컨설팅할 수 있다. 콩고 민주 공화국은 북한과도 수교를 하고 있는 나라인데 북한의 김일성주의에 대한 이해

---

14   김보혜 외 14인, 『아마꾸루, 르완다』 (서울: 세경, 2010), 142-44.
15   이한규 외 7인, 『7인7색의 아프리카』, 258.

도 이런 차원에서 자연스럽게 받아들여지고 있다고 본다면 토착화 신학의 허구를 교정해 주고 생활 가운데 일의 신학을 통해서 부강한 콩고가 되는 길을 제시할 필요가 있다.

심지어 잠비아 리빙스턴 박물관에는 "한 손에는 성경을 한 손에는 장총을"이라는 것을 보면 아프리카인은 유럽인과 기독교를 침략자로 인식하고 있다는 것이다.[16]

9.11 테러에서 본 것처럼 무슬림들의 글로벌 저항 운동이 심화되고 있으며 이슬람의 영향권하에 있는 아프리카의 나라들도 미국을 비롯한 유럽의 서구 기독교에 저항 운동을 하는 이유는 무엇인가?

십자군 전쟁을 위시해 끝없이 갈등해 오면서 형성된 고질적인 역사적 반목이며 또한, 서구 기독교 문명과 이슬람 문명 둘 다 유일신 사상에 기초한 보편 진리를 주장하고 있다는 것이다.[17]

이들 아프리카의 엘리트들은 서구 문명의 한계에 대한 대안으로 이슬람을 선택하는 것이다. 이슬람이 "한 손에는 코란을 한 손에는 반월도!"를 선택을 할 이유가 없는 것이다.

"아내가 말을 안 들으면 패라," "열등한 여인은 무조건 패라"고 한다니 누가 코란을 읽고 이슬람을 믿을 것인가?

그래서 그 해법으로 "한 손엔 성경을 한 손엔 망치!"를 주창하는 전문인 선교가 중요한 것이다.

다음과 같이 평가할 수 있다.

---

[16] 이한규 외 7인, 『7인7색의 아프리카』, 258.
[17] 최한우, 『이슬람의 실체』 (서울: Kuis Press, 2010), 284.

기독교도 "여자는 교회에서 잠잠하라!"고 한 구절도 "남자는 교회에서 분쟁을 그치고 여자는 교회에서 잠잠하라!"가 원문이라면 원문대로 번역을 해야 옳지 왜 편집을 해서 기독교를 왜곡하는가?

교회 안에 여자가 70% 이상이라고 하는데, 유교적 그리스도인 한국교회는 삼종지도(三從之道)를 여전히 시행하고 있다.

있는 그대로의 단순한 복음을 듣고 하나님의 도덕적 품성대로 살기 원하는 기독교가 우리에게 필요한 것이 아닌가, 이는 명백한 운명인가?

독선과 착각인가를 해결해 주어야 하는 교리적인 정립이 필요하다.

7. 태양의 나라, 케냐

케냐는 아프리카의 영적인 종주국이 되기 위해서는 셰일 석유의 발견으로 500년 동안 에너지의 문제를 해결한 미국이 원자력 에너지를 통해 아랍에미리트, 사우디 그리고 케냐로 이어지는 미국의 패권 전략을 한류 KAIST와 함께 잘 이용해야 한다.[18]

케냐의 초대 대통령이었던 조모 케냐타는 다음과 같이 주장하였다.

> 선교사들이 왔을 때 아프리카인들에게는 땅이 있었고 그리스도인들에게는 성경이 있었다. 그들은 우리에게 눈을 감고 기도하라고 가르쳤다. 우리가 눈을 떴을 때, 그들에게 땅이 있었고 우리에게 성경이 있었다.[19]

---

[18] 피터 자이한, 『21세기 미국의 패권과 지정학』, 224.
[19] 최한우, 『이슬람의 실체』, 259.

이것이 영국 제국주의가 케냐에 행한 식민주의 율법적 신앙의 사기극의 시작이었다고 본다.

우리 대한민국의 안찬호 선교사는 서구 제국주의 선교사와는 심장이 다른 선교사다.

안찬호 선교사의 『들어 쓰심』이라는 책이 있다. 이분은 아프리카 케냐 35만 마사이 부족 전체의 명예 대추장으로 추대된 분이다. 마사이족이 살고 있는 지역에 들어갔는데 칼과 창을 든 마사이 젊은 무사들과 추장에 의해 포위가 되었다. 다리가 후들거리고 살이 다 떨리는 상황이었다.

마사이족이 안 선교사를 창으로 위협하며 턱을 때리면서 추장이 뭐라고 하는 것이다. 언어를 모르니 놀라서 "Yes, yes"라고 대답을 했다. 다음에는 '두려움 마음이 밀려와 더 이상 나를 괴롭히지 말아 달라'는 뜻으로 "No, no"라고 답을 했다.

자기들끼리 잠시 의논을 하더니 또 와서 뭐라고 하는데, 이번에는 죽든지 살든지 주님 마음대로 하시라는 뜻에서 "OK"라고 대답을 하였다. 그러자 이들이 갑자기 태도를 바꾸면서 환한 얼굴로 자기를 반겨 주었다는 것이다.

나중에야 알았는데, 첫 번째 질문이 "너 이곳에 들어오면 죽는다. 그래도 들어올 텐가?"였다. 아무것도 모른 상황에서 "Yes"라고 대답을 한 것이다. 두 번째 질문은 "돌아갈 것인가?"라는 질문에 분명히 "No"라고 대답을 한 것이다. 세 번째 질문에 "그렇다면 마사이 마을에서 우리와 같이 살 것인가"라는 질문에 "OK"라고 답을 한 셈이 된 것이다.

이 대답들이 마사이족들의 마음에 감동이 되고, 굳게 닫혔던 마음의 문을 열게 했다는 것이다. 필자는 이 이야기를 접하며 '어떻게 이렇게 될 수가 있는가? 하나님의 섭리이다'라는 생각이 들었다.

안 선교사는 초기에 영어도 제대로 못 하고, 그 종족 언어도 잘 모르는 상황에서 어렵게 영어 설교문을 쓰고 어느 정도 외워서 단상에 올라갔다. 그런데 설교 전에 기도를 해야 하는데 기도문은 쓰지 않고 올라왔다는 것을 안 것이다.

좌우간 기도로 시작해야 하기에 "Oh Heavenly Father"(오 하늘에 계신 아버지), 그리고 "help us"(우리를 도와주십시오)까지 했는데 그다음에 말을 할 수가 없었다. 계속 "help us" 하다가 답답하기도 하고, 사단이 정죄하기도 하고, 자신이 선교사 자격도 없는 자라는 생각도 들고, 자신도 모르게 눈물이 흐르기 시작했다는 것이다.

그러다가 점차 엉엉 5분 정도를 운 것이다. 서러움에 복받쳐서 "주여!" 한국말로 소리를 쳤다. 그리고 한국어로 기도를 쏟아낸 것이다. 그러자 사람들이 화들짝 놀라서 모두 눈을 감고 머리를 숙여 버리는 것이었다.

기도를 다 하고 설교 원고를 들어다 보니 얼마나 울었는지 원고지 글씨가 눈물로 다 얼룩져서 하나도 보이지 않았다. 설교하기를 포기하고 단상에서 내려와 헌금 순서를 진행하고 예배를 마친 것이다. 설교 없는 예배가 되고 만 것이다. 그는 다음과 같은 생각을 했다.

'이제 마지막이다. 첫 설교부터 이랬으니 모두 교회를 떠나고 말 거야.'

그런데 사람들이 줄을 지어 인사하며 나가는데, 추장이 뛰어오면서 안 선교사를 부둥켜안고 이렇게 말을 한 것이다.

"목사님, 은혜 받았습니다. 제가 변하겠습니다. 제가 잘못했습니다. 앞으로 무조건 목사님만 따르겠습니다. 마사이 추장으로 맹세합니다. 우리 마사이는 말이 곧 법입니다. 절대로 안 변합니다."

결국 추장이 흐느껴 울기 시작하자 그 많은 사람이 저마다 안 선교사를 부둥켜안고 울면서 모두 선교사님을 따르겠다고 고백하였다.

이 이야기를 들어보면 우리는 웃긴다고 배꼽을 잡겠지만 하나님은 선교사의 중심을 보시고 감동을 하게 한 것이다. 마사이족의 마음의 감동을 준 것이다. 추장이 은혜를 받으니 모든 마을 사람들이 은혜를 받고 선교가 이뤄지는 현장이 되었다. 하나님의 선교는 하나님이 하신다는 것이다.

우리가 한계를 느낄 때 그리고 포기할 때 그때 주님이 직접 나서서 주님이 하시니 마사이족이 은혜를 받는 기적이 일어나지 않는가!

이것이 하나님의 놀라운 선교다.

우리의 선교 현장에서도, 우리의 삶 속에서도 나는 할 수 없다는 고백이 바로 하나님이 우리의 삶에 역사하는 놀라운 순간이 되며 기적이 일어나는 현장이 된다. 다윗을 쓰셨던 주님이 바로 우리의 중심이 어디 있는지 보신다.

홍해를 건너갈 때는 모세가 물가에 다다르자 어떻게 할 수 없어서 손을 들고 주님께 기도하자 주님이 응답하여 지팡이를 들게 되지는 않는가!

우리의 삶의 현장에서 주의 음성을 듣고 주께 나가면 주가 행하시는 역사를 보게 될 것이다.[20]

2020년 3월 현재 케냐 당국은 국가 지도자급의 전문인 선교가 필요하다고 보았다. 케냐 전문인 선교의 아버지인 정근모 박사는 이사야 60:1-5 말씀을 통하여 라이즈업 코리아 운동을 설립하셨고 이제 라이즈업 네이션스의 일환으로 아프리카 케냐에 KAIST/KINGS를 설립하게 된다.

"일어나라 빛을 발하라!"라고 명하시는 주님의 명령에 순종하며 우리에게 약속하시는 당신의 말씀을 붙들며 라이즈업 케냐의 이름으로 주의 존전 앞으로 나아간다.

---

20 박신배, 『구약과 선교: 하나님의 놀라운 선교』(서울: 이레서원, 2019), 156-57.

일인일기(一人一奇)를 가르쳐서 케냐인이 영육 간에 잘 살게 하는 과학기술 선교를 하기 때문에 영국 제국주의의 율법 선교와는 차원이 다른 생명의 성령의 법안에서 성령의 열매를 맺게 하는 직장 선교를 실천하는 것으로 다른 것이다. 공자가 말했듯이, 예(禮)를 중시하는데, 예(禮)만 중시하지 말고 배(拜)까지 나가야 한다. 그래야 하나님을 나의 LORD로 인정하고 높이는 것이다.

첫째, 하나님의 영광 회복하신다(1-3절). GOD(God Only Do)이다.
둘째, 하나님의 사람 일으키신다(4절). GOK(God Only Know)이다.
셋째, 하나님의 재정 일으키신다(5절). BAM(Business As Mission)이다.

우리 배에서 생수의 강이 흘러나와 되살아나고 되살리는 회복과 부흥의 역시기 이 땅과 얼방 가운데 일어나기를 소망한다. 하나님이 주신 원선선을 통하여 창조의 하나님의 에너지의 강이 아프리카 전역을 흘러넘치고 물이 바다 덮음같이 여호와를 아는 지식이 온 땅에 충만하도록 케냐가 턴키(turn key)가 되어서 도르래와 같이 아프리카 전문인 선교의 문을 여는 역사하게 될 것이다.

향후 500년 이상의 에너지의 문제를 해결한 미국도 "America First" 정책에 의해서 셰일 가스 발견 이전처럼 지역 방어를 위해서 많은 분담금을 지불하지 않을 것이며 미·중 간의 전쟁의 막바지에 도달하면 전 세계가 분담금을 마련하기 위해서 자비량을 하는 나라들로 나가야 하는데, 대한민국도 선택을 해야 할 시간이 오겠지만 섣불리 중국을 선호하는 세속적 정치가 문제다.

거듭나야 하나님의 뜻이 보인다. 자비량 한국(Tentmaking Korea)을 넘어선 프로페셔널 코리아(Professional Korea)가 되어야 한다.

우리 대한민국의 1,000만 전문인이 이제 일어나 주의 빛을 발하기를 원한다.

하늘 아버지의 심장으로 먼저 그럼에도 축복의 통로가 된다는 심정으로 가난한 자, 약한 자, 병든 자와 고아와 과부에게 하나님의 참 사랑을 베풀어야 한다. 남아공에 갔을 때에도 가난한 자에게 베풀려고 하니 저들은 백인들이 와서 사진을 찍어 가는 용도로 생색내는 것을 싫어한다. 왼손이 하는 것을 오른 손이 모르게 불교의 음덕(陰德)과 같은 개념으로 베풀어야 한다.

예수님이 친히 가르쳐 주신 주기도와 모범 기도(요 17장)를 통해서 기도가 부흥되고 일어나서 "Rise Up Sharing"(RUS) 운동이 일어나야 한다. 복음과 실천이다. 서로 사랑이다.

그리할 때 주의 영광이 회복되며 하나님의 군대가 일어나고 하나님의 재정이 축복의 통로가 되어 아프리카 르완다-가나-케냐로 이어지는 일자선에서 영적인 관통이 이루어지게 되면 하나님의 은총이 넘칠 것이다. 마치 이순신 장군의 거북선과 판옥선을 앞세운 학익진과 같은 영적인 전쟁의 진용을 원전선과 의료선이 아프리카의 거대한 항공 모함을 보좌하며 구축하게 될 것이다.

라이즈업 케냐! 라이즈업 네이션스!

관용하고 화합하면 이루어진다!

한국 선교 사명 감당하며 땅끝인 아랍에미리트와 케냐에서부터 선교 보고를 위해 마가의 다락방으로 돌아오게 될 것이다. 중국이 막히면 일단 아프리카 케냐에서 주의 다시 오심을 예비하기를 소망한다. 우리 생명 바쳐 끝까지 피 묻은 십자가 붙들고 라이즈업 케냐를 통하여 세계 전문인 선교 사명에 MAN(Marketplace As Natural Church place) 사역으로 헌신하자.

다음과 같이 평가할 수 있다.

유럽 제국주의 사상의 혼돈에서 온 비극(Imperialistic Shock)과 생존과 이기주의의 충격(Survival Shock) 그리고, 글로벌 문화와 아프리카 문화의 충격(Cultural Shock) 그리고 가치관의 파괴로 인한 영적인 충격(Spiritual Shock)의 비극은 세상의 구조인 시스템으로 고장이 난 것이기 때문에 그리스도의 몸인 유기체 방식으로 구조 조정이 되어야 하는데 이것이 기독교 세계관이다.

이러한 모든 비극들은 문화의 동심원에서 가치관(value)보다 안쪽에 있는 세계관(worldview)의 변혁이 이루어지지 않았기 때문에 발생하는 것이다.

사도행전 1:8의 명령이 8:1에 이르러서 이루어진 것과 마찬가지로 성령이 임하면 권능을 받고 예루살렘과 유다와 사마리아와 땅끝까지 이르러 증인이 되어야 하는데 성령을 받지 못한 채 직업적으로 사역을 하는 자도 있는 오늘의 세대에는 물불을 안 가리고 성취 동기로 사역을 하지만, 그것의 결과는 더 큰 악과 더 작은 악(more evil … less evil) 사이에서 악한 열매를 거두는 것에 불과하다.

많은 사람이 이 본문을 성령을 기다리는 시간을 마치 모이는 교회를 위한 것으로 여기지만 사실은 흩어지는 교회로서 복음을 증거하는 삶을 살기 위해서 땅끝을 향해 그리스도의 몸으로서의 교회로 나가라는 것이다.

성령이 임한다는 것은 성령 충만이요 말씀 충만이기에 말씀이 살아서 운동력이 있어서 좌우의 날선 어떤 검보다도 예리하여 우리의 영과 혼과 및 관절과 골수를 쪼개는 능력으로 모인 무리를 난 곳 방언으로 알아듣게 하는 증강 현실이요 천국 현실을 체험하게 하는 하나님을 경험하는 삶을 의미한다.

유럽 제국주의가 아프리카에서 행한 무비판적인 상황화는 성령이 임하지 않은 무비판적인 토착화로 이어지고 유대교와 기독교와 이슬람교의 안식일의 차이만 보더라도 무지몽매한 백성들에게 세 종교로 인하여 혼란을 준 것은 분명한 일이다. 이슬람교는 금요일이 안식일이고 유대교는 토요일이고 기독교는 예수님 부활 후 첫날인 일요일이다.[21]

아프리카인을 반(半)짐승으로 멸시하는 태도를 취한 것은 대한민국의 기독교 지도자들이 신사 참배를 회개하는 것과 마찬가지로 유럽인들은 독일이 제2차 세계 대전의 주범으로 유대인에게 참회를 한 것처럼 반드시 참회를 전 세계가 알아듣도록 해야 한다.

아프리카인들을 기아와 헐벗음에 내버려 두고 유럽 제국은 금수저로서 행동하며 음식쓰레기를 방치하고 환경 오염을 시키고 있는 것도 회개해야 할 것이다. 비굴하고 눈치를 보게 하고 사람을 옥죄게 한 차꼬와 같은 쇠사슬의 율법적인 영국의 근본주의 개신교 선교사들의 얼굴은 하나님의 형상이 아니기에 강요죄를 회개해야 한다.

더구나, 아프리카인들이 원시 종교에 머물도록 가장 소중한 구원의 길을 찾지 못하도록 백인 교회가 게토의 역할을 한 것을 진심으로 아프리카 교회에 회개해야 한다. 남아공의 원주민들이 12차 십자군 운동 당시에 아프리카로 매매된 어린이 십자군의 후예라는 사실이 죄의 연속성을 생각하게 한다.

---

[21] 홍익희, 『세 종교 이야기』 (서울: 행성비, 2014), 378.

8. 비극의 땅 아프리카는 절망인가

애국심이라는 것은 조국을 위해서 목숨마저도 기꺼이 바치겠다고 하는 마음가짐이다. 그런데 약소국의 설움은 아무리 세계 평화론을 부르짖어도 아프리카 평화도 이룰 수가 없다는 것이다.[22]

그러나 나만 살겠다는 자세가 아니라 피터 드러커의 말처럼 아프리카인들도 전문인이 되면 자발적인 의지로 스스로가 미래의 삶을 개척하는 지식 근로자가 되겠다는 시민 의식을 가지고 있으면 그는 전문인이 될 것이고 거기다 애국심이 가중되면 그는 세상을 바꿀 수 있는 촉매제가 될 수 있다.

불신과 오해 낡은 관행으로 인한 유럽 제국주의자들에 대한 미움을 걷어버리고 "forget & forgive" 하면, 본 어게인 아프리카를 할 수만 있다면, 영적인 대각성에 근거하여 일인일기의 기상으로 100배의 결실을 얻는 지구상의 마지막 화해를 실천하는 아프리카 54개의 흑진주 목걸이의 나라가 될 수 있다.

다음과 같은 4가지를 통하여 실천할 수 있다.

① 자기 자신의 발견(하나님의 형상대로 지음 받음).
② 무지에서 깨어나는 것(함이 하나님의 친 백성임).
③ 자원 활용, 즉 "Afro-American"이 무슬림에서 역(逆)회심 운동해야 함!
④ 지도자 양성 : Professional Education by Extension.

22　피터 드러커, 『자본주의 이후의 사회』, 254.

조선을 은둔의 땅이라고 했다. 조선은 중국의 원나라에 98년을 형제국으로 명나라, 청나라의 눈치를 보며 조공국으로 살며 쇄국 정책 등으로 더욱 은둔의 땅으로 고정화되고 청나라에 예속되었었다.

이제, 아프리카를 비극의 땅(killing field)이라고 하지 말고 힐링의 땅(healing field)이라고 생각하고 고난을 당했지만 승리하고 도리어 사랑을 베푸는 관용의 땅으로 나갈 때 저들 안에 역사하시는 하나님의 위대성이 증거가 되는 것이다.

미국에 있는 흑인들이 아프리카에서 온 흑인 유학생들을 무시하는 모습을 보면서 상대방을 멸시하는 것은 색깔 때문이 아니라 마음속에 악이 역사하기 때문인 것이다. 마음에 가득한 악을 떨치게 되면 비로소 전 신자 선교사주의에 의해서 모두가 나도 선교사로 헌신을 하게 될 것이다. 이 일을 위해서 아프리카 현지인을 전문인 선교사로 양성을 해야 하고 교수 가운데 아프리카 현지인이 반드시 주체적인 역할을 해야 한다.

9. 케냐의 역사

케냐는 아프리카 대륙 동부에 위치한 공화국으로 면적 58만 264㎢, 인구가 5,221만 4,791명, GDP 세계 27위의 아프리카에서 가장 많고 영향력이 있으며 대내외적으로 주목받는 국가다.[23]

기독교, 가톨릭, 프로테스탄트 등이 다 들어와 있고 아프리카에는 가장 많이 선교사가 파송되어 있는 국가다. 스와힐리어와 영어가 공용어이며

---

[23] 강문석, 『아프리카 선교론』 (서울: 성광문화사, 1995), 142-43.

학구열이 매우 높다.

영국의 식민지였다. 아프리카 중에서 케냐를 중심으로 통일 지식 민족 운동(UKE-NYA)으로 지식인이 많고 안정된 국가다.

케냐는 BC 1,000년경까지만 해도 원주민은 부시먼(Bushman)족 계통이 었던 것으로 보이는데, 그 무렵 아라비아 반도 쪽으로부터 소말리아와 에티오피아를 경유하여 햄족과 셈족의 인종이 남하해 왔다. 인도양 연안에는 기원 초까지도 그리스인, 이집트인, 페르시아인, 아랍인, 인도인 등이 들어와 거주하였던 것으로 전해지고 있으며, 7세기경에는 아랍인이 정착하여 그들의 마을을 형성하기에 이르렀고, 1498년 이후 포르투갈인이 해안 지대에 진출해 왔다.

16세기에는 서쪽으로부터 반투족이 이동해 왔고, 해안 지대는 아랍인과 포르투갈인의 쟁탈장이 되었다. 19세기에 들어와 영국과 독일의 기독교 포교 활동이 활발해지면서, 1824년부터 몸바사 부근에 세력을 펴게 되었다.

1888년 영국의 동아프리카 회사는 특허 회사로서 이 지역의 무역을 독점하였고, 1895년 영국의 동아프리카 보호령이 되었다.

유럽인의 식민 이주가 장려되어 이민자들은 내륙 고원에 백인 고원 (White Highlands)이라고 일컫는 농업 지대를 형성하였다. 제1차 세계 대전 후에 많은 백인이 들어와 살게 되었고, 1920년 6월에는 인도양 연안을 케냐 보호령으로, 그 밖의 지역을 케냐 식민지로 개칭하였다.

양철준은 사파리 속 인물 평전에서 이렇게 소개하고 있다:

> 미국의 26대 대통령을 지낸 루스벨트가 헌팅 사파리를 위해 나이로비에 도착한 것은 1909년 4월이었다. 사파리를 떠나기 전인 1908년 3월 루스벨

트 대통령은 당대 최고의 사냥꾼으로 명성이 자자하던 프레더릭 셀러스에게 친필 편지를 써 자신의 동아프리카 사파리를 준비해 달라고 요청했다. 루스벨트는 어렸을 때부터 야생 동물들과 탐험에 대한 남다른 열정을 가지고 있었다고 전해진다. 박제술(taxidermy)을 배우기도 하고 새들을 관찰한 결과와 인상을 기록하는 등 자연과 야생 동물의 세계에 대한 루스벨트의 열정은 남달랐다.[24]

공중의 새를 보라. 심지도 않고 거두지도 않고 창고에 모아들이지도 아니하되 너희 하늘 아버지께서 기르시나니 너희는 이것들보다 귀하지 아니하냐(마 6:26).

이 말씀 속에 루스벨트 대통령의 심정이 되어서 유럽 제국주의자가 아프리카를 모자이크처럼 백정이 되어서 모자이크 삼겹살처럼 난도질을 해 놓았지만 유럽의 종교적 압박을 피해서 미국으로 이주한 청교도들의 후예들은 이제 아프리카를 위해서 조상들의 원죄를 같이 갚아야 하지 않을까?

아프리카 사람들은 유목민으로서 심지도 않고 거두지도 않고 창고에 모아들이지도 아니하고 순례자로 살면서 고난을 당하였지만, 하나님 아버지께서 눈동자와 같이 여기시고 기르시기 때문에 가장 귀중한 하나님의 백성이다.

영국은 우간다 및 탕가니카(현재의 탄자니아)와 공통의 통화(通貨)를 사용하게 하고, 그 밖에도 경제적으로 긴밀한 관계로써 묶어 통치하였으나 1930년대부터 키쿠유족을 중심으로 한 독립운동이 빈번하게 일어나, 제2차 세

---

[24] 양철준, 『나이로비-아프리카의 관문』(서울: 살림, 2004), 74.

계 대전 후에는 더욱 강화되었다.

1952년 10월에 시작된 "마우마우(Mau Mau)의 투쟁"은 1956년경까지 계속되었는데 이는 유럽인에게 빼앗긴 농토를 되찾기 위한 민족 운동이기도 하였다.

조모 케냐타(Jomo Kenyatta)가 독립운동의 지도자로서 세계에 알려지게 된 것도 이 무렵의 일이다. 이윽고 1963년 12월 12일 케냐는 독립을 성취하였으며, 1964년 12월 12일 공화국을 선언하였다. 1964년 케냐타가 1대 대통령을 취임하면서 시작된 케냐의 독립 국가로서의 역사는 부침이 심한 특징을 보여 왔다.

아프리카의 관문인 케냐가 잘되면 아프리카 전체가 복을 받을 수 있다. 우리나라에 인천 제물포항을 통하여 복음이 들어와서 대한민국 전체가 복음화가 되는 축복을 우리는 알고 있기 때문이다. 필자는 멤피스에서 공부를 하는 기간 중에 마틴 루터 킹 목사의 인권센터가 세워져서 방문한 적이 있었다. 필자는 그가 피살을 당한 모텔에 가 본 적이 있다. 그가 한 연설 가운데 평화에 대한 부분만 일부 인용하고자 한다.

> 진정한 평화란
> 심각한 긴장 상태에서 벗어나 있을 뿐만 아니라
> 실제로 정의가 구현된 상태를 의미합니다.
>
> 이 땅 위에 평화가
> 그리고 인류에게 선한 의지가 충만하려면
> 모든 인간의 삶이 거룩하다는 것을
> 진정으로 인정할 수 있어야 합니다.

사람은 누구나 귀중한 존재입니다.
모두가 하나님의 자녀이기 때문입니다.

평화! 평화! 하면서도
실제로 평화로운 세상을 만들기 위한 노력은
눈곱만치도 기울이지 않습니다.
강대국들 역시 평화를 부르짖습니다.

평화를 사랑하고
평화를 위해 희생할 각오가
확고하게 서 있어야만 합니다.
우리는 전쟁을 부정함과 동시에
평화를 사수하여야 합니다.[25]

마틴 루터 킹 목사의 꿈[26]과 정신을 공유하는 지미 카터 대통령이 아프

---

[25] 박신배, 『평화학 Paxology』(서울: PKK, 2011), 56-57.
[26] "나는 언젠가는 피에 물든 조지아 언덕에서 옛적 노예의 아들과 노예 소유주의 아들들이 형제애에 넘치는 밥상에 앉을 수 있음이라는 꿈을 가지고 있습니다. 나는 언젠가는 억압과 불의의 열기로 시달리고 있는 미시시피주도 정의와 자유의 오아시스로 변모할 것이라는 꿈을 지니고 있습니다. 나는 언젠가는 4명의 나의 어린아이들이 그들의 피부색깔에 의해 판단 받지 않고 그들의 인격에 따라 판단 받을 나라에서 살게 될 것이라는 꿈을 지니고 있습니다. 오늘 나는 꿈을 지니고 있습니다. 나는 언젠가는 간섭과 약속 파기를 입에 담고 다니는 앨라배마의 악독한 인종 차별주의자들과 주지사를 깨부수고 어린 소년 소녀들이 같은 형제자매인 어린 백인 소년 소녀들과 손을 잡을 수 있을 것이라는 꿈을 지니고 있습니다. 오늘 나는 꿈을 지니고 있습니다! 나는 언젠가는 모든 골짜기가 높아지고 모든 산과 언덕이 낮아지며 구부러진 땅이 펴지며 주의 영광이 드러나 모든 사람이 주의 영광을 맛보게 되리라는 꿈을 지니고 있습니다. 이것이 우리의 꿈입니

리카 수단의 대통령 오마르 알 바시르 우간다의 대통령 요웨리 무세베니를 1999년에 중재하여 지미 카터의 협상 프로그램에 의해서 사인을 하고 향후 적대적인 국가 간 무력 행사를 중단하고 외교적으로 상호 교류를 통하여 지역 평화를 다시 세우기로 했다.[27]

1980년대까지 상대적으로 성공적인 경제 성장을 보였던 케냐는 부정부패, 종족 갈등, 범죄, 테러리즘, 자연재해 등으로 인하여 국가적 잠재력을 만개하고 있지 못한 상태다.

1979년 집권한 KANU당의 모이 대통령(Daniel Arap Moi)은 24년간에 걸쳐 통치자로 군림했는데, 이 기간 동안 부정부패와 인권 탄압 등으로 국제 사회로부터 비난을 받았으며, 영국, 미국, IMF 등은 이러한 이유로 케냐에 대한 경제 원조와 차관 제공을 중단하기도 하였다.

1964년 케냐타가 1대 대통령을 취임하면서 시작된 케냐의 독립 국가로서 역사는 부침이 심한 특징을 보여왔다. 1980년대까지 상대적으로 성공적인 경제 성장을 보였던 케냐는 부정부패, 종족 갈등, 범죄와 테러리즘, 자연재해 등으로 인하여 국가적 잠재력을 만개하고 있지 못한 상태다. 1979년 집권한 KANU당의 모이 대통령은 24년간에 걸쳐 통치자로 군림했는데, 이 기간 동안 부정부패와 인권 탄압 등으로 국제 사회로부터 비난을 받았으며, 영국, 미국, IMF 등은 이러한 이유로 케냐에 대한 경제 원조와 차관

다. 이것이 내가 남부로 되돌아갈 때 가져갈 믿음입니다. 이 믿음을 지닐 때 우리는 희망의 돌멩이가 뭉쳐 있는 산을 개척할 수 있을 것입니다. 이 믿음을 지닐 때 우리는 우리나라의 소란한 불협화음을 아름다운 형제애의 심포니로 바꿀 수 있을 것입니다. 이 믿음을 지닐 때 우리가 언젠가는 자유하리라는 것을 알고 함께 일하고 함께 가도하며 함께 투쟁하며 함께 감옥에 가며 함께 자유를 옹호할 수 있을 것입니다."

27　Jimmy Carter, *Beyond the White House* (New York, Simon & Schuster, 2007), 54.

제공을 중단하기도 하였다. 모이 대통령의 독재 체제는 2002년 대통령 선거에서 레인보우 연합당(NARC)의 음와이 키바키(Mwai Kibaki)가 승리하면서 끝이 났다.

이 대목에서 버락 오바마의 이야기를 하고 가야 정상일 것이다.

버락 오바마는 실패한 아버지에게서 실용의 정신을 배웠다고 한다. 대통령이 될 것인가, 거지가 될 것인가의 갈림길에서 결코 아버지를 닮아서는 안 된다고 하는 반면교사와 같은 일이 있었다.

젊은 오바마가 처음 케냐에 갔을 때 아버지는 이미 사망한 뒤였고 친척들은 오바마가 아버지를 닮았다고 난리들이었다. 하버드를 졸업한 명석한 두뇌, 역경을 뚫고 정상에 오르려는 강한 의지, 유머 감각과 자신감 그리고 무엇보다도 정치적인 야심이 누구보다 컸다. 그러나 아버지의 인생은 실패했다. 케냐 최초의 하버드 박사 학위를 받고 귀국해 앞길이 구만리 같던 아버지의 인생은 케냐의 초대 대통령 케냐타와 맞서면서 나락으로 떨어졌다. 출세가 보장된 자리를 박탈당하고 결국은 신세를 망쳤다. 케냐 하늘 아래 발붙일 곳이라곤 없었다. 하버드 박사 학위를 가지고 이웃나라에서 교수 자리를 구할 수 있었건만 대통령의 눈 밖에 난 사람은 여권이 취소당하기도 쉬웠다. 아버지는 술독에 빠져 가족을 괴롭히는 무능하고 권위적인 가장으로 변했다. 하버드에서 만난 세 번째 아내이자 두 번째 백인이었던 루스(Ruth)마저 견디다 못해 아버지를 떠났을 때가 오바마가 10살 때쯤이었다. 아버지는 자존심만 세우다가 처자식을 버린 야심가였다.[28]

---

[28] 박성래, 『역전의 리더 검은 오바마』, (서울: 랜덤하우스, 2008), 119-20.

문화적 혼혈인인 버락 후세인 오바마의 이름은 무슬림인 할아버지가 준 이름으로 미국인이 가장 싫어하는 이름인데 그가 대통령이 되었다.

부정선거 시비가 일었던 2018년 8월 케냐 대선에 야권연합 후보로 나섰던 라일라 오딩가(73)가 비공식적 대통령 취임식을 열어 논란이 일고 있다. **우후루 케냐타 현 대통령(57)이 2018년 11월 취임해 아직 "국정 허니문"이 끝나지도 않은 상황에서 또 한 명이 대통령을 자처하는 막장 정치극이 펼쳐진 것이다.**

2019년 이후에 케냐의 나이로비에는 백인의 의와 흑인의 의와 아시아인의 의와 하나님의 의가 흑백을 초월한 하나님의 백성들이 펼치는 "Konza City"에 세워지는 KAIST를 통하여 KAIST 전문인 선교 교두보가 바로 세워지게 될 것이다.

그러나 우리가 관심을 가져야 할 나라를 하나 더 든다고 하면 그 나라는 앙골라일 것이다. 음분두족은 오범분두족 다음으로 앙골라에서 큰 종족인데 그들은 권력을 잡기 위해서 동화시키거나 제거하는 방식으로 집단 학살을 관리하는 나라로 닌자(Ninja)로 불리는 수천 명의 준 군사 집단이 집단 학살을 대신하고 있기 때문에 주변의 국가들에 공포의 대상이 되고 있다.

이 나라는 향후 남아공의 다이아몬드, 금, 백금의 무역로를 현대식 컨테이너 항구를 개설하여 얻은 이익으로 남아공을 제치고 짐바브웨와 콩고의 협력을 얻으며 아프리카 내륙으로 향하는 아프리카의 실세가 되고자 한다. 이들도 내전과 참상을 겪었으나 남성은 50%가 결핵 보균자이고 임산부는 HIV(후천성면역결핍증)가 50%인 남아공과는 다르게 HIV를 빗겨 나간 나라이기에 장기전으로 가면 승리가 있을 것이다.[29]

---

[29] 피터 자이한, 『21세기 미국의 패권과 지정학』, 298-305.

제7장

아프리카 종교와 기독교 선교

구속적 유비(redemptive analogy) 차원에서 아프리카의 신화에 대해서 먼저 살펴보기로 하자.

1. 아프리카의 신화

인간의 죽음에 대한 아캄바족과 루오족의 신화에 대해서 살펴보기로 한다. 성경의 창조설을 믿는 그리스도인으로서는 선교의 접촉점을 찾을 수 있는 구속적 유비를 찾아야 한다.

태초에 인간을 창조한 신은 인간을 동정하고 사랑하였기 때문에 인간들이 모두가 죽는 것을 바라지 않았다. 인간들이 일단 죽게 되면 다시 살아나기를 바랐으므로 신은 인간을 창조하여 특정한 곳에 살도록 하였다. 그 무렵 신은 카멜레온과 까치를 접하게 되었는데 사흘간을 함께 지낸 뒤 산 까치는 진실보다는 거짓이 섞인 말을 잘한다는 사실을 알게 된다.

반면에 카멜레온은 항상 진실하고 성실한 성품을 보였다. 그리하여 신은 카멜레온에게 인간들이 사는 곳에 가서 인간이 죽게 되면 다시 살아나게 된다는 사실을 전하도록 명하였다. 카멜레온은 워낙 천천히 걷기 때문에 습성대로 매우 느린 걸음으로 인간 마을로 향했다.

목적지에 도달한 카멜레온은 "저 … 저 … 저 신이 그러시는 데, 저 …" 하며 신으로부터 들은 내용을 정확히 전하지 못하고 있었다. 한편, 산 까치는 신에게 단숨에 전하고 오겠다고 말한 후 날아갔다. 인간들은 신의 말을 전하려는 카멜레온 앞에 모여 있었다.

"저 … 저 … 저 … 신께서 저 …."

인간들은 그 내용이 궁금하여 카멜레온의 말에 귀를 기울이고 있었다. 그 순간 재빨리 도착한 산 까치가 먼저 말해 버렸다.

"인간들은 죽게 되면 영원히 사멸할 것이오."

그러나 그때 카멜레온은 "저 … 저 인간들은 죽게 되면 다시 부활할 것입니다"라고 외쳐 댔다.

그러자 수다쟁이 까치는 첫 번째의 말이 진실이라고 고집하였다. 그러자 모든 인간들은 실망한 나머지 신이 정해 준 특정한 장소를 떠나고 만다. 이러한 이유로 인간들은 늙게 되어 죽음을 면할 수 없게 되었다. 인간의 영생에 대한 희망이 좌절된 것은 카멜레온 때문이라고 믿고 있다. 이 구전은 아프리카인들의 영생에 대한 강열한 열망을 담고 있다.[1]

다음과 같이 평가할 수 있다.

에덴 동산을 연상하게 되고 아담이 모든 동식물의 이름을 지었으니 산 까치 이름도 지었다. 노아 방주 사건 시 물이 마른 것을 체크하기 위해서

1　김윤진, 『아프리카의 신화와 전설』 (서울: 명지출판사, 2004), 19-20.

까마귀를 내보냈는데 이는 산 까치를 연상하게 한다. 카멜레온이 천천히 걷는다는 것은 신구약 중간 시대 500년을 연상하게 한다. 선지자들의 말을 받지 않는 우상에 물든 중동인들의 모습을 상기시키게 된다. 산 까치의 거짓 증언은 마틴 루터의 종교개혁을 생각하게 한다.

산 까치의 말을 생각나게 하는 "모든 사람이 죄를 범하였으매 하나님의 영광에 이르지 못하더니"(롬 3:23)와 카멜레온의 말은 "이는 그리스도께서 죽은 자 가운데 살아나셨으매 다시 죽지 아니하시고 사망이 다시 그를 주장하지 못할 줄을 앎이로다(롬 6:10)"을 합치게 되면 "죄의 삯은 사망이요 하나님의 은사는 그리스도 예수 우리 주 안에 있는 영생이니라"(롬 6:23)라는 복음이 되는 것이다.

죽는 것은 정하신 일이요 그 후에는 심판이 있느니라는 말씀이 되는 것이다.

2. 토속적인 수호신

아프리카의 토속적인 수호신은 54개국 모든 종족에게 지금도 존재하고 있다. 이는 우리나라의 조상 숭배나 신사 참배와 같은 것이다. 우리나라도 제사는 부모가 죽어도 자녀를 돌본다고 하는 정신이 있어서 기일을 정하여 제사를 지내는 것과 마찬가지로 볼 수 있다.

후손들에게 악을 지켜주는 수호신의 개념이다.[2]

---

2 강문석, 『아프리카 선교론』, 184.

3. 주술적 신 개념

자연의 재해 특히 홍수와 같이 밀어붙이는 것은 인간의 힘으로 속수무책이다. 이에 신의 진노로 이해를 하고 신의 힘을 빌리고 신의 마음을 이해하며 신과 대화하기를 노력하는 주술사, 즉 신접자(神接者)가 생기게 된 것이다. 엔돌의 신접한 여인 이야기를 생각하면 이해가 된다.

이에 여러 가지의 절차와 희생으로 신에게 매년 제사를 지내고 심지어는 사람을 잡아드리는 제사까지도 행하고 있다.[3] 이스라엘의 몰렉 신에게 제사를 지내는 것을 생각하면 된다.

4. 정령 숭배

인간은 다른 동물과 달라서 혼이 있어 살아 있으며 말을 하며 의사를 전달한다. 그렇다고 인간이 죽는다고 그 혼이 없어지는 것이 아니라 전도서의 말처럼 하늘로 올라가게 되는 것이다.

그런데 정령 숭배자들은 혼이 허공을 떠돌며 후손들을 간섭하고 보호하고 있다고 믿는 것이다. 그 혼에 의해 안정과 보호를 받을 수 있다는 사상이 형성되어 정령 숭배가 생겼다. 이를 분별하는 주술사 또는 신관이 있어서 그 혼과 대화를 나누고 앞으로의 삶까지 예측을 한다는 것이다.[4] 이를 우리는 정령 숭배(animism)라고 부른다.

---

[3] 강문석, 『아프리카 선교론』, 185.
[4] 강문석, 『아프리카 선교론』, 185-86.

5. 기타 잡다한 종교

치유 의식에서 다루었지만, 굿을 통하여 영매(靈媒), 그리고 주술(呪術)을 통해 병마(病魔)를 고친다는 축사(逐邪) 그리고 점술사, 점쟁이 그리고 지방 의식으로서 사회의 문제를 해결하는 것도 중요하다. 비가 오게 하는 우사(雨祀) 등 다양하다.[5]

지방 의식[6]에서도 중심이 되는 인물은 영매다. 이러한 지방 의식이 아프리카의 여러 지역에서 발견되지만, 특히 남부 아프리카에서 발견된다. 말라위 남부의 음보나 의식은 지방 의식의 많은 특색을 보여 주고 있다.

전설에 따르면, 음보나 의식이 시레강 하류를 점령했던 14세기에서 16세기 사이라고 전해진다. 망간자의 룬두 왕은 재위 당시 비를 내리게 하는 마술로 인기가 높았던 음보나에게 위협을 느꼈다. 그는 음보나를 체포하여 사형에 처한 다음 머리를 잘라 대중 앞에 내놓았다.

음보나는 이에 대한 보복으로 마을 사람의 몸에 들어가 룬두 왕에게 자신의 머리를 땅에 묻고 그 위에 성지를 세운 다음 여자를 제물로 바칠 것을 명령했다. 룬두가 그의 말대로 이행하자 음보나는 그 후로 시레 계곡 하류에 해마다 알맞은 양의 비를 내려 주었다.

이 신화는 결과적으로 음보나 의식보다는 룬두 왕의 권위를 입증한다. 음보나는 망간자 부족이 시레강 하류를 점령하기 전부터 거행되었던 한 의식의 영매였으리라 추정된다. 신화에서 밝히고 있듯이 이방인 룬두는 음보나의 권위를 빌려 성지를 세우고 성지의 관리와 그 지방 전체의 안위

---

5 강문석, 『아프리카 선교론』, 186.
6 프랑크 웨일리 외 11인, 『종교: 지도로 본 세계종교의 역사』, 니니안 스미스 편, 김한영 역 (서울: 갑인공방, 2005), 206.

와 복지를 떠맡았다.

룬두는 음보나를 신격화함으로써 음보나 의식을 망간자 고유의 의식으로 재정립했다. 음보나 의식을 통해 룬두의 지위는 정당화되었고 망간자 부족은 시레강 하류에 확고히 뿌리를 내릴 수 있었다.

한국의 샤머니즘의 현주소와 함께 샤머니즘적인 기독교의 종교 혼합주의와도 상통하고 있다고 보면 된다. 춤을 추며 행진하는 아프리카인의 토속 춤에는 지역 신이 지배를 하는 것이다. 아날로그 사고에서 디지털 사고로 변혁되어야 한다.

다음과 같이 평가할 수 있다.

오늘날 전문인 선교는 비를 비 내리는 차원이 아니라 수력 원자력 발전소를 설립하는 차원으로 이해가 되고 세계적인 수준의 KAIST가 케냐에 설립되니 상전벽해(桑田碧海)와 같은 4차 산업 혁명 시대의 패러다임의 전환이 이루어진 것이다.

6. 아프리카와 기독교

아프리카의 기독교의 전래는 이미 예수님 당시 이집트는 초대교회 당시부터 곱틱 토착 기독교가 있었지만 본격적인 것은 유럽인들의 침범으로부터 시작되었다. 한마디로 말하면 아프리카의 부와 미개한 종족을 미끼로 이권을 위해서 종교를 사칭한 것으로 평가할 수밖에 없다. SWOT 분석을 TOWS 순서로 역발상 할 수밖에 없는 형국이다.

물론 1795년부터 1806년까지 두 번이나 서아프리카의 니제르강 상류를 탐험하여 그들에게 문명의 혜택을 주고자 했던 스코틀랜드의 M. 바크 선교사나 1820년대에 사하라 사막을 횡단하여 서아프리카에 도달한 스코틀랜드의 H. 그락바론, 1850년대부터 1870년대까지 동아프리카를 횡단하여 그들을 문명 세계에 알린 D. 리빙스턴이나 콩고 지방을 낱낱이 탐험한 스탠리 등 많은 사람이 아프리카의 오지의 원시성을 도와 보고자 했다.[7]

1) 트리니다드의 한 선교사 이야기[8]

아프리카의 트리니다드라는 나라에서 미국 선교사의 아들로 자라난 분의 간증이 있다. 그분이 어렸을 때 한번은 사는 곳의 거의 모든 사람들이 다 길거리로 몰려나왔다. 엘리자베스 여왕이 그곳으로 행차하기 때문이었다. 팡파르가 울려 퍼지고 시위대와 호위대가 앞서갔다. 곧 여왕이 리무진을 타고 환호하는 군중들에게 손을 흔들어 주며 지나갔다. 그 광경을 직접 보고 경험했던 그분의 결론이다.

> 여왕이 지나갔지만 아무것도 변한 것은 없었다!(Royalty came to town and nothing changed)

선교는 선교사가 지나가면 무형의 사랑이 남는다. 권력자가 지나가면 흔적이 없지만 하나님의 놀라운 선교사들이 지나가면 거기에는 영원한 그리스도 예수의 사랑이 남아 선교사가 희생했던 십자가의 사랑이 선교지 사람들의 가슴에 영원히 남는 부활의 사랑으로 남아 또 다른 제자 그리스

---

7 강문석, 『아프리카 선교론』, 187-88.
8 박신배, 『구약과 선교:하나님의 놀라운 선교』, 148.

도인들이 그 사랑의 씨앗을 뿌림으로 기독교 사랑의 역사는 계속 이어지는 것이다.

선교는 그래서 하늘 보좌를 버리고 내려온 예수의 사랑이며, 하늘나라의 이야기를 선교사는 맛깔스런 자신의 이야기와 더불어 영적으로 살아가는 그리스도인의 삶의 이야기로 보여 주는 것이다.

2) 아프리카의 한 선교사 이야기[9]

어느 날, 한 선교사님이 아프리카의 정글로 들어갈 때 비가 엄청나게 왔다. 그러자 건너려는 시내에 물이 한참 불고 물살이 세서 몸의 중심을 잡기가 힘들었다. 결국 건너는 것을 포기하고 안절부절 못하고 있었다. 바로 그때 저기서 몇몇 원주민들이 시냇가로 다가왔다. 그리고 갑자기 모두가 이상한 행동을 했다. 머리통만 한 큰 돌을 주워서 어깨에 걸친 후에 한명씩 차례로 시냇가로 들어선 것이다. 선교사님이 생각했다.

'왜 저렇게 큰 돌을 어깨에 지고 위험한 행동을 할까?'

그런데 조금 후에 보니까 원주민들이 모두 무사히 시내를 건넜다. 선교사님은 이상하게 생각하고 자기도 따라서 큰 돌을 어깨에 지고 물속으로 들어가 보았다. 그러자 센 물살 속에서도 몸의 중심이 딱 잡혀서 자신도 무사히 시내를 건널 수 있었다. 결국 어깨에 진 무거운 그 돌이 생명을 지켜주는 돌이 된 것이다.

기독교 역사는 바로 이처럼 십자가가 돌이 될 수 있다. 십자가가 돌이다. 시냇물이 거세서 건널 수 없을 때 큰 돌이 그 시냇물을 건너게 해 주

---

9 박신배, 『구약과 선교:하나님의 놀라운 선교』, 148.

는 중심 잡이이지만 십자가는 우리 삶의 구원의 길이며 십자가 신앙이 우리를 이 세상의 거친 바람 속에서 우리를 살리는 중심추인 것이다. 선교는 이 십자가 신앙과 부활의 신앙을 전하는 것이기에 위대한 주의 선교사는 이 십자가 삶을 살았기에 선교지 사람들에게 기억에 남길 신앙의 유산을 남기고 영향을 주는 것이다. 여기서 우리는 선교지 사람들의 지혜를 배울 수 있다.

선교 우월주의에 빠져 자신의 머리와 경험만 가지고 그 소낙비 물만 생각하고 건너가다가는 물에 휩쓸려 죽거나 그곳을 가지 못하고 되돌아와야 했을 것이다. 선교지 사람들의 지혜를 배우고 겸손히 그들의 삶의 방식을 수용하며 오랜 생활 속에서 내려오는 삶의 지혜와 그들의 문화를 배우고 존중할 때 또 다른 삶의 창조적 발전이 그곳에서 일어날 것이다.

선교 문화는 이와 유사하지만, 선교지 적응과 지혜를 얻는다는 면에서는 차이가 있다. 어떻든 선교지 사람들의 문화를 존중해 주어야 그 선교지에서 선교가 잘 될 것이다.[10]

3) 데이비드 리빙스턴(David Livingstone, 1813-1873)[11]

아프리카 선교사의 한 획을 크게 그은 선교사 데이비드 리빙스턴은 일반인들에게 지리학자요 탐험가로 알려져 있다. 그러나 그는 어려서부터 선교에 헌신한 선교사였고, 선교사가 되기 위해 의학과 신학을 공부한 사람이었다. 데이비드 리빙스턴은 1855년 11월 15일, 번개 폭포라는 곳을

---

[10] 박신배, 『구약과 선교:하나님의 놀라운 선교』, 153-54.
[11] 박신배, 『구약과 선교:하나님의 놀라운 선교』, 170-74 요약 인용.

처음 발견해서 "빅토리아 폭포"라고 명명하였다. 이 발견은 지리학사에서 위대한 발견이었다. 그는 스코틀랜드의 불란타이어에서 1813년 3월 19일 낮은 신분인 부모 사이에서 태어났고 매우 가난했다. 그는 디크의 『종교철학과 미래 국가의 철학』이라는 책을 통해서 개인적으로 그리스도의 구원을 받아들이게 됐다.

리빙스턴은 자기 직업의 장래성을 생각해 보았다. 그는 방적 공장에서 방적공이 되어 어느 정도 많은 돈을 받고 있었다. 그러나 그는 중국에 의료 선교사가 필요하다는 말에 마음이 끌렸다.

리빙스턴은 자신이 할 일은 선교사라고 아버지를 설득했다. 선교사가 되겠다는 목표를 두고 의학을 공부하기 위해 글래스고에 있는 앤더슨대학에 들어갔다. 의학 공부를 시작하면서 한편으로 리빙스턴은 런던선교회에도 지원을 신청해 놓았다. 그는 수습생으로 받아들여져 히브리어, 헬라어, 라틴어 등을 배울 수 있었다.

1840년 리빙스턴은 의학 공부를 마치고 핀스베리의 앨빈교회에서 안수를 받았다. 그때는 이미 영국과 중국 사이에 아편 전쟁이 발발해 있었고 런던선교회는 전쟁이 끝나기까지는 더 이상 선교사를 보내지 않기로 결정했다. 리빙스턴은 그리스도를 만난 열정은 뜨거웠고, 그 열정은 곧 다른 영혼의 구원에 대한 관심으로 이어졌고, 스코틀랜드 선교사 로버트 모패트를 만난 것을 계기로 남아프리카를 위한 선교사로 헌신하게 됐다.

영국에서 휴가를 보내고 있던 선교사 로버트 모패트는 암흑의 대륙 아프리카에 대해 이야기하고 있었다. 그 대륙에 관한 그의 설명을 듣고 있던 여러 사람 중에 의학을 공부하고 있던 데이비드 리빙스턴이라 불리는 건장한 스코틀랜드 청년이 있었다. 그는 이미 자신의 생애를 하나님을 위해 바치기로 결심했었다. 그러나 그는 어디에서 어떻게 자신을 바쳐야 하는

지 확신이 없었다. 그는 선교사로서 중국에 가기로 계획을 세웠었다. 그러나 아편 전쟁으로 인해 그의 선교 계획이 방해받았다.

모패트 박사의 설교 예화들 속에는 이런 말이 있다.

> 북쪽의 광활한 평원에서 나는 때때로 아침의 태양 속에 선교사 한 명도 없는 수천 마을의 연기를 보았다(the smoke of a thousand villages where no missionary has ever been).

"수천 마을의 연기."

리빙스턴은 결코 그 말을 잊을 수 없었다. 그래서 그는 어렵지만 가치 있는 일, 즉 하나님께서 자신을 바치겠다는 결심을 하고 어느 누구도 가지 않는 암흑의 대륙에 가서 그곳 사람들에게 하나님을 증거 하는 일에 그 자신을 바치길 원했다. 리빙스턴은 새로운 환상에 젖어 모패트 박사에게 가서 "제가 아프리카를 위해 일할 수 있겠습니까?" 하고 물었다. 이것이 데이비드 리빙스턴의 생의 결정이었다.

리빙스턴은 모든 기득권을 버리고 아프리카 선교사가 되어 정글로 들어가려고 한다. 그때 그의 형은 다음과 같이 리빙스턴의 어리석음을 비아냥거렸다.

"너는 네 원대로 살며 네 인생이 정글의 미개인들 속에 매장되겠지만 나는 영국에서 가장 유명한 의사가 될 것이다."

그런데 수 세기가 지난 오늘 그 형의 이름은 브리태니커 백과사전에 "그 유명한 선교사 리빙스턴의 형"이라고 겨우 한 줄 언급되어 있지만 리빙스턴의 유골은 영국으로 돌아가서 왕족의 예식으로 장중하게 장례가 치러졌고, 그 뒤 웨스트민스터사원 제일 높은 제단 곁에 안치되었다.

리빙스턴은 12월 조지호에 승선해 남아프리카를 향해 떠났다. 리빙스턴은 세츠와나어를 배우기 시작했고 자신의 선교를 시작하기에 적합한 곳을 찾기 위해 곧 케이크를 떠났다. 그는 북쪽으로 길을 떠나 쿠루만과 츠와나의 영역으로 들어갔다. 쿠루만을 건설한 로버트 모패트는 20년 동안 선교에 힘써 왔다. 도착한 리빙스턴은 인구가 많고 회심자가 많은 번영하는 마을을 발견할 수 있기를 기대했다.

그러나 리빙스턴은 완전히 실망하고 말았다. 그 땅은 거의 황무지였으며 한발의 피해를 입고 있었고 관목에 덮인 땅이었다. 종교적 상황도 완전히 엉망이었다. 리빙스턴은 많은 현지인이 기독교를 먹고 마실 수 있는 음식으로 생각하고 있다는 것을 알게 되었다.

고립된 부족들에게 유럽인들은 이상하게 보였고 설교자들은 초자연적 힘을 가지고 있다고 믿어졌다. 그들은 종종 사람들의 눈에 띄는 것만으로도 두려움의 대상이 되곤 했다. 사람들에게 그가 믿는 하나님은 눈에 보이지 않는 분이라는 점을 이해시키기 위해 리빙스턴은 머리를 낮추고 기도했는데, 이것을 본 그들은 그의 신이 땅속에 있다고 생각해서 폭소를 터뜨리기도 했다.

12년 동안의 노력에도 불구하고 단 한 명의 회심자밖에 얻지 못한 리빙스턴은 점점 더 정규적인 선교 사역에 대해 환멸을 느끼게 되었다. 그리고 아프리카 대륙의 문호가 열려서 유럽인들이 여행할 수 있고 쉽게 정착할 수 있어야 한다고 자각하게 되었다.

그렇게 되면 아프리카인들은 먼저 유럽의 방식이 우월하다는 것을 알게 될 것이며, 자신들의 관습을 버리고 서구의 신앙을 받아들이기를 더욱 바라게 될 것이라 생각했다. 그는 "기독교, 무역, 개화"를 불가분의 것으로 보게 되었다. 리빙스턴은 아프리카 탐험을 위해 가족들을 배에 태워 영국으로 보냈다.

　잠베지강은 오늘날의 잠비아에서 발원하여 앙골라 동부를 통과한다. 그리고 남동쪽으로 잠비아와 모잠비크를 가로질러 아프리카 남동 해안으로 빠져나간다. 그는 하나님께서 아프리카를 관통하는 고속도로를 준비해 두셨으며 그것을 발견하는 것이 자신의 소명이라고 믿고 있었다.

　이때부터 리빙스턴의 삶은 아프리카를 기독교 선교에 개방시켜야 한다는 집념에 따라 움직이게 되었다. 아프리카 선교의 패러다임을 바꾼 것이다. 새로운 세기의 선교를 준비하는 일을 한 것이다. 그는 4년간 탐험되지 않은 지역으로 4,000마일을 여행했다. 짐베지 북방 탐험에서 말라리아에 걸린 그는 거의 항상 질병에 시달렸다.

　그러나 리빙스턴의 의지력은 많은 그의 동료를 앗아간 질병이나 불편함에 굴하지 않았다. 4년간의 아프리카 횡단을 마친 리빙스턴은 고향에 돌아가 영웅 대접을 받았다. 그가 받은 수많은 영예 가운데에는 옥스퍼드대학에서 받은 법학 박사 학위도 들어 있다.

　리빙스턴은 재빨리 『선교 여행과 남아프리카 탐험』(1857)이란 책을 썼는데 이 책은 베스트셀러가 되었다. 데이비드 리빙스턴은 여러 얼굴을 지닌 인물이었다. 그는 사람의 일을 하나님께서 관장하신다는 칼빈주의적인 신념을 잃지 않았다. 그는 자신의 삶을 향한 하나님의 계획이 있음을 확신했고 한마음으로 그것을 추구해 나갔다. 그렇게 함으로 그는 극심한 고통과 불편을 이겨낼 수 있었다. 그는 언젠가 이렇게 말한 적이 있다.

　　하나님께서 내 봉사를 받으셨다면 내 인생은 나의 사역이 끝나는 날까지 하나님의 놀라우신 인도하에 있게 될 것이다.

리빙스턴은 자신의 노력의 결과를 항상 볼 수 있으리라고는 생각지 않았다. 또한, 그는 하나님의 계획은 한 사람의 인생보다 크다는 점을 강조했다. 그는 또한 자신의 본래 소명은 다른 사람들을 위한 길을 닦는 것이라고 결론 내렸다. 영국이 아프리카에 대해 "신성한 소명"이 있다는 그의 말은, 그가 원했던 대로 선교사들과 제국주의 양자에게 도전을 주었다.

리빙스턴은 아프리카에서 자행되고 있는 노예 무역의 실상을 많은 영국인에게 알리는 강연도 했다. 노예 무역이라는 파렴치하고 안타까운 현상은, 보지 못한 사람들은 쉽게 이해할 수 없는 내용이었다. 그러나 서둘러 무역로를 개척하고, 문명을 통해 올바른 무역 환경을 조성한다면 아프리카 현지인들이 노예로 팔려 가는 불의한 일들은 훨씬 줄어들 것이라고 생각했다. 또한, 올바른 무역 정책이 자리 잡는다면 아프리카인 스스로 자신들의 삶을 더 귀하게 여길 수 있을 것이라고 생각했다.

리빙스턴은 강연을 통해 자신의 바람이 하나님의 소망으로 실현되기를 기대하고 많은 사람이 공유하는 비전이 되기를 바랐다. 하나님의 선교가 노예 매매를 기뻐하지 않을 것이라고 생각하고 아프리카 길을 열어 사람들이 아프리카를 많이 오게 하는 것이 그의 사명이라고 생각하였다.

아프리카에서 그의 선교적 자세는 적극적이고 개척자적이었다. 남아프리카에서 처음 사역을 시작할 때부터 그는 "아직 선교사들의 발길이 닿지 않은 수천의 마을들"에 대한 부담을 가진 개척 선교사였다. 이에 대한 유명한 예화로 어느 날 영국에 있는 몇몇 친구들이 리빙스턴의 고생을 조금이라도 덜어 주겠다는 생각으로 다음과 같은 편지를 그에게 보냈다.

리빙스턴, 낯선 땅에서 사랑을 몸소 실천하고 있는 자네에게 격려의 박수를 보내네. 먼 나라에서 고생하고 있는 자네를 생각하면 여기서 편안하게 지내고 있다는 것이 부끄러울 뿐이네. 그래서 자네의 고생을 조금이라도 덜어 주기 위해 우리가 자네를 도와줄 사람을 몇 명 그곳으로 보내려 하네. 그러니 그곳까지 가는 길을 상세히 적어 다음 편지에 보내 주면 좋겠네.

하지만 편지를 받은 리빙스턴은 다음과 같은 내용으로 답장을 보내 정중하게 그 제의를 거절했다.

마음은 고마우나 이곳까지 오는 길이 있어야만 오겠다는 사람들이라면 나는 사양하겠네. 이곳에서 진정 필요한 사람은 길이 없어도 스스로 찾아오겠다는 사람이거든.

선교사로서 리빙스턴이 주로 한 일은 아프리카의 길을 연 것이다. 그가 만든 지도를 따라 많은 선교사가 아프리카 내륙으로 들어갈 수 있었다. 1873년 5월 1일, 죽음에 이르기까지의 그의 개척자적인 삶은 지금의 아프리카에 위대한 복음의 업적을 이루게 되었다. 리빙스턴은 마지막 순간까지 아프리카에 대한 사랑과 그곳의 영혼들에 대한 걱정, 선교에 대한 의지로 가득했다. 아프리카 선교의 놀라운 결과를 낳게 한 위대한 인물로서 평가된다.

리빙스턴은 선교사, 탐험가로서 알려져 있다. 아프리카 선교가 많은 영혼을 구원할 수 있는 길이 무엇인가 생각하며 그 길을 준비한 개척 선교사였다. 리빙스턴은 1840년부터 1857년까지 아프리카 대륙을 발견하는 사역을 한다. 그가 쿠루만에서 선교를 하면서 느끼는 선교 비전은 하나님의 놀라운 선교 전망에서 아프리카 대륙이 횡단 고속도로(보이지 않는 길)를 만드는 일이었다.

그래서 리빙스턴은 1855년 11월 16일 짐바브웨에서 빅토리아 폭포를 발견하게 된다. 그는 의사와 선교사, 탐험가로서 통합적 선교 비전을 가지고 아프리카 대륙의 선교를 하고 있었다. 1840년 런던의 선교사 협회가 그를 선교사로 파송할 때까지 그는 스코틀랜드의 가난한 가문에서 태어나서 10살에 방직 공장에서 직공으로 일하였다. 그는 스스로 독서하며 학습하여 글래스고대학에서 장학생으로 공부하여 나중에 약학과 신학 박사 학위까지 공부하는 비전의 사람이었다.

27살 나이에 아프리카에 첫발을 내딛으면서 복음 전파와 선교가 자신의 신성한 의무라고 생각하고 선교에 헌신하기로 결심하였다. 그는 선배 선교사 로버트 모패트 목사를 통해 남아프리카 쿠루만에 정착하였고 모패트 선교사의 딸과 결혼하였다.

당시에는 보어인들이 영국과 관계가 나빠서 선교가 힘들었다. 선교사들이 하는 선교 사업을 달가워하지 않았다. 선교사를 탄압하고 방해하여 선교지가 완전히 폐허가 되어 결국 쿠루만을 떠나야 했다. 리빙스턴은 영국과 보어인과의 전투에 고민을 많이 하였다. 그는 북방에 사는 매크로로족의 현명한 추장 이야기를 듣고 그리로 가서 그와의 좋은 관계를 맺고 아프리카 오지까지 전도하고 싶다고 생각하고 1849년 칼라하리 사막을 횡단하기 시작하였다.

1849년 8월 1일 유럽인은 처음으로 응가미호를 발견하여 영국 왕립 지리학회에 포상을 받고 아마추어 리빙스턴은 전문 탐험가가 되기를 결심한다. 그는 순수한 신앙심으로 탐험의 비전이 앞으로 아프리카 선교를 여는 길이라고 생각하였다.

나의 지리학 탐험은 전도 사업의 출발점이다.

1851년에는 현재 보츠와나, 매크로로족과 접촉에 성공하였다. 여기서 노예 매매의 실태를 보고 이 제도를 없애야겠다고 스스로 맹세한다.

아프리카의 노예 무역을 세상에 알려야겠다!

데이비드는 아프리카에서 의료 선교를 하며 개척지를 향한 험난한 여정, 토착병, 원주민들과의 불협화음에 시달렸지만 복음을 전파하는 일은 멈추지 않았다. 그러던 중에 불법적인 노예 무역 현장을 목도하게 된다. 노예 무역을 통해 사리사욕을 채우는 사람들과 노예로 끌려가는 사람들의 슬픈 눈을 보면서 데이비드는 이곳에 기독교 정신으로 이루어진 공정한 무역이 필요하다고 생각했다.

그리하여 데이비드는 이 사실을 세상에 알리기 위해 책을 쓰고 강연을 했다. 이런 그의 활동은 많은 사람이 복음을 전파하기 위해 미개척지로 나아오도록 하는 데 큰 몫을 했다. 죽는 순간까지 미개척지에 복음을 전파하는 것과 노예 무역 막는 일을 멈추지 않았다.

해안에서 오지에 이르는 편리한 길을 찾아서 사람들이 노예 매매보다는 유리한 상업을 통해 이익을 가지도록 해야겠다고 생각했다. 그래서 그 길을 여는 탐험을 하게 된 것이다. 1852년 아내와 자식을 영국으로 돌려보내고 매코로로족의 도움을 받아 잠베지강을 거슬러 올라 수원을 확인했으며 여기서 아프리카 분수령을 넘는 그는 1854년 4개월간 걸쳐 콩고강을 타고 내려와 현재 앙골라 서해안 수도 루안다 도착하였다.

여기서 다시 매크로로족의 땅으로 돌아온 리빙스턴은 잠베지강을 타고 내려와 1856년 5월 동해안에 도달했다. 그 도중에 빅토리아 폭포를 발견하였다.

너무도 아름다워 하늘의 천사도 틀림없이 보았을 것이다.

또 원주민들은 이 폭포를 보고 천둥과 번개를 동반한 영원히 솟아오르는 연기라고 불렀다. 1852년 케이프 타운을 출발하여 4년간에 걸친 아프리카 대륙 횡단을 하였다. 그 후 그는 나일강과 콩고강의 수원을 찾기 위해 동아프리카의 큰 호수 주변을 떠돌아다녔다. 결국 나중에 그의 뜻을 받들어 미국 탐험가 헨리 스텐이 그 수원을 발견한다.

1873년 리빙스턴은 병으로 죽었지만 그를 따른 아프리카인들은 그의 심장을 꺼내 그가 사랑한 아프리카 땅에 묻고 시체를 방부 처리한 다음 9개월간 걸쳐 그의 시체와 귀중한 기록들을 잘 처리해서 영국으로 보내졌고 그 시체는 웨스트민스터사원에 안치되었다.

위대한 선교사 리빙스턴은 떠났지만 짐바브웨 빅토리아 폭포는 유네스코 1989년 제321호 자연 유산이 되었으며 오늘날도 수많은 관광객이 빅토리아 폭포 5개를 보러 가며 선교의 유지를 빛내고 있으며 아프리카 선교의 뜻을 후배 선교사들이 이어가고 있다.

데이비드 리빙스턴의 선교는 위대한 오지 아프리카 선교의 길을 연 하나님의 놀라운 선교이었다. 의사로서, 약사로서, 한 영혼을 사랑하는 선교사였고, 미래의 아프리카 선교를 위해 길을 연 선구적 탐험가이며, 아프리카를 사랑한 선교사였다.

4) 앨버트 슈바이처(Albert Schweitzer, 1875-1965)[12]

앨버트 슈바이처는 독일계의 프랑스 의사·사상가·신학자·음악가였다. 그는 프랑스령 적도 아프리카의 랑바레네에 병원을 개설한 의사이자 선교사로서 인류애를 실천한 사람이다. 그는 세계의 위인, 인도(人道)의 전사, 원시림의 성자 등으로 불린다.

슈바이처는 프랑스의 국적을 가지고 의학, 종교, 예술계 등에서 활동하였다. 주요 상으로 괴테상(1928), 노벨 평화상(1952)을 수상했다. 주요 저서 『음악가·시인 요한 제바스티안 바흐』(1905), 『물과 원시림 사이에서』(1921), 『독일과 프랑스의 오르간 제작법과 오르간 음악』(1906) 등이 있다.

슈바이처는 1875년 1월 14일, 프랑스 그랑테스트 레지옹(région)의 케제르베르(Kaysersberg)에서 출생하였다. 이 지역은 그가 출생할 당시에는 독일령(領)으로 독일 시민권을 취득했으나 제1차 세계 대전 후 알자스(현 그랑테스트 레지옹)가 원래대로 프랑스령(領)이 되었으므로 프랑스 국적을 취득하였다.

슈바이처는 어린 시절부터 음악에 재능을 보여 피아노 연주에 능했으며 다니던 귄스바흐교회 파이프 오르간을 연주하였다. 1894년 스트라스부르그대학교에 입학하여 신학과 철학을 공부했고 졸업 후에는 파리와 베를린에서 칸트의 종교 철학에 관한 연구로 철학박사 학위를 취득하였다.

파리 유학 시절에는 유명한 오르간 연주자인 찰스 마리 위도와 친분을 쌓았으며 그로부터 많은 영향을 받았다. 1893년부터는 파이프 오르간 연주가로 활약하였고 파이프 오르간 구조에 대한 논문을 집필하였다. 그 사

---

[12] 박신배, 『구약과 선교:하나님의 놀라운 선교』, 175-77 요약 인용.

이에 위도의 제안을 받아 『음악가·시인 요한 제바스티안 바흐』(*Johan Sebastien Bach, le musicien-poète*, 1905)를 발표하였고, 『예수전(傳) 연구사』 등을 발표하였다. 음악가이자 학자로 인정받던 앨버트 슈바이처였다.

슈바이처는 서른 살이 되던 해에 아프리카 선교를 위해, 그리고 또 인류애를 실천하고자 교수직을 그만두고 의학 공부를 시작했다. 21살에 했던 자신과의 약속이었다. 때는 1905년이었다. 7년 만에 의사 고시에 합격, 평생을 의료 사업에 바치기 위해 모든 것을 버린 앨버트 슈바이처다.

1905년 프랑스 선교단의 보고서를 통해 아프리카의 흑인들이 의사가 없어 고통을 당한다는 사실을 알고, 모교 의학부에서 의학을 공부한 후 1913년 의학 박사가 되었다. 그해 사회 활동가였던 헬레네 브레슬라우와 결혼하였고, 아내와 함께 프랑스령 적도 아프리카(현재의 가봉 공화국)로 건너갔다.

슈바이처는 가봉 오고에 강변의 랑바레네(Lam barene)에 정착하여 의료 봉사 활동을 전개하였다. 아프리카에서 의료 봉사 활동은 그의 예상보다 많은 비용이 필요했으며, 그는 주변의 지인들에게 도움을 요청하였지만 그의 어려움이 완전히 해소되지는 못했다. 1914년 제1차 세계 대전이 일어나자 가봉 랑바레네는 프랑스령이 되었고 독일 국적의 슈바이처는 의료 봉사 활동을 중단하게 되었고, 1917년 프랑스군 전쟁 포로가 되어 프랑스 수용소에 감금되었다가 독일로 송환되었다.

앨버트 슈바이처는 스트라스부르크 민간 병원에서 의사로 근무하는 동안에 유럽 전역을 여행하면서 연주회와 철학과 신학 강연을 하였다. 이 시기에 아프리카 생활을 회상하며 쓴 책인 『물과 원시림 사이에서』(*Zwischen Wasser und Urwald*, 1921)를 출판하고 강연하기도 했는데, 그의 의료 봉사 활동은 점차 시선을 끌게 되었다. 이에 힘을 얻은 그는 1924년, 7년 만에 다시 랑바레네로 가서 활동을 재개하였고, 어려움 끝에 큰 병원을 설립하였다.

제2차 세계 대전 중에도 유럽으로 돌아가지 않고 아프리카에서 전도와 진료에 전념하였는데, 1924년 아프리카로 건너갈 무렵부터 그는 "세계의 위인", "인도(人道)의 전사", "원시림의 성자" 등으로 불리며 사람들의 존경을 받았다.

1928년에는 괴테상(賞)을 수상하고, 1951에 아카데미프랑세즈의 회원이 되었으며, 1952년에는 노벨 평화상을 수상하였는데, 그는 노벨상의 상금으로 나환자촌(癩患者村)을 세웠다. 1960년에 프랑스령 적도 아프리카가 독립하여 가봉 공화국이 되었으나 흑인들의 그에 대한 경외(敬畏)는 변함이 없어, 새로 창설된 적도성십자훈장(赤道星十字勳章)으로 감사의 뜻을 표하였다.

랑바레네에서 오고 강둑 위에 주민들의 도움으로 병원을 세우게 된다. 처음에는 자신의 수입으로 모든 비용을 충당하다가 나중에 세계 각국에 기구에서 자금이 들어와 그들의 기부금으로 보충하게 되었다. 제1차 세계 대전 때, 슈바이처는 당시 독일 사람이라는 이유로 프랑스 포로수용소에서 지내다가 프랑스로 억류된 후 풀려났다.

그 후 아프리카로 다시 돌아온 슈바이처는 병원을 다시 세우기 위해서 1924년 아프리카로 돌아와 오고 강 위쪽 3.2km 부근에 병원 터를 짓고 나병 환자들을 위한 병원을 추가로 세우게 된다. 1936년에는 350명 정도의 환자와 그들의 친척이 있었고 36명의 백인 간호사와 의사들도 있었다. 그 후 그의 공로를 인정받아서 1952년 노벨 평화상을 받게 된다. 그는 가난한 아프리카 사람들을 위해 한평생 몸 바쳐 돈 없고 가난한 사람들을 진료해 주었다.

슈바이처는 병원 건립을 반대에 부딪혀 가면서까지도 최대한 환자에게 친근한 환경으로 조성하고, 때로는 윽박질러 가면서 문명에 익숙하지 않은 환자들이 치료를 받게 하려고 모든 수단을 총동원했다. 수용소에 갇혀도, 노벨상을 받아도, 아내가 죽어도 병원을 지키려는 노력을 하였다. 그는 삶의 희로애락을 겪으면서도 결국에는 언제나 랑바레네 병원으로 돌아갔고 끝내 거기에서 생을 마감한다.

자신의 만족감을 위해 단순 몇 차례 기부로 끝내거나 기독교의 단지 선교 목적으로 아프리카에 입성한 위선적인 백인 봉사자들과 달랐다. 그는 의료 선교의 사역에 목표를 두고 병원 운영을 위해 최선을 다했다. 그의 병원은 의료 서비스 제공이라는 목적에만 최선을 다해 충실했으며 그는 자신의 재산과 생명, 모든 것을 투자하여 병원을 지켰다.

이런 그의 노력은 아프리카 성자로서 의료 선교의 아버지가 되어 오늘도 아프리카 선교는 의료 선교에서부터 선교의 금자탑이 이뤄짐을 보여주고 있다. 슈바이처는 그 시대 사람으로선 보기 드물게 아프리카 환자들을 존중하고 헌신적인 행보를 보였으며 마지막까지도 그들을 구하기 위해 모든 노력을 다한, 의료 선교사로서 휴머니즘을 가진 위인으로서 선교사이자 의사였다.

그는 90세의 생일이 지난 후부터 건강이 나빠졌고 1965년 9월 4일 아프리카 랑바레네에서 전 세계인의 애도 속에 사망하였다. 그는 신학자로서는 종말론적 요소를 강조하였고, 철학가로서는 칸트를 연구하였으며, 독자의 윤리관인 "생명의 경외"를 주장하였다. 슈바이처의 이 사상은 선교의 기본이 생명 경외가 되어야 함을 강조한 것이다.

생각하는 존재인 인간은 모든 것이 살려고 하는 의지가 있음을 존중해야 한다. 자신에게 부여했던 생명에의 경외를 부여하지 않으면 안 된다고 느낀다. 인간은 다른 생명체 또한 살려고 애쓴다는 것을 자기 안에서 경험한다. 그래서 그는 생명을 유지하고 생명을 증진하며 생명을 고양하는 것을 선으로, 반대로 생명을 파괴하고 생명에 해를 끼치며, 생명을 억압하는 것을 악으로 본다. 이것이야말로 도덕의 절대적이고 기본적인 원리다.

음악가로서는 뛰어난 오르간 연주가였을 뿐만 아니라 오르간 개량에 있어서도 큰 업적을 남겼다. 『독일과 프랑스의 오르간 제작법과 오르간 음악』(1906)을 발표하고 과도한 풍압(風壓)으로 인해 오르간의 음색이 손상되던 폐해를 없애고자 근대 오르간의 간소화를 꾀하였고, 1911년부터 그의 아내와 함께 편집한 『바흐 오르간 작품』을 출판하였다.

평가하면, 생명의 경외 사상을 가지고 자연과 동물과 사람을 사랑한 의료 선교사, 자신의 재능과 학문, 인간적 위치와 안전한 자리를 버리고 아프리카 사람들을 사랑하고 그들의 영혼을 귀하게 여겼던 예수의 사랑으로 아프리카 밀림에 들어가서 병원을 세우고 인류애를 발휘하였던 성자였다. 아프리카 선교의 이정표를 보여 주고 인간 사랑뿐 아니라 생명을 존중하고 경외해야 함을 가르쳐 준 영원한 아프리카 선교의 이상(理想)을 제시한 아프리카의 성자이자 선교사들의 아버지가 되어 오늘도 우리에게 생명 경외 사상으로 깊은 예수 사랑을 가져야 함을 가르쳐 주고 있다.

슈바이처는 선교사가 어떤 존재인지, 누가 선교사가 되어야 하는지, 인간의 귀한 존재로서 예수와 같은 완전한 하나님의 성품, 신적 존재를 가진 존귀한 사람이 선교사 되어야 하는 것을 가르치고 몸소 낮은 곳으로 가서 보여 준 것이다. 가장 힘들고 열악한 지역 아프리카에서 인간의 존엄한 삶과 인간 사랑과 인류의 생명 존중 사상을 가르쳐 준 20세기 가장 뛰어난 선교사이자 의사, 음악가, 신학자이었다.

5) 아프리카 선교

19세기에 들어서 유럽의 교회들은 기독교의 선교를 위해 IMC(International Mission Council)을 조직하여 본격적으로 선교에 나섰으나 악과 착취에 대해 구조 조정을 하려는 것이 아니라 자국의 변호자로서 알게 모르게 앞잡이가 되어서 국가가 지향하는 식민주의 유럽 제국주의의 옹호자 변호자가 된 것이다.

이 일에 가장 적극적인 나라가 프랑스이며 이 나라의 가톨릭은 오직 이 일을 위해서 헌신을 한 것으로 평가를 받고 있으며 부끄럽게도 개신교에서는 영국이 앞장을 서서 이 짓을 한 것으로 본다. 이로써 영국과 프랑스는 식민지에서 최고의 수혜를 본 나라가 된 것이다.[13]

그러나 제1, 2차 세계 대전이 유럽인들의 이권 전쟁으로 일어났을 때 영국은 독일의 침공으로 나라가 위태로워지자 아프리카에서 용병을 구하고 전쟁에서 승리한 후에 독립시켜 주겠다고 약속을 하는 가운데서 종전 후 이를 지킬 것을 요구하는 독립투사와 국제여론에 밀려서 철수를 하게 될 때, 선교사들도 모두 함께 철수하여 개신교의 위상이 추락하고 말았다.

특히 1920년대에 소련의 흐루쇼프는 아프리카에 추파를 던지며 공산화의 화약을 던져 놓았고 이에 아프리카인들이 동조를 하고, 한 때 5만 명을 헤아린다던 선교사들은 다 추방당하는 형국이 되었다.[14]

그러나 사명에 불타는 선교사들이 다시 재입국하며 복음 전도에 열심을 다하고 있으나 건전한 복음주의 그리스도인은 10% 미만이고 명목적 그리

---

13 박신배, 『구약과 선교:하나님의 놀라운 선교』, 188.
14 박신배, 『구약과 선교:하나님의 놀라운 선교』, 188-89.

스도인으로 가득 찬 라이스 교인이 많은 것이 현실이다.

　침례교 선교사들이 19세기 초에 콩고의 옛 수도였던 사오 사우바도르에 들어갔을 때 아무런 복음의 흔적도 발견하지 못하여 크게 실망한 이야기는 널리 알려진 아프리카의 현실이며 개신교는 종교개혁 이후에 거의 200년 동안 아프리카 선교에 크게 힘을 쓰지 못했다.

　1737년에 이르러서 모라비안 연합 형제단이 남아프리카 케이프타운에 도착하여 선교가 시작되었고 1757년에 토마스 탐슨(Tomas Tommson)이 뉴저지에 있던 해외 복음선교회 총무직을 사임하고 서부 아프리카의 선교사가 되어 갔고 존 웨슬리와 조지 위 필드 등을 중심으로 영적 각성 운동이 일어나서 아프리카 선교가 재점화되기 시작했다.[15]

　중요한 전환점은 윌버포스, 샤프, 마카우레이 등이 주동이 되어 교회선교회(Church Missionary Society, 1799)를 조직하여 성공회 복음주의 선교 운동을 한 것이다. 이들은 복음을 증거하는 데 가장 큰 장애물을 노예 제도로 보고 이를 철폐하기에 혼신의 힘을 기울이고 이를 성취해낸 것이다.[16]

　특히 교회선교회 총무인 헨리 벤(Henry Venn)의 삼자 원칙인 자치, 자립, 자전에 의한 교회 개척 이론이 토착적인 원주민 교회의 설립에 탁월하게 성공하여 1864년에 사무엘 아자비 크로터가 서부 아프리카 최초의 성공회 감독이 되었고 니제르 삼각주 지역 선교에 괄목할 만한 업적을 남겼다.[17] 그의 삼자 원칙은 후에 중국 선교사인 존 네비우스(John L. Nevius)가 주장하였는 데, 이는 사도 바울의 자비량 선교의 원칙(행 18:1-15)에서 비롯된 것으로 성경적 복음 선교가 중요함을 보여 주는 실례다.

15　박신배,『구약과 선교: 하나님의 놀라운 선교』, 193-94.
16　박신배,『구약과 선교: 하나님의 놀라운 선교』, 194.
17　박신배,『구약과 선교: 하나님의 놀라운 선교』, 195.

이런 선교사들의 희생과 눈물로 아프리카는 해안 지대에서부터 내륙으로까지 복음이 전파되기 시작하고 상인들은 물러가게 되었다. 그런데 이제 다시 비즈니스 선교를 한다고 하면 아프리카에서는 상당한 사회적 기업의 가치관과 윤리관을 가지고 하지 않으면 재탕이 될 것을 우려하게 된다.

그러므로 아프리카 선교는 이제 느헤미야 선지자와 같이 국가 재건과 건설의 기치를 들고 4차 산업 혁명 시대에 맞는 전문인 선교로 제대로 해야 한다고 본다.

6) 아프리카인의 과학 기술과 선교에 대한 반응[18]

19-20세기의 선교사들은 아프리카의 새로운 종교와 함께 새로운 과학 기술도 전해지고자 노력을 했다. 특히 개신교 선교사들은 윤리적 모범을 보이고자 애썼고 농경과 인쇄기술로 많은 개종자에게 깊은 인상을 심겨주었다. 이것이 자비량 전문인 선교의 모습이다. 선교사들은 때로 갖가지 질병을 치료해 달라는 요청을 받기도 했다. 의약의 효과는 선교사들에게는 단순히 마법에 대한 과학의 승리를 의미했지만 환자들에게는 기독교의 신이 우월하다는 증거로 이해되었다. 과학적 의학에 대한 아프리카의 태도는 선교사들에 비해 종교적이었다.

선교사들의 노력에 대한 아프리카인들의 반응은 대체로 종교에 대한 이해와 일상생활에서 종교가 차지하는 역할에 따라 결정되었다. 기독교는 아프리카 종교에는 없는 새로운 개념과 의식을 신상품으로 전파했다. 노예 무역이 성행했던 해안 지역의 사회들 그리고 식민지 시대에 아프리카

---

18 프랑크 웨일리 외 11인, 『종교: 지도로 본 세계종교의 역사』, 213.

전역에 생겨난 여러 도시에서는 종말론적 교리가 열광적인 반응을 불러일으켰다. 죄와 악의 개념이 새로운 형태로 제시되었고 불행에 대한 개인적 책임이 갈수록 강조되었다.

다음과 같이 평가할 수 있다.

전 세계에 6,800여 개 이상의 종교가 있는데 이 모든 종교들은 기독교와는 불연속성(discontinuity)을 가지고 있다. 무신론에서부터 시작한 종교의 개념은 애니미즘, 힌두교, 불교, 유교, 샤머니즘, 유대교, 이신론으로 이어져 왔지만 기독교 이전의 모든 종교는 그림자인 것이고 성경 외의 계시를 주장하는 모든 이단들은 기독교가 아닌 거짓 신을 숭배하는 것이다.

거짓을 강조하다 보면 거짓 종교인이 되는 것이기 때문에 우리는 성경 66권의 진리만을 주장하는 것이다. 불행을 이기기 위해서는 개인적으로 회심(悔心)의 역사를 통하여 복음을 받아들이면 되는 것이다.

7. 독립 기독교[19]

여기서 아프리카의 독립 기독교에 대해 이야기하고 넘어가고자 한다.

독립 기독교회는 19세기 말 남아프리카와 서아프리카의 나이지리아에서 최초로 설립되었으나 나이지리아의 독립 교회는 규모가 다소 작았다. 아무리 교육을 충분히 받더라도 아프리카인은 성직에 종사할 수 없다는 유럽 선교사들의 인종 차별에 좌절감을 느낀 아프리카 그리스도인들에 의해 독립 교회는 창설되었다.

---

[19] 프랑크 웨일리 외 11인, 『종교: 지도로 본 세계종교의 역사』, 214-15.

에티오피아교회는 교리, 전례, 예배에 있어 주류 선교단과 거의 차이가 없었다. 에티오피아라는 이름은 진정한 아프리카인의 그리스도 교회를 창설하고자 하는 자부심을 표현하는 역할을 했다.

그러나 20세기 초 남아프리카에서 시작된 시온교회는 아프리카 전통 종교와 많은 특징을 공유했다. 시온교회 운동에서는 종교적 치유, 현지 언어의 사용, 세례를 중시했다. 그러나 대부분의 시온교회들은 선교 활동에서 시작되었다. 이들은 모자에 다윗의 별을 달고 술과 담배를 멀리하고 있다.

예를 들어, 북부 트란스발 지방에 시온그리스도교회를 설립한 창시자는 남아프리카 공화국에서 활동했던 오순절교회 선교사들에게서 영감을 얻어서 예언 운동을 펼치며 카리스마적인 지도자들이 되었다.

탄압에도 부활하고 성공한 아프리카의 교회들은 콩고에만 수백 개가 있는 데, 규모와 성격이 매우 다양하다. 국제적인 조직에 가입한 교회가 있는가 하면 10여 명의 신자에 평신도 중심의 제자를 키우는 교회가 있는 등 아프리카 대륙의 문제점을 해결하고자 아프리카인들의 기독교의 가르침과 상징과 전례를 재구성하여 창설하였다는 공통점을 가지고 있다.[20]

다음과 같이 평가할 수 있다.

① 아프리카의 교회의 분위기는 한국의 여의도순복음교회 조용기 목사님과 공통점이 많이 있다고 생각한다.
② 토착 종교의 관습을 버리고 영적 능력의 원천을 제공해 주어야 한다.
③ 생활 전도자가 되게 하기 위해서 전문가 전문인 교육을 제공받아야 한다.

---

20 프랑크 웨일리 외 11인, 『종교: 지도로 본 세계종교의 역사』, 215.

④ 예언자들은 식민 지배에 저항하는 초기 정치 형태로 핍박을 받았던 점도 일제하의 조선교회와 비슷하다.

아프리카의 고난의 역사와 종교 혼합주의의 역사는 알지만, 그로 인해서 타협하는 종교가 되어서는 안 되고 아프리카를 변혁시키는 문화 교류하는 기독교가 되어야 한다. 다시 말해서 가정과 교회를 세우신 하나님의 문화를 증거하는 것이다. 아프리카의 기독교는 WCC적이고 오순절적이라고 하는데 이는 당연한 것이다. 복음적인 WCC, RCC를 언급한 한스 큉의 말처럼 실천 내용이 복음적인 것이 중요하다. 아니 복음이 중요하다.

앞으로의 2030 초일류 아프리카 연합국을 실현하기 위해서는 디지털 노마드인 아프리카인의 특성에 맞는 자비량 선교를 하는 신앙인을 양육해야 한다. 필자는 이를 전문인 선교라고 한다.

그러므로 아프리카 전도의 현실 문제는 지금이라도 실천만 하면 된다. 회개 아프리카의 선교 혁명은 구속사의 혁명에 기초한 복음 혁명으로만 가능하며 이는 이슬람과의 전쟁을 포함한 RCC의 폐해, 그리고 WCC의 영향 등 성육신의 원리와 비판적 상황화에 기초한 움직이는 그리스도의 몸으로서의 MAN(Marketplace As Natural Church place) 교회가 해야 될 가장 큰 영적 전쟁의 싸움터인 것을 인식해야 한다.

이에 다섯 가지로 처방전을 제시하고자 한다.

① 극심한 빈곤의 문제는 영이 잘되면 극복할 수 있다. 영이 잘되면 범사가 잘되고 강건하리라는 요한삼서 2절의 말씀대로 우선순위를 변혁시켜 주어야 한다.
② 종족주의 폐단은 중재자를 통해서 글로벌주의와 조화를 이루어야 한

다. 종족주의, 즉 민족주의는 약소국의 최후의 보루인 것은 사실이지만 동시에 글로벌주의에 대한 무조건적인 반대보다는 2030 미래 목표를 성취하기 위한 자기의 것으로 소화시키는 "Africa First!"의 입장에서 글로벌주의를 이해한 "Glocal주의"로 나가면 된다.

③ 불안전한 정치는 하나님의 나라 정치를 실현해야 한다. 정치는 하나님의 정치이기에 교회가 정치에 개입하여 일단은 NGO, NPO 등 시민 단체를 형성하여 그 일을 관여해야 한다. 물론 위정자들을 위해서 공의의 하나님을 두려워하고 하나님이 친히 심판하시도록 기도해야 한다.

④ 빈번한 혁명 운동은 육적 혁명 너머의 영적 혁명을 먼저 해야 한다. 중국의 문화 혁명이 망한 것도 혁명의 전 단계에 변혁되지 않은 상태에서 홍위병에 의한 혁명이기 때문이다. 질적으로 변화된 새 사람이 되는, 본 어게인(born again) 혁명이 이루어진 후에야 저들이 원하는 제4차 산업 혁명 시대의 경제적 부흥은 이루어질 것이다.

⑤ 풍속과 속어는 문화 교류를 통하여 신자의 비세속성의 원리로 AIDS를 극복해야 한다. 문화 교류의 개념은 축복의 통로의 개념이기에 동서 문화의 교류를 이제는 한국-케냐 문화의 교류에서 시작하여 서로가 승-승 파트너가 되는 모델을 구축하고 가나-르완다-케냐로 이어지는 영적인 분수령을 잘 지켜서 나도 선교사로 모두가 선교사가 될 수 있다는 자세로 담대한 선교를 아프리카인들이 세계로 나가서 선교할 수 있도록 해 주어야 한다. 이를 위해서 국내에 들어와 있는 아프리카 외국인들과도 네트워킹되어야 한다.

몇몇 기독교 교회가 사회 정의, 민주주의, 그리고 부패에 대한 비난을 주장하였고, 남아프리카 공화국의 교회들은 반인종 차별주의의 활동에 적극적이며, 르완다와 부룬디, 콩고 민주 공화국에서 교회 지도력들은 정치적 개혁을 지지하고 여성과 인권 단체들을 후원했으며, 몇몇 복음주의 선교사들은 아프리카의 AIDS, 성매매, 노예제, 그리고 가난과 맞서는 운동에 참여하고 있다.

대한민국에도 동성애 법으로 혼란이 가중되고 있는 상황이지만 오히려 아프리카는 미국 복음주의 반동성애 정책에 감명을 받은 아프리카 복음주의 그리스도인들은 동성애를 불법화하려는 노력을 하고 있으며 특히 우간다는 동성애를 사형에 처하고 동성애를 신고하게 되어 있고 안 하면 죄가 되는 것이다.[21]

이를 위해서 우리는 어떻게 전문인 선교를 통해서 동반자 선교를 실시할 수 있을까?

그동안의 교육, 의료, 지도자 양성을 복층식 아파트와 같이 융섭하여 실시하는 거점 선교를 실시해야 한다.

1960년대에는 아프리카의 해라고 할 만큼 많은 국가가 식민지에서 독립하였으나 1970년대에 범 아프리카주의를 주도하던 가나의 엔크루마 대통령이 실각하자 아프리카는 종족 간의 갈등이 심화되었다. 이제는 외부의 적이 아니라 내전이 시작이 된 것이다. 이로 인해서 부족 간의 갈등으로 인한 노예 제도가 음성적으로 이루어지게 되는 통탄할 일들이 지속되었다.[22]

원래 노예 거래는 1811년부터 영국에서 금지시켰는데 이는 인도주의의 입장에서보다는 실리적 입장에서 행해진 것이다. 그 후 1914년에는 독일

---

[21] 에이프릴 고든, 『현대아프리카의 이해』, 418.
[22] 강문석, 『아프리카 선교론』, 208.

에서의 노예 제도를 불법화하였는데, 이는 영국의 정치적 압력에 의한 것이었으며 스페인과 포르투갈은 노예 제도를 불법화하였는데, 이는 인신매매에서의 이익보다는 상거래에서의 이득이 더 높았기 때문이었다.

그래서 아프리카에서 계속 노예 제도가 시행되자 영국 정부는 중단을 요구하였던 것이다. 이 조치는 1865년 미국에서의 남북 전쟁에서 북군의 승리로 끝나고 쿠바 및 브라질 양국에서도 파급되어 제도가 폐지되었다.[23]

우리가 미국 제국주의의 앞잡이로 세계 선교를 하고 아프리카 선교를 하는 것이 아니라 하나님의 나라 차원에서 세계 전문인 선교를 하려면 아프리카 선교를 통하여 먼저 하나님의 나라를 체험하고 그 열매를 가지고 중국 선교와 북한 선교로 나아가는 것이 우선순위라고 본다.

그 방법으로 원자력을 통한 이슬람선교의 방법으로 아랍에미리트에 원자력 발전소를 세우고 한국의 핵융합 기술이 이제는 초전도 기술을 보유한 새로운 국면에 들어가고 2050년에 상용화가 된다는 것을 KSTAR 실험 10주년에서 밝히고 있다[24].

8. 10계명 아프리카 버전

이러한 측면에서 구약의 율법인 10계명을 아프리카 버전으로 분석하고자 한다. 이제는 축복의 통로로 나누어 주는 선교가 중요하다. 우리가 그동안 중국 선교와 북한 선교만이 선교라고 이야기하고 있었다면 하나님이

---

[23] 강문석,『아프리카 선교론』, 210.
[24] 「서울경제」, 2019.2.22, 35면.

기회의 땅으로 열어 주신 아프리카를 복음화(evangelization)하는 것을 통하여 복음이 전파(evangelism)되는 신약 시대 이후의 성령 시대인 오늘날, 예수의 생명의 성령의 법인 은혜의 법을 증거해야 한다.

1) 너는 나 외에는 다른 신들을 네게 있게 말지니라

라이즈업 코리아 운동을 공유(Sharing)하는 것이 중요하다. 나는 라이즈업 코리아의 설립자로서 이제는 우버 택시처럼 이 운동을 전 세계에 나누는 것이 소중하여 케냐에 KAIST를 설립하고자 하여 기공식을 올리고 왔다. 나누지 않으며 세속주의에 물든 자들의 부족함으로 하나님의 영광을 가리게 된다.

2) 너를 위하여 새긴 우상을 만들지 말고

라이즈업 네이션스는 라이즈업 케냐에서 시작이 된다. 케냐를 그냥 아프리카의 한 나라로 보면 안 된다. 아프리카를 향하신 하나님의 눈동자와 같은 나라다. 이 나라가 턴키가 되어서 아프리카 전역에 영적인 불이 들어올 수가 있다.

3) 너는 너희 하나님 여호와의 이름을 망령되이 일컫지 말라

산업 패권이 저물고 "관용과 화합"이 변혁 운동이다. 선친이 가르치셨던 관용과 화합이 세상의 불치의 문제를 해결할 수 있다. 모두가 관용을 베풀어 달라고만 하고 가진 자는 관용을 베풀면 자신들은 관용차에 치어 죽을 것이라고 염려하고 하나님의 자비인 관용을 베풀지 않는다.

4) 안식일을 기억하여 거룩히 지키라

소유의 창고가 무너지고 축복의 통로가 되어야 한다.

물질의 축복을 주시는 것은 축복의 통로가 되라는 것이다. 그런데 물질주의가 마음을 지배하면 소유의 창고가 되고 영적인 암인 영암(靈癌)이 되어서 자신도 죽고 이웃을 병들게 한다. 율법하에서 성공만 알지 은혜 아래서의 진정한 의미의 성공에 대해서 알지 못하기 때문이다.

5) 네 부모를 공경하라

흑암의 땅 아프리카가 KAIST의 국가 변혁 운동에 의해서 하나님이 기뻐하시는 "그럼에도 불구하고 축복의 통로"가 될 수 있다. "수신-제가-치국-평천하"의 말처럼 "수신제가"가 되는 것이 인성이라면 "치국"과 "품성평천하"는 영성이다. 인성은 가면의 생을 가능케 하고 품성은 신의 성품을 닮는 것이 영성은 신과 같이 되는 것이다.

6) 살인하지 말지니라

아프리카는 영적으로 하박국서의 고향이다(합 3:17). 가난한 자, 병든 자, 고아와 과부의 굶주림에 대해서 모른 척하는 나쁜 사마리아인 되어서는 안 된다. 선한 사마리아인 되시는 예수를 본받아야 한다.

7) 간음하지 말지니라

전문인은 SMART 전문인이다. "Sanctification, Media, Available, Repentance, Toward God," 즉 성화되고 성령의 능력으로 회심이 가능하여 지고 천국을 향하는 순례자다.

8) 도적질하지 말지니라

교회는 MAN/WOMAN(Marketplace As Natural Church place/World O40 Marketplace As Natural Church place)이다. 사업 터와 일터가 생활 가운데 전도를 할 수 있는 자연적인 교회다. 남자와 여자는 세계 가운데 O2O(Online to Offline)로 교육하고 O4O(Online for Offline)로 사업을 해야 한다.

9) 네 이웃에 대하여 거짓 증거하지 말지니라

기독교 세계관은 4C에서 5C(Christian)로 나가야 국가 변혁이 이루어진다. 창조(Creation)-타락(Corruption)-재창조(New Creation)-완성(Completion)의 과정에 새 피조물의 역할이 중요하다.

10) 네 이웃의 집을 탐내지 말지니라

방선기 목사가 말하기를 옆집 아파트의 여자를 조심하라고 하던 기억이 난다. 그리스도인 순례자는 성화될 때 비즈니스에서 성공한다.

세속주의 성공(돈, 권력, 섹스)과 그리스도인의 성공(구원, 성화, 봉사)은 다르다.

성화되는 과정에서 주님을 더욱 사랑하여 헌신이 이루어지고 고난을 통하여 십자가의 부활의 주님을 만나게 된다.

9. 아프리카 선교와 기도

그러므로 아프리카 케냐에서 선교하기 위해서는 유대교를 생각하게 하는 구약의 십계명 대신에 아프리카의 곱틱 기독교와 같이 예수님이 인간이 아니라 곧 하나님이시라고 믿는 신앙을 선교의 접촉점으로 하여 이들의 주장이 일신론을 주장하는 무슬림들과의 교집합 그 이상의 전도의 도구로 생각하고 곱틱 그리스도인들도 율법에 매이지 말고 주기도를 실천하는 신약의 은혜의 강가로 나올 수 있도록 해야 한다.

저들을 연결 고리로 예수 하나님을 생각하게 하는 신약의 주기도는 전문인 선교하는 제자들이 드려야 하는 기도다. 그때 성령 하나님이 역사하신다.

첫째, "기도"는 단지 우리 입에 머무르는 것이 아니고 삶 속에서 구체적인 실천으로 나타나야 한다.

둘째, 『QA 성경』을 통해 기도한 사람은 일터로 나가 최선을 다해 땀 흘리며 일하게 된다. 이것이 MAN/WOMAN 교회 전략이다.

셋째, 용서를 위해 기도한 사람은 내가 용서할 자를 찾아가서 용서의 삶을 구체적으로 관용화해로 실천해야 한다. 이것이 미움이라는 견고한 사탄의 진지를 파괴하는 작업이다. 이들은 쓴 뿌리(신 29:18-19)에 영향을 받는 사람들은 정서적으로 불안하여 안절부절 못하고 스스로를 한없이 비하하며 위축되어 있는 사람이며 특정한 대상에 중독되어 헤어 나오지 못하는 사람이며 주일 예배 때 집중하지 못하고 딴생각을 하는 사람으로 볼 수 있다.[25]

견고한 진이란 서양 제국주의에 당한 거짓말, 화냄, 분노, 원망, 시기, 질투, 갈등, 원망, 교만, 참소, 자책감, 옹고집, 음란, 불순종, 자랑, 나쁜 습관, 탐심, 자기 합리화, 자기 멸시, 우울증 등 사탄이 가시덤불과 같은 아프리카인의 마음에 뿌린 부패다. 이 쓴뿌리의 전략은 왜곡, 수치심, 두려움, 상실감, 그리고, 결핍과 집착의 악순환으로 다 망가진 자동차처럼 상대방에게 냉담한 근본주의자가 되는 것이다.

이제 아프리카인은 유럽인에 대한 복수가 문제가 아니라 아프리카 연합을 만들어서 유럽 연합을 이기면 되는 것이다. 직접 보복하는 것이 아니라 차도살인(借刀殺人)으로 성령의 검으로 유럽을 변화시켜서 백 투 유럽(Back to Europe)을 남미로 이민을 간 유럽인들의 후예와 미국인들과 함께 한류의 흐름을 따라 역사하면 최후의 승자가 될 수 있다.

이를 위해서 6가지 마귀를 대적하는 영적 전쟁의 전략이 있다.

① 아프리카인을 괴롭히는 아프리카인 속에 있는 쓴 뿌리의 실체가 유럽 제국주의로 인한 식민 시대에서 시작된 것임을 알고 그것이 현대 아프리카 사회에 오염되지 않도록 해야 한다.
② 아프리카인들은 영적 부흥 운동을 통하여 하나님의 능력의 말씀에 온전히 순종하고 복종해야 하며 유럽의 바이킹족, 게르만족 등에 대한 열등의식도 버리고 온전히 강력한 레마의 말씀에 순종을 해

---

[25] 임삼식, 『쓴뿌리』 (서울: 예수전도단, 2018), 95.

야 한다.

③ 예수님의 보혈의 능력으로 분노와 원한을 만든 노예 제도의 장본인들과 판매자들을 예수님의 이름으로 진정으로 용서해야 함에도 불구하고 축복의 통로가 되는 진정한 예수 제자가 된다.

④ 아프리카 전역에 진리의 말씀을 선포하고 이 말씀이 흘러넘쳐서 세속주의 이슬람에 물든 모로코를 거쳐 프랑스로 그리고 유럽의 전역으로 퍼지게 해야 한다.

⑤ 성령의 도우심으로 기도하고 유럽이 망하는 것이 아니라 가슴에 할례 받고 새 사람이 되도록 하나님께 맡기고 순종해야 동유럽부터 먼저 성령의 열매를 거두게 된다.

⑥ 6R의 원리(회개, 부흥, 개혁, 화해, 구조 조정, 빚의 탕감)대로 먼저 회개함을 통하여 아프리카와 유럽의 공산주의 무신론의 배후인 사탄의 견고한 진을 파할 수 있다.[26]

넷째, 기도의 말만 하고 기도에 어울리는 삶이 없다면 그 사람의 기도는 울리는 소리나는 구리와 울리는 꽹과리가 되고 마는 것으로 의미를 상실하게 될 것이다.

다섯째, 주기도의 결론은 무엇보다 우리에게 전문인 선교적인 삶을 어둠의 땅 아프리카에 빛과 에너지로 실천해야 할 것을 요구하고 있다.

여섯째, "나라와 권세와 영광이 아버지께 영원히 있사옵나이다"라고 기도할 때 우리는 하나님의 전문인을 통한 아프리카 54개국 나라의 선교의

---

26 라이즈업 코리아운동본부 품성 교육원편, 『예수님의 품성닮기 21』 (서울: 범아출판인쇄사, 2016), 100-1

비전을 본다.

일곱째, 나라와 권세와 영광이 아버지께 영원히 있음을 알고 있는 우리는 이 사실을 온 세상에 선포하여 온 세상이 하나님의 영광의 빛을 알도록 해야 한다.

여덟째, 열방의 백성들이 하나님을 경배하고 높일 수 있도록 우리는 지역 사회와 세상을 향하여 나가 하나님의 창조의 하나님과 종말의 하나님 되심을 전해야 할 것이다.

아홉째, 우리는 하나님의 나라가 임하는 것을 사모하기 때문에 선교 현장에서 하나님이 하시는 일들이 나타나도록 하나님이 기뻐하시는 일들인 생활 전도자의 삶을 전문가, 전문인으로 실천해야 한다.

열째, 세계를 품은 주기도를 드릴 때마다 열방을 향하신 하나님의 마음과 비전을 보면서 사명이 새롭게 되는 것이다.

그러므로 주기도는 사실상 전문인 선교하는 예수 제자들의 기도이기에 마지막에 예수님의 이름으로 기도한다. 그리고 "아멘"이라고 해야 한다.

제8장

아프리카 선교신학의 평가

데스몬드 투투 주교는 다음과 같이 말했다.

> 나는 아프리카 신학이 충분한 활력소를 공급하는 데 실패하는 것을 두려워한다. 실로 아프리카 신학은 대체로 아프리카 영혼과 분리된 상태로 제기되어 수행되었지만, 실제로 아프리카인들을 괴롭히는 현시대의 문제들에 직면하여 깊은 의미하는 데 실패했다.[1]

아프리카 신학은 정신없이 바쁜 비즈니스와 분리된 삶을 보여 주는 것처럼 보인다. 왜냐하면, 만연한 쿠데타와 군부 통치에 직면하여 능력의 신학, 개발 및 빈곤과 질병에 관해 그리고 다른 긴박한 현안들과 연관된 적절한 이슈들을 거의 제시하지 않았기 때문이다.

최근 2016-2018년에 「미국 성서신학 잡지」(*The American Journal of Biblical Theology*)에서 다룬 300편의 소논문을 보면 아프리카의 신학의 실루엣을 볼 수가 있다. 몇 편의 주제들을 보며 평가하고자 한다. 가톨릭, 정교회, 에큐

---

1 라이즈업 코리아운동본부 품성 교육원편, 『예수님의 품성닮기 21』, 804.

메니컬 개신교, 복음주의, 오순절주의, 전문인주의, 로잔주의, 전문인주의의 입장에서 행한 아프리카 선교의 평가는 다음과 같다.

1. 가톨릭

① 회심엔 겸손이 필요하기 때문에 야성미가 아닌 겸손해야 한다.
② 회심은 자기비하의 교리(케노시스)로 점진적이고 체계적인 삶을 준비시킨다.
③ 자기비하를 통한 선교가 실천적 선교다.
④ 창조 세계와 인간을 위한 정의와 평화와 일치를 위한 노력이 필요하다.
⑤ 하나님의 통치는 하나님의 선교를 미리 맛보는 것이다.[2]

다음과 같이 평가할 수 있다.
유럽 제국주의의 피해자인 아프리카인에게 순종을 강요하는 것은 율법이지 복음이 아니다. 먼저 가톨릭이 변한 후에 아프리카인에게 변화를 요구할 수 있다. 용서와 화해가 이루어지고 있는 것이다.

---

2 케네스 R. 로스외 편, 『에큐메니칼 선교학』, 한국에큐메니컬학회 역 (서울: 대한기독교서회, 2018), 61-18.

2. 정교회

정교회 교인은 이 지구의 현대 위기에 대해 신앙의 백성이든 아니든 다른 백성과 함께 책임을 나눈다. 정교회 교인은 극단적인 인간의 선택에 대해 관용해 왔고 무차별적으로 타협하면서 신앙의 언어로 이 선택들에 언급하지 않았기 때문이다. 정교회 교인도 세계의 분열을 극복하도록 헌신해야 할 의무가 있다.[3]

다음과 같이 평가할 수 있다.

그리스 정교회와 러시아 정교회는 라틴계 십자군 계열이 아니기 때문에 아프리카인들은 덜 혐오하는 대상이나 예전 중심의 예배로는 아프리카를 변혁시킬 주체는 못된다고 본다.

3. 에큐메니컬 개신교

1910년 에든버러에서 시작된 에큐메니컬 운동의 산물이다. 개신교 에큐메니컬 선교의 플랫폼은 새로운 선교적 열정의 근원이 되었다. 아프리카 등 남반부에서 기독교 부흥이 약진을 하고 있다. 성령께서 변화하는 선교 지형들 안에서 진실로 사역하시는 것을 우리가 믿을 때 그 성령의 전반적인 어조와 내용은 우리의 선교 경험과 잘 어우러진다.

다음과 같이 평가할 수 있다.

쉽지 않으나 성육신의 원리와 비판적 상황화가 잘 지켜지는 에큐메니컬

---

3   케네스 R. 로스외 편, 『에큐메니칼 선교학』, 629-30.

개신교가 되어야 한다.

4. 복음주의

1910년 에든버러에서 에큐메니컬 개신교와 맥을 같이 출발하였다. 2010년에도 에든버러 100주년을 기념하며 다음과 같은 것을 강조하였다.

① 삼위일체론적 확신과 성령론적 강조.
② 근본주의자를 넘어서는 영성의 의미를 넓히기.
③ 선교와 종교의 자유 중시.[4]

다음과 같이 평가할 수 있다.
행태론적 근본주의와 자유주의 사이의 균형 잡힌 복음주의를 향후에도 교파 분열에 매이지 말고 지혜롭게 견지해야 한다.

5. 오순절주의

현대의 세계 오순절주의는 윌리엄 시모어와 1901년 아주사 거리에서 있었던 성령의 역사에서 찾는다. 성령 충만과 재충만에 대한 이견도 있다.

---

[4] 케네스 R. 로스외 편, 『에큐메니칼 선교학』, 660.

성경을 전체적으로 보는 말씀 충만이 성령 충만임을 배워야 한다.[5]

다음과 같이 평가할 수 있다.

아프리카의 순복음 교인들에게 토속적인 민속춤과 샤머니즘과 함께 적합한 물결이다. 그러나 우리나라도 경험을 했지만 종교 혼합주의와 세속주의에서 벗어나지 못하게 하는 축복과 건강의 신학을 넘어서는 헌신과 제자도의 영성이 부족하다.

6. 로잔주의: 케이프타운 선언

온 교회가 온 세상에 온 복음을 전해야 한다는 로잔의 정신을 기억한다. 그리스도는 유대인과 이방인으로 분열된 것을 십자가를 통해 평화를 이루시고 화해를 하게 하셨다. 그리스도 안에서 모든 피조물을 하나 되게 하시려는 하나님의 계획 속에서 하나님의 새로운 인류 안에서 이루어지는 종족 간의 화해는 하나의 모델이다.[6]

다음과 같이 평가할 수 있다.

겸손성, 진실성, 그리고 검약성에 기초한 로잔의 신학은 WEA와 WCC를 아우르는 역할을 해야 한다.

---

5 케네스 R. 로스외 편, 『에큐메니칼 선교학』, 681.
6 케네스 R. 로스외 편, 『에큐메니칼 선교학』, 692-96.

7. 선교와 에큐메니즘 너머의 프로페셔널리즘의 전문인 선교

① 새 술을 새 부대에 붓는 전문인에 의한 선교가 대세가 되어야 한다.
② MAN(Marketplace As Natural Church place) 운동에 의하여 그리스도의 몸인 장터 교회를 시도해야 한다.
③ 문화 변혁자로서의 아프리카 문화의 건전성이 확보되면 성경 외의 계시를 주장하며 가장 많은 신도 수를 자랑하는 이슬람 문화를 정지시키는 역할을 할 수 있다.
④ 미국 제국주의의 값싼 복음이 아니라 한강의 기적을 일군 초일류 대한민국의 고통을 극복한 DNA가 있는 하나님의 나라 차원의 교회 운동을 해야 한다.

21세기에 새로운 우주적 종교가 창설되어야 한다는 것은 인본주의적인 삽질이요, 21세기에 전문인 선교가 실현된다고 하는 것이 문화 교류 변혁에 의한 선교 혁명이다.

특별히 과학적 신학의 발전으로 오늘날의 자본주의의 발전에 공헌을 크게 하지 못했기에 후기 현대 사회의 아프리카 선교에서는 4차 산업 혁명을 이루어야 한다고 본다.

선교 혁명의 시대에 전문인 선교는 다음과 같이 수행되어야 하나님을 위한 하나님의 행동의 선교가 된다.

① 나도 선교사로 변혁이 시작된 4차 산업 혁명 시대에 동반자 선교를 해야 한다.
② 4차 산업 혁명과 전문인주의에 부합되는 win-win partner가 되어

야 한다.
③ 대각성 운동과 한류 복음주의 네트워크 형성 라이즈업 네이션스로 나가야 한다.
④ 정교 분리 사회에서 하나님의 품성으로 전문인이 통치하는 사회로 나가야 한다.
⑤ 내면에 지배하고 있는 나를 종교화하는 노예 제도를 폐지하고, 생활 가운데 전도자가 되는 BAM 선교를 실천해야 한다.
⑥ 아프리카 선교를 위해서는 특히 프랑스 제국주의 혁명에 대한 비판과 탈기독교 사회로 가는 것을 비판해야 한다.
⑦ 21세기 전문인 신학과 그리스도의 몸으로서의 교회를 날마다 실천해야 한다.
⑧ 세속화를 넘어선 성령화 시대에 선교하며 아프리카 춤을 추며 동화되어야 한다.
⑨ 여성, 청소년, 직장인, 사업가가 차세대 전문인의 참 주인이 되어야 한다.
⑩ 전문인 선교와 전문인의 팽창을 한류로 실천해야 한다.
⑪ 하나님을 위한 선교, 문화 교류 선교, 그리고, 제국이 아닌 하나님의 나라, 즉 복음 전도가 되어야 한다.

8. 아프리카 선교 신학의 2030 전망

흑진주 세속주의를 기독교 세계관으로 극복해서 이루어질 것이다. 현실에서 가상 현실로 내려가는 것이 아프리카 세속주의라면 현실에서 증강 현실로 올라가는 것이 글로벌 전문인주의다.

유럽의 제국주의에 대항하는 Africa 해방신학이 아니라 하나님의 나라 차원에서의 Global 전문인 직장/비즈니스 신학이다.

카메룬의 장 마크 엘라는 다음과 같이 말했다.

> 비록 아프리카 대부분 지역이 기독교의 영향을 깊이 받았을지라도 여전히 그 지역들의 굶주림에 의해 지배됨을 보인다는 자각이었다. 우리 기독교 신앙의 실천은 자신들에게 제공되는 다음 식사가 어디서 오는가에 대해 고심하는 아프리카인들이 제기하는 주요한 도전에 직면한다. 필요한 것은 생존을 위한 아프리카인들의 일상적인 투쟁에서 나오는 문화와 연관된 문화화(inculturation)다.[7]

따라서 생존 충격은 농업 혁명으로 해결하기보다는 과학적 영농 혁명이 필요하고 더 나아가서 4차 산업 혁명 시대에 바로 진입할 수 있는 스마트 교육 도시를 신설하는 것이 중요하다.

9. 아프리카 토착화 신학의 현주소

엘라(Ela)는 『아프리카인으로서 나의 신앙』(*My Faith as an African*)이란 책에서 4가지를 지적하고 있다.

---

[7] 케네스 R. 로스외 편, 『에큐메니칼 선교학』, 809.

① 편협한 도덕주의-율법주의.
② 의례적 성례전주의-율법주의.
③ 구현되지 않은 Shaman의 영성 혼합주의.
④ 메마른 유럽 교조주의적 교회-율법주의.[8]

유럽의 식민주의에 바탕을 둔 율법주의적인 종교가 백성을 해방한 것이 아니라 백성을 가난의 굴레에서 빠져나오지 못하게 하기에 인민들은 자연스럽게 되지도 않는 토속 종교의 신비주의에 빠져들어 마귀의 영을 받고 작은 기적을 체험하는 것으로 신앙생활을 하는 영성 혼합주의는 한국의 샤머니즘 신앙과 진배없다. 우리는 율법주의가 아닌 예수 복음과 바울 선교를 증거하고 실천하는 것으로 목표를 삼아야 한다.

10. 아프리카에 와서 교육 선교를 하겠다는 한국의 복음주의는 어떤 비판을 받고 있는가?[9]

한국 복음주의 문제점은 진보 진영의 평신도들이 이렇게 지적하고 있다.

① 역사의식, 사회의식이 없거나 매우 약하다.
② 친미주의적 성향의 사회의식이 매우 강하다.

---

8   케네스 R. 로스외 편, 『에큐메니칼 선교학』, 810.
9   길희성, 『종교에서 영성으로』 (서울: 북스코프, 2018), 141-43.

③ 성서 문자주의 신앙 내지 근본주의 신앙이다.
④ 기복 신앙이 문제다.
⑤ 겸손하고 가난을 감내하는 신앙이 아니다.
⑥ 타종교에 대한 배타성이다.

역사의식이나 사회의식이 약하니 제국주의적 사고로 일하지 않을 것이니 좋고 친미주의적인 경향을 가지고 있으니 아프리카인들이 친미 경향을 덜 가져서 좋고, 성경 그대로만 정확하게 가르쳐 준다니 좋고, 기복 신앙은 일단 아프리카가 중진국이 될 때까지는 촉매제로 같이 가야 할 듯하고 그 대신 축복(blessing)의 개념이 "피를 흘리다"(bleed)에서 왔으니 종족 간의 종족 학살(genocide)를 그만해도 좋겠고, 타종교에 대한 배타성을 가진 것은 온전한 천국으로 인도하기 위함이니 좋은 것이다.

필자는 이것이 단점인 동시에 역설적으로 성령 안에서 축복의 통로로 자세를 바꾸면 장점이라고 본다. 왜냐하면, 비판하는 진보주의 평신도들은 성령의 인도하심을 모르고 비판하고 있기 때문이다. 그러나 역사의식이나 사회의식이 없는 것과 기복 신앙은 고쳐야 한다. 그렇지 않으면 목사 알파고가 예배를 집전하게 되는 시기가 곧 온다.

11. 그러므로 2030 아프리카 상황화 선교 신학은 이 길을 가야 한다

① 유럽 제국주의에 기초한 개신교 신학을 넘어서야 한다.
② 독일의 마틴 루터나 스위스의 칼빈이나 영국의 존 웨슬리의 신학이

중요한 것이 아니라 한국의 전문인의 신학을 아프리카 성경 신학으로 상황화해야 한다.

③ 아프리카 문화화는 비판적 상황화에 의한 문화 변혁으로 나가야 한다(롬 12:1-2). 영적 부흥을 통해 하나님에 의해 한류 열풍과 같이 아프리카 열풍을 일으키면 된다.

④ BAM(Business As Mission)을 주장하는 CBMC의 비즈니스 선교를 넘어선 MAN(Marketplace As Natural Church place)을 통한 비즈니스 전문인 선교학이 해법이다.

⑤ "예수 품성 세미나 21"을 발전시켜서 "바울 품성 세미나21"로 상관성을 가지고 자비량 전문인 선교를 하는 그리스도의 몸으로서 RUN 교회론을 정립해야 한다.

⑥ 케냐 KAIST를 중심으로 에듀 "Africa"를 실천하여 아프리카 전역이 AU 연합국(Africa Union)으로 먼저 하나가 되어야 한다.

진정한 의미에서의 신학교가 세워져야 한다. 제3세계에 있는 하나님의 백성들이 미국 수준의 교육 이상을 받도록 해야 한다. 미국의 10대 신학교를 기본으로 해서 아프리카 전문인 신학교가 세워져야 한다.[10] 이 일을 위해서 GPIU(지구촌전문인문화교류대학교)가 설립되도록 준비한다.

이를 위해서 국내와 해외에서 한류를 통한 관용과 화합의 정신으로 온

---

[10] ① 지구촌에 하나님을 아는 지식이 충만하게 되는 것이 목표이다.
② 전문인에게 실체적인 플랫폼의 기능을 제공한다.
③ 지구촌의 전문인들에 대한 신학과 자비량 사역과 직업 훈련을 하는 기능을 토대로 출발을 한다.
④ 지구촌의 전문인들을 위한 문화 교류와 교육 사업과 협력 사업을 실천한다.

가족이 참여하는 해비타트와 온 인류가 참여하는 라이즈업 네이션스 사역과 자비량으로 연합하여 온 리더가 참여하는 인권 및 품성 교육 사역을 단계별 최고위 전문인 과정으로 실천한다.

이 모임을 통하여 설립자와 참여자가 지구촌의 봉사를 기초로 노벨 평화상 수상자가 나오는 국제적인 단체가 되기를 목표로 한다.

12. 아프리카 예수 품성, 바울신학

아프리카는 많은 인구가 있고 무한한 자원이 있고 순수한 민심이 있기 때문에 복음 선교의 가능성은 매우 희망적이며 한국과 가장 가까운 이웃이 되어 마지막 시대, 마지막 주자로 동반자 경제 성장과 영적 성장을 경험할 수가 있다.[11] 이 일을 위해서 품성의 변혁이 한국-케냐 양국에 가장 중요한 이슈일 것이다.

① 아프리카인에게 필요한 것은 자존감 회복이다. 아프리카인들도 대한민국인들처럼 강소국으로 자존감을 가져야 한다.
② 아프리카인에게 필요한 것은 자급자족의 경제다. 아프리카인들은 사도 바울의 자치 자립 자전의 정신을 가지고 믿음의 법, 그리스도의 법, 생명의 성령의 법을 삼위일체의 법으로 가지고 하나님을 의지하는 기도의 용사가 되어야 한다.
③ 아프리카인에게 원하는 것은 자유민주주의 시장 경제다. 대한민국이

---

[11] 강문석, 『아프리카 선교론』, 310-12.

자유민주주의 시장 경제를 통해서 아프리카식의 경제 대국이 된 것처럼 자유주의 시장 경제 체제를 구축해야 한다.
④ 아프리카인에게 원하는 것은 우리도 한국처럼 잘 살 수 있다는 것이다. 대한민국이 중국이나 일본이 아니기에 아프리카는 한국을 이겨 볼 수 있다는 희망을 가지기 때문에 중간 목표가 될 수 있고 어깨동무로 과학 동반 선교를 할 수 있는 최적의 교집합이다.
⑤ 아프리카인에게 필요한 것은 예수 품성 바울신학이다.

결국 열국을 다스리는 것은 하나님의 주권이기에 하나님 아버지의 뜻을 준행하러 오신 예수 그리스도의 충성과 효도가 체내화 되어야 하나님이 역사하시고 구약의 채색 옷을 입은 요셉과 같이 비록 노예 옷을 입고 국무총리의 옷을 입고 마지막에는 세마포를 입고 애굽에서 나올 때까지 하나님은 출애굽으로 축복을 하신다. 이것이 그리스도의 몸으로서의 교회는 세상과 분리되어 나온 무리들이라는 정의와 부합한다.

제9장

과학적 기업, 아프리카 선교 전략

1. 서론: 문제 제기

아프리카의 각국이 독립하고 두 세대가 지났다. 이제는 탈식민지화와 개발 원조에 대한 더욱 냉철하고 차분한 평가가 가능해진다. 또한, 아프리카와 유럽의 과거 자신과 현재 상태를 정리해 봄으로써 공존의 조건을 생각해 보고, 두 대륙을 위협하는 문제들을 해결하는 방법을 모색할 수 있을 것이다.

피터 드러커의 말과 같이 한 눈은 2개월 뒤를 한 눈은 2년 뒤를 내다보는 통찰력이 진정한 의미에서 비전이라고 볼 수 있다.

1) 부정적인 면: 각성이 필요한 암담한 현실

우산 21세기 초, 아프리카, 특히 사하라 이남의 국가들은 저개발을 극복하는 데 실패한다. 오히려 저개발 상태가 악화되었다. 물론 몇 가지 성과가 있었지만 혹독한 세계화의 바람에 언제 무너질지 알 수 없는 성과들이다.

사실상 아프리카의 대부분 지역에서 정치, 경제, 사회 상황이 악화되었다. 경제적 실패(불평등 심화, 투자 감소, 자본 유출), 정치적 실패(종교적 민족적 불관용 고조, 사적인 결탁에 좌지우지되는 정치, 부정부패, 내전, 국경 분쟁, 암거래)에다 비극적 결과를 몰고 온 인도주의 차원의 실패(여성의 지위 하락, 인구 급증, 무분별한 도시화, 대규모 난민 발생, 인권 침해, 공중 보건과 환경의 위기)가 더해졌다.

유럽의 정치적 가치(자유주의적 민주주의, 인권)는 식민지가 유럽 열강의 지배 질서에 저항하던 시절, 소수 민족들에게 오남용되면서 타락한다. 마지막으로 유럽식 경제 모델은 식민지에서 외세의 압력, 강한 지역 문화, 토착 인재 부족, 해외 망명이 잦은 엘리트층(민족주의자 포함)으로 말미암아 온전하게 재현되지 못한다.

몇 가지 괄목할 만한 성과가 있기는 했지만 전체적으로 탈식민지 역사의 성적표는 초라하다.

2) 긍정적인 면: 개발을 주도할 수 있는 강점들

우리의 편견과는 달리 아프리카는 현재의 난관을 극복할 수 있는 강점이 대단히 많다.

① 문화적 강점: 아프리카인들은 다양한 외국어와 세계에 대한 폭넓은 지식을 습득했다.
② 경제적 강점: 천연 자원이 풍부하고 몇몇 국가는 원자재 값 상승의 혜택을 톡톡히 보고 있다.
③ 재정적 강점: 해외로 나간 주민들이 자국으로 송금하는 외화 수입이

많고 국제 사회로부터 채무 유예를 받고 있다.

④ 기술적 강점: 과거보다 정보나 지식을 습득하기 수월한 환경이 되었다.

⑤ 인적 강점: 아프리카는 젊은 대륙이다. 현대적인 교육을 받은 새 엘리트층은 자기가 속한 공동체의 이익을 위해 쓰일 수 있는 능력을 갖추고 있다. 이들은 비생산적인 낡은 이념 논쟁에서 벗어나 구체적인 문제를 해결하려는 의지를 표명하고 있다. 이들은 과거에 집착하는 것을 제어하거나 무마하는 데도 성공하고 있다. 이들에게 필요한 것은 솔루션을 제공하는 것이다.

2. 제언과 21세기 전망

그렇다면 해결책은 무엇인가?

어떠한 형태로든 간에 아프리카에서 특히 부유한 나라나 신흥국에서 문화 교류적 차원의 국제 교류적인 입장에서 전문인 혁명이 일어나야 한다. 좋든 싫든 간에 비극적인 참사를 겪으며 아프리카인들은 변모했다. 신흥국의 부상과 경쟁에 타격을 입은 유럽은 자신들의 한계를 되돌아보며 자성하고 있다. 저개발에 대한 자신들의 처방이 실패작임을 인식하기 시작한 국제기구들은 금융 질서와 구조적 질서를 재정립하고 아프리카에 혜택이 돌아가도록 선진국에서 근본적인 개혁을 끌어내겠다고 약속한다.

내부에서 추진할 해결책으로는 더 강력하지만 투명한 정부, 여성 해방, 더 나은 능력 발휘, 남반구와 북반구의 균형 발전, 남-남 교역 확대 등등이 있다.

외부의 해결책으로는 부정부패, 암거래, 질병에 대한 공동 대책이 필요하다. 그리고 현지 상황에 적합한 구체적인 계획을 마련하고, 중소형 사업이나 디지털 기반구축, 재생에너지 개발을 대대적으로 지원해야 한다.[1]

이를 정리하면 다음과 같다.

한국인으로서 불행을 당하고 극복하고 또 도전하고 있는 입장에서 보면, 아프리카인들의 불행은 그 이유와 결과가 매우 복잡하다.

1) 부정적인 측면: 각성이 필요한 암담한 현실

(1) 높은 성장률이 무색한 경제적 실패

심각한 불평등과 감소하는 외국인 투자와 장대하지만 헛된 투자와 이득이 거의 없는 외국기업 유치와 아시아와의 경쟁은 결국 유지 보존상의 심각한 문제점들은 보호 무역과 대외 무역에 차질을 빚으며 경제적 실패를 초래한 것이다.

(2) 전통과 종교로 인한 정치적 실패

또한, 바둑판처럼 갈라진 종교와 종파와 부족 사회, 관습, 소민족주의와 일부 금수저들의 특권과 연고주의와 공공 지출의 부정으로 인한 내전과 국경 분쟁이 발생하고 무기 밀매 등 그 과정에서 온갖 종류의 밀매가 자행되고 있는 것이 전쟁의 한가운데의 모습이다.

---

1 장 졸리, 『지도로 보는 아프리카 역사 그리고 유럽 중동 아시아』, 이진홍 역 (서울: 시대의 창, 2016), 176.

(3) 문화적 금기의 희생자

여성의 열악한 지위에도 불구하고 인간을 낳는 기계로 폭발적 인구 성장이 이루어지며 생계를 위해서 이농과 급속한 도시화로 이어지기에 결국은 모두가 문명의 희생자가 되고만 것이다.

(4) 정치실패의 악영향

난민과 이주자가 당연히 발생하고 음식의 부족으로 기아에 허덕이니 국제적인 관점에서 볼 때 시민의 자유권 침해되고 결국 인권 침해로 이어지는 것이다.

(5) 경제실패의 악영향

전례 없는 경제적 인구 이동으로 아프리카에서 유럽으로 유럽에서 미국으로 이어지는 노예 인구 이동은 불법 거래와 부정한 돈세탁하에서 인신매매와 아동 착취 그리고 성 착취로 이어지고 있다.

(6) 무능한 행정 때문에 해결되지 않는 문제들

부패와 공금 및 국제 기금 횡령과 불안한 사회와 만성적인 불안정은 위태로운 공중 보건을 야기한다.

(7) 환경파괴

국제적인 책임을 져야 하는 것은 남의 말이고 아프리카의 책임조차도 지지 못하는 악화된 상황이 아프리카의 현주소다.

2) 과학적 기업 전문인 선교 전략이 해답이다

아프리카에 선교하기 전에 전문인 선교사들은 종교개혁을 바로 이해하고 선교를 한 것인지를 평가해야 제2의 종교개혁이라고 할 수 있는 전문인 선교를 할 수 있다.

① 종교개혁 당시 교회당은 회심자로 넘쳐났는가?
② 경건한 국왕들의 희생적인 결정으로 개혁적인 교회가 생겨났는가?
③ 개신교가 자본주의의 탄생과 과학의 발전에 큰 공헌을 했나?
④ 개인주의의 발전은 종교개혁으로 말미암은 것인가?
⑤ 종교개혁은 개신교의 일방적인 승리로 끝났는가?

필자는 위의 5가지 질문에 다 긍정적인 대답을 할 수가 없다. 종교개혁은 반동 종교개혁으로 후퇴를 했고 다양한 개혁자들의 교리적 차이로 다양한 가운데 조화를 이루지 못했으며 십자군 전쟁과 마찬가지로 실패한 과학 개혁이었다.

자기의 의를 주장하는 지도자들로 인하여 이기주의로 전락하였고 피의 숙청이 이루어지게 되었으니 가톨릭만 득을 본 이권 개혁이었지 어찌 성공이라 말할 수 있겠는가?

그래도 하버드대학교의 로버트 머튼(1910-2003)은 17세기 영국의 기술과 사회라는 논문에서 청교도들이 과학 혁명의 주체가 되었다고 했다.[2] 과학 분야는 긍정적인 평가를 내리고 있다.

---

2   로드니 스타크, 『우리는 종교개혁을 오해했다』, 손현선 역 (서울: 헤르몬, 2018), 133.

우리가 개신교 윤리라고 부르는 것은 곧 지배적 가치관의 외적 표현이자 새로운 동기부여의 독립적 원천이 되었다. 개신교 윤리는 사람들이 특정 진로로 진출하고 그 활동을 굳게 할 수 있도록 끊임없이 압박을 가했다. 개신교 윤리관의 금욕적 가치관은 과학적 탐구를 귀하게 여기고 예찬하며 신성시함으로써 저변을 창출했다.

만일 이제까지 과학자가 진리 탐구 그 자체가 과학의 상급이라고 여겼다면 이런 활동을 사심 없이 열정적으로 추구할 더 심오한 근거가 마련된 것이다. 한때 무한한 자연의 소소하고 하찮은 디테일을 파고드는 사람들의 가치를 의심했던 사회도 이젠 그 의혹을 거의 내려놓게 되었다.[3]

과학적 기업은 사회적 기업을 넘어선 전지하신 하나님을 닮은 영적인 기업이 되어야 한다.

(1) 과학적 공감(Scientific Empathy)

국가가 사회의 가난 문제에 관심을 가져야 하지만 파이가 키워지는 실물 경제와 함께 가야 한다. 중산층도 가난의 문제에 봉착해 있다. 다른 나라는 영적으로, 물질적으로 가난하지만 사회적 기업의 공감의 원리를 바로 알 때 축복의 통로가 될 수 있다.

하나님의 대사인 선교사는 물질에 불건전한 종속 관계가 되지 말고 만물의 주인 되신 주께 먼저 순종하자.

오직 성령이 너희에게 임하신다는 말이 세상 사람과 그리스도인을 구분하는 말임을 알 수 있다. 우리 가운데 전문가 전문인에 의한 것이 아니라 그런 혁신을 가능하게 하신 분은 성령 하나님이시라는 것을 공감하는 것

---

[3] 로드니 스타크, 『우리는 종교개혁을 오해했다』, 134.

이 중요하다.

(2) 과학적 혁명(Scientific Revolution)

단순히 대통령을 4-5년마다 선출하는 것이 아니라 배달 겨레의 정체성과 자존감을 가지고 신바람 나는 백성으로 바꾸려면 피와 살을 나누는 코이노니아가 살아나는 사회적 기업을 통한 선교 방법이 새로운 선교의 실천임을 천명하고자 한다.

새 혁신은 변혁이다. 그리고 혁명이다. 성령이 우리에게 새로운 선교 방법을 제시해 주고 있는 것이다. 경제가 다시 어려워지면서 많은 사람이 경제적인 고통을 당하게 되고 교회 안에서만 사역하는 목사님들은 노후 대책과 은퇴 후의 사역에 대한 걱정이 많다고 한다. 회개와 용서와 화해를 할 수 있다면 은퇴하고도 할 수 있는 사역이 사회적 기업 사역이다.

(3) 새 균형(New Balance)

피터 드러커의 말대로, 전문인은 한 눈은 2년 뒤, 한 눈은 2달 뒤를 보고 우리는 한국 안에서의 구제와 해외에서의 나눔을 교회 개척, 복음 전파와 동시에 해야 한다. 아프리카의 유엔 참전 국가 가운데 우리보다 열악한 나라들에 대한 사회적 의무감부터 시작하여 혜택을 본 자들이 자원하여 지속적으로 베푸는 나눔이 먼저 소중하다.

성령은 우리에게 기존의 선교와 새로운 선교의 균형을 잡게 하기 위해서 다양한 선교(목사, 자비량, 전문인, 비즈니스 등)를 지속적으로 가능하게 할 수 있는 선교다운 선교로서의 사회적 기업 선교를 아프리카에서 실천할 수 있도록 우리에게 가르쳐 주고 교정해 줄 수도 있다.

(4) 어린 양을 보라(Ecce Homo: New Look)

세상일에 매인 뒤집지 않은 전병과 같은 한민족이 뒤집어지기만 한다면 그때 5,000명이 먹고도 12 광주리가 남는 오병이어의 기적이 되는 것처럼 2030년 세계 1위의 국가 경쟁력을 지닌 나라로 우뚝 서는 것을 보라!

한민족이 뒤집어지기 위해서 먼저 케냐를 KAIST를 통해 뒤집어야 한다.

새로운 눈으로 어린 양 되신 예수 그리스도를 다시 보라!(New Looks)

성령이 임하시면 권능이 나타나는 현상을 우리는 보게 될 것이다. 정령 숭배와 무당이 떠나간다.

일시적이고 단편적이고 외부적인 기적의 창출이 아니라 지속적이고 내부적이고 사회를 변화시키는 하나님의 새로운 응답을 성령이 임하시면 가능하게 되는 것이다.

(5) 의와 공의(Righteousness & Justice)

1년 동안 버리는 음식 쓰레기면 아프리카와 북한의 굶주림을 해결할 수 있다는 기사를 본다. 의와 공의는 전병의 앞면과 뒷면이다. 그대로 잘 익어 나타나야 한다. 성령이 임하시게 되면 굽은 것들을 펴게 될 것이다.

이중성이나 양면성으로 인해서 해석이 분분한 사역에 대한 논란을 잠재우게 될 것이고 의와 공의에 주리고 목마른 자들이 모두가 "아멘" 할 수 있는 원자력 에너지와 같은 사회적 기업을 통한 아프리카 선교의 성공으로 역수입하여 북한 선교와 중국 선교가 이루어지는 것을 마침내 보게 될 것이다.

(6) 융합(Convergence)

화덕에 성령의 불이 일정한 온도로 데워지고 제물이 유대 성결법을 거쳐서 번제로 드려지는 것처럼 박자가 맞아야 한다. 선교는 서로 다른 생각이 모두 차별받지 않고 존중되어 최고의 전문인 선교 전략으로 1.0 자비량 선교, 2.0 평신도 전문인 선교, 3.0 전문가 전문인 선교사, 4.0 과학적 기업 선교로 융섭적으로 나가야 한다.

성령은 지금 평신도와 전문인의 구분 등도 이해를 하지 못하고 혼재되어 있는 상황에서 과학적 기업이라는 새 술을 새 부대에 붓는 선교가 필요하다고 말한다. 때가 시급하다는 것이다. 하나님께만 영광을 돌려야 할 교회가 이제는 진정한 성령 사역인 아프리카 선교를 그리스도인 과학적 기업 선교로 실천하여 차세대에까지 교육해서 뿌리를 내려야 한다. 이것이 성경에서 말하는 나의 영원하신 기업이요 영적 기업이 되어야 한다.

(7) 전문성(Professionality)

중국의 천진 만두는 측전무후와 원새개가 즐겨 먹었다고 하는데, 그 만두는 만두의 중간 공간을 차단하여 특별한 향과 촉촉함을 간직하고 있기에 다른 만두와 차별화가 되는 중립성(neutrality)을 가지고 있다. 관용과 화합의 공간 모델이다.

그런 찐만두와 같은 자세로 제3의 길로의 연합을 이루는 중립성을 갖추고 행동하게 될 때, 연합이 이루어지게 된다. 성령이 임하시게 되면 성령의 사람이 되는 것이다.

하나님이시면서 인간이셨던 예수와 마찬가지로 천국의 사역과 이생의 사역을 지혜롭게 잘 하게 될 것이고 선교 경영을 통하여 창조적인 연합을 이루게 된다.

"45:55"로 내게 돌아온다면, 이득이 남지 않아도 적어도 손해는 보지 않는 것이 사회적 기업의 투자가 될 것이다. 모정(母情)을 생각하라.

(8) 회개(Repentance)

백인종은 빵을 만들 때 덜 익어서 희고 흑인종은 너무 태워서 검다고 한다. 황인종은 적당히 구워서 삼겹살처럼 노릇노릇하다고 한다. 회개가 필요하니 제때에 뒤집어 주어야 한다. 회개는 '메타노이아'로 180도 돌아서는 것을 말한다.

그 어느 날 남북의 철도가 열리면 서울역에 가서 평양행을 타는 것이 아니라 부산행을 타는 것이다. 아프리카를 용서와 화해로 제때에 뒤집어 놓아야 한다. 백인의 뒤꽁무니만 따라가지 말고, 이제는 너무 태운 흑인을 회개시키는 일을 해야 한다. 민족을 통한 하나님의 섭리 시간이 지금 케냐에 KAIST 설립을 통한 기회다.

사회적 기업 선교의 불을 질러라.

성령의 불이 임하면 그 불은 썩은 것을 태우고 정금같이 나오게 하는 강력한 에너지와 빛을 발휘하게 될 것이다. 마치 죽으시고 부활하신 주님의 능력과 마찬가지로 다 죽은 다니엘의 사자 굴에서 살아나게 할 것이고 7배나 뜨거운 풀무불에서도 정금같이 나오고 예수님과 함께 선교하며 아프리카의 토속 춤을 아리랑으로 추게 할 것이다.

(9) 창조적 세계관(Creative Worldview)

한민족은 지금 창조적 가치를 개발하고 이를 실행하여 한류를 통하여 전 세계에 선한 영향력을 미치는 제사장적인 사명이 있다. 남과 북을 잘 관리하여 남북통일 시대를 여는 성숙한 그 날에는 부끄러움이 없기 위해서는 무에서 유를 창조하시는(*ex nihilo*) 하나님께서 비즈니스 선교 너머의 아프리카 선교에 MAN(Marketplace As Natural Church place) 과학적 기업 선교를 여셨다.

원래 양과 음은 차별이 목적이 아니라 연합하여 조화를 이루는 것이 음양의 조화의 이치인 것이다.[4] 그러므로 MAN과 WOMAN을 단순히 남녀의 용어로 보는 것이 아니라 음양의 조화로 보는 중국 철학의 해석이 필요하다.

성령이 임하시면 성령은 우리에게 죄, 의, 심판에 대해서 깨닫게 해주셔서 다양한 유형의 MAN(Marketplace As Natural Church place)/WOMAN(World 020/040 Marketplace As Natural Church place) 과학적 기업을 창출하는 눈을 허락하여 주셔서 선택하고 집중하면 이류 국가가 되는 현실에서 일류 국가로 나가게 하실 것이고 과학적 기업의 정신을 끝까지 지키는 자에게는 성령의 능력 가운데 초일류 신앙으로 나가게 할 것이다.

(10) 스토리텔링(Storytelling)

우리는 평생을 아궁이 앞에서 불을 지피시던 우리의 할머니 세대를 생각해 본다. 인천의 챠이나 타운에 가보게 되면 중국식 호떡을 항아리에서 굽는 것을 견학시켜 준다. 우리가 한민족을 위하여 거룩한 산 제물로 번제와 같이 드려지고 있느냐는 것이다.

선교를 위해 죽은 제물이 무슨 더 할 말이 있는가!

과학적 기업 선교를 하는 것이 상책이다. 그 길을 계속 가라. 호떡 항아

---

[4] Wing-Tsit Chan, *A Source Book in Chines Philosophy* (New Jersey, Princeton University Press, 1963), 262.

리가 이제는 K-STAR, SMART 원자로가 된 세상이다.

성령과 더불어서 사는 삶은 많은 이야기를 남기는 간증자가 되게 할 것이다. 이전까지는 이론에 치우친 준비를 하고 선교를 한 것이었다면 이제는 다양한 시뮬레이션을 실습해 보고 국내 선교에 성공한 후에 해외 선교, 즉 아프리카 선교를 할 수 있는 것이 MAN/WOMAN 과학적 기업 선교의 장점이다.

(11) 예브루타식 질문과 대답(Q & A)

예브루타는 예수님의 하브루타를 말하는데, 선교를 향하여 목사나 평신도냐의 기득권을 포기하면 선교는 산다. 목사 선교사는 사회적 기업을 모르고 자비량 선교사는 재정이 부족하여 선교를 못 하는 사회다. 십자가의 두 막대기로 묶어서 전병을 굽는 불쏘시개로 삼을 때 전문인을 통한 MAN 과학적 기업 선교가 보인다.

아프리카의 수평 막대기는 가나-케냐-르완다로 이어지는 것이라고 본다.

성령이 임하여 사도 바울은 소아시아로 가려고 하다가 마게도니아의 환상을 보고 유럽 선교로 나가게 된다. 현재 모두가 아시아, 아프리카, 남미가 제3세계라는 유럽의 시각을 가지고 아시아인이 아시아 선교를 하는 데 우리가 묶여 있으나 발상의 전환을 통하여 새로운 선교인 케냐 나이로비의 환상을 실시할 수 있다고 본다.

교회와 선교센터를 세워 주는 것 그 이상의 KAIST와 같은 학교는 물론이고 치유와 공동체를 통하여 자립할 수 있는 갱생 공동체를 세워 주는 것이 과학적 기업 선교가 되어야 한다.

(12) 과학적 기회(Scientific Opportunity)

호세아는 이스라엘 사람들을 뒤집지 않은 전병에 비유하면서 저들이 우상을 버리고 살아 계신 하나님께 돌아오라고 했다. 과학적 기업 선교를 하게 되면 우리는 한반도의 지정학적인 어려움을 딛고 은근과 끈기로 다져진 역동성을 살려서 독특한 한류의 과학적 기회를 선용하여 새로운 교육 아이템으로 과학적 벤처 기업을 통한 플랫폼 비즈니스 선교를 시작해야 한다.

성령이 "숨님"이라고 했으니 숨을 쉴 때 소리가 나오고 가스가 나올 때 기척이 있는 것처럼 성령이 임하시면 꿈으로, 비전으로, 환상으로 아프리카에서의 과학적 기업의 많은 가능성을 보여 주게 될 것이다.

이것이 성육신적인 아프리카 선교의 비밀인 "그럼에도 불구하고 축복의 통로"(Contrariwise Channel of Blessings)의 의미다.

3) 중보기도 할 제목들

2019년부터 영적 대각성 운동-성령이 임하시면 아프리카에 제2의 영적 각성이 일어나야 한다.

유럽이나 미국 사람들은 고정 관념을 가지고 있으나 아프리카인들은 고난을 경험했기 때문에 살기 위해서 수단 방법을 가리지 않고 애를 쓰고 있다. 그러나 부패를 척결하지 않으면 글로벌 시대에 앞으로 나갈 수가 없고 신용 사회에서 국제적으로 대등한 거래를 유지할 수 없다는 것을 잘 알고 있다.

옛 세대는 부족주의 그리고 민족주의로 백성을 이끌었으나 이제 오늘의 차세대들은 자신들의 약점에서 강점을 찾는 법을 알고 있다. 경제적인 약점은 여러 차례 지불 유예로 인하여 재정적인 부담은 조금은 덜 무거워졌다.

새로운 기술, 특히 정보와 통신 기술(인터넷 연결망과 데이터 통신 등)은 교육과 보건 분야에 활용될 수 있다.[5]

이러한 종합대학교를 저들은 원하고 있다. 그 일을 케냐의 KAIST를 통하여 이룰 수가 있어야 한다. 과학 혁명을 통하여 영적 혁명까지도 가능하다고 보는 것이 토마스 만이 주장한 패러다임 쉬프트를 우리의 것으로 재해석하는 가치다.

우간다-가나-케냐(일자 영적 수평선)에 라이즈업하여 전도의 불로 타올라야 한다.

사랑의 원자탄으로 불타올라야 해야 한다.

미국은 1945년 뉴멕시코 사막에서 원자탄 실험을 하였다. 그 원자탄은 태양의 천배의 섬광을 발하며 성공적으로 폭발되었다. 이 가공할 핵무기 위력에 지켜보던 의원들이 오히려 깜짝 놀랐다. 세계가 이 강력한 핵무기로 다 죽을 것을 생각하여 이 살인 무기를 막을 수 있는 방어 무기가 있어야 하지 않겠느냐고 한 의원이 질문을 했다. 잠시 침묵하던 보고자는 있다고 대답을 했는데, "평화"라는 무기라고 대답했다.

그래서 "그 평화라는 무기가 어디 있는가?" 하고 물으니 창문 너머 보이는 십자가를 가리키면서 "저 십자가의 주인공 예수그리스도"라고 대답을 했다.

아프리카는 남아공이 핵무기 개발을 철회했고 핵무기의 사정권에 들지 않는 대륙이기도 하지만 핵무기의 사정권 안에 들어가 있는 대한민국이

---

5 장 졸리, 『지도로 보는 아프리카 역사 그리고 유럽 중동 아시아』, 197.

역설적으로 사랑의 원자탄을 아프리카의 케냐에서 시작하여 발사한다는 것은 엄청난 하나님의 뜻이 있다고 본다.

그럼에도 축복의 통로(contrariwise channel of blessings)로 사랑의 빚을 갚는 하나님의 품성을 실천하는 것이다. 그것이 불타오름(FLAME UP)이다.

① F - 선교의 비전에 초점을 맞춘다.
② L - 산 제물, 주와 동행함, 생활 전도자.
③ A - 가능한 선교, 자비량 선교, 전문인 선교, 과학적 기업가 선교 등.
④ M - 선교의 4M(사람, 돈, 메시지, 경영).
⑤ E - 전도사역에 헌신함.
⑥ U - 헌신해야 할 삶과 사역이 있음을 이해한다.
⑦ P - 당신의 은사를 선교 사역에 드려라.

> 이제는 전에 멀리 있던 너희가 그리스도 예수 안에서 그리스도의 피로 가까워졌느니라. 그는 우리의 화평이신지라 둘로 하나를 만드사 원수 된 것 곧 중간에 막힌 담을 자기 육체로 헐었다고 했습니다(엡 2:13-14).

케냐-가나-르완다가 먼저 회개하고 팀 다이나믹스(team dynamics)를 이루는 것이 아프리카 복음화의 가장 중요한 단초다.

케냐-가나-르완다교회 리빌딩 7단계 디자인은 아래와 같다:

① 현재 상황 및 영향을 분석한다.
② 미래 변화 및 역량 예측한다.
③ 현재의 교회 사역 테스트 시뮬레이션한다.

④ 교회 위기 및 기회 시나리오를 도출한다.
⑤ 미래 사역 이슈 도출한다.
⑥ 비전 디자인한다.
⑦ 비전 전략 및 시스템 수립한다.

유럽 제국주의 선교가 아닌 한류에 의한 전문인 선교의 나라가 되어야 한다.

한마디로 지금 아프리카에는 1517년에 종교개혁이 일어난 것처럼 전문인 선교 개혁이 일어나야 한다. 종교개혁이 과학의 진보를 가져온 것처럼 이전에 알고 있었던 잘못된 과학 이론들이 수정이 되어어 한다.

니콜라우스 코페르니쿠스와 같은 탁월한 과학자들의 등장으로 과학 혁명의 시대가 온 것처럼[6] 이제는 아프리카도 차원을 달리하여 4차 산업 혁명 시대에 국가 과학 재건의 차원에서 그 일이 되어야만 4차 산업 혁명 시대에 정치, 경제와 노동, 과학, 문학, 미술, 음악, 건축, 교육과 여성 그리고 IT와 에너지 분야에서 선두 주자로 도약을 할 수 있다.

아프리카인이 보는 유럽인이나 미국인은 네오 십자군일 뿐이다. 그러나 대한민국을 보는 눈은 중화 제국주의와 일본 제국주의로부터 지배를 당하고 살아난 동병상련을 경험하고 성공한 나라이기에 다르다. 향후, 아프리카의 경제 발전은 미국계 흑인들의 중개와 복음주의 운동의 영향에 따라 미국에 이익이 될 것이며 동시에 중국과 인도에게 돌아가게 될 것이다.[7]

더구나 가능한 것은 대한민국과 케냐가 문화 교류 혁명을 통하여 서로

---

6 황명길, 『개혁과 변화-16세기 유럽의 종교개혁』 (서울: 제네바신학대학원대학교출판부, 2017), 368.
7 장 졸리, 『지도로 보는 아프리카 역사 그리고 유럽 중동 아시아』, 199.

다양한 영역에서 도움을 주고받을 수 있다. 문화 교류에 의해서 경제적 부흥에 도움이 되면 정치적 해결을 모두가 초일류 대한민국으로 이룰 수가 있기 때문이다. 진정한 관용은 가난한 사람들이 스스로 찾지 못한 방법을 제안하고 아프리카 지도자들이 국민의 의식과 사회를 현대적으로 도울 수 있는 것이고[8] 이것이 "Intercultural Care"다.

마지막으로 희망적인 것은 국제통화기금(IMF)에 차관 말고도 금융 기관을 통하여 원조를 받을 수 있는 경제적 원조 기관(PSI)을 두었으며 과도충격보호기구(ESF-HAC)를 두었다.[9]

그리고 2030 초일류 아프리카로 나가기 위해서는 아프리카나 대한민국은 스스로가 이러한 질문에 답을 해야 한다.

유럽 연합은 내부적으로는 국경 간의 마찰이 심화되고 있지만, 외부적으로는 여전히 매력적이다. 유럽 연합은 국제 사회에서 아직도 권력의 중심에 머물고 있으며 아프리카도 대한민국도 여전히 권력의 중심을 향하여 나갈 수 있다.[10] 아프리카와 대한민국이 합력하면 선을 이룰 수가 있을 것이다.

건강하게 연구해야 할 10가지 주제들은 다음과 같다.

① 국경은 사라질 것인가?
② 보편적인 세계화는 가능한가?
③ 군사력은 더 이상 필요 없게 되었는가?
④ 신정보 통신 기술, 새로운 전체주의의 등장인가?

---

8   장 졸리, 『지도로 보는 아프리카 역사 그리고 유럽 중동 아시아』, 202.
9   장 졸리, 『지도로 보는 아프리카 역사 그리고 유럽 중동 아시아』, 202.
10 파스칼 보니파스, 『지정학』, 289

⑤ 내정 간섭은 사라질 것인가?
⑥ 국가의 가치는 무엇인가?
⑦ 전쟁의 민영화는 어떤 결과를 가져올 것인가?
⑧ 자원, 축복인가, 재앙인가?
⑨ 스포츠 세계화의 목표는 무엇인가?
⑩ 유럽은 쇠락하고 있는가?[11]

한마디로, 영적 전쟁에서부터 아프리카 연합(AU)이 쇠락해가고 종교 다원주의화 되는 유럽 연합(EU)을 이기면 되는 것이다. 그 길은 전문인 선교의 정착에 있다.

---

[11] 파스칼 보니파스, 『지정학』, 11.

제10장

2030 아프리카 에너지 선교

1. 서론

R. A. 토레이는 한국인이 초일류 대한민국을 위해서 준비해야 할 주체임을 아래와 같이 밝히고 있다.

> 내가 보기엔 한국은 자신의 참모습에 대한 기억을 잃어버린, 흡사 기억 상실증 환자와 같은 인상을 준다. 만일 진정 우리가 하나님을 믿는다면, 하나님께서 한국 백성에게 공동의 선에 기여할 수 있도록 어떤 특별한 역할을 부여하셨다는 사실을 모를 리 없다. 그러니만큼 한국으로서의 가장 긴급한 과제는 스스로를 재발견하고 본연의 모습을 회복하는 일이다. 교회의 우선적 과제가 그리스도를 한국에 소개하는 데 있다는 것은 두말할 나위가 없다. 그러나 한국에 대한 하나님의 목적이 무엇인지, 그리고 세계 무대에서 한국이 담당할 역할이 무엇인지 깨닫지 못하는 한―다시 말해서 스스로를 자각하지 못하는 한―그런 한국에 그리스도를 소개한다는 것은 무익한 일이다.

구한말까지의 한국은 은둔의 나라로 세계에 알려져 있었으나 2019년 한국은 극동의 한반도는 대륙의 모퉁이 국가가 아닌 해양의 머릿돌 국가로서 예수께서 머릿돌로 정하신 하나님의 나라의 그 모퉁이돌인 예수의 나라로서의 사명과 정체성을 가진 거북선을 탄 바울과 이순신의 융합형 나라가 된 것이다.

한반도 연합의 정체성은 새로운 정치 체제에 대한 논의에서 다시 시작이 되어야 하며 의원 내각제 분권제가 이상적으로 보인다. 이를 위해서는 남북 정부 간 모두 다 넘어야 할 산이 있다.

① 기능적 통합에서 정치적 통합으로 가야 한다.
② 초국가주의와 그 한계성을 인정해야 한다.
③ 주류에 대한 반발을 남북 간에, 주류와 비주류 간에 상호 해결해야 한다.
④ 초일류 연합에 대한 인식 전환이 필요하다.

지금 현재 남북은 기능적 나눔이 불연속적으로 이어지고 있는 점이나 선의 단계다. 무지, 빈곤, 기아 및 질병 퇴치 등이 일어날 때 기본적으로 협력하는 수준이다. 사적이고 자발적으로 존재하지만, 구체적인 연합준비위원회가 발족이 된다면 의도적 정치적 선택이 가능하게 될 것이다.

예를 들면, 만일, 미국 애플사의 팀 쿡은 "어느 누구도 상상치 못하는" 신제품을 출시한다고 하는 상황에서 남한의 삼성 기업이 특별한 창조적인 조치를 취하지 못하기에 붕괴의 위기에 직면했을 때 이런 대타협이 이루어질 수도 있다. 남한의 힘이 감소하는 순간에 북한의 내민 손을 잡을 수도 있다는 가정이 가능하다.

조선 팔도의 독특한 지역성의 개념을 가진 한민족이 이상적이고 자민족의 이익을 고려하고 상호 간의 관계에서 이익을 최대화하기 위해서는 마지막 순간에는, 정부 간 지자체 기구로 발족할 개연성이 충분히 있다고 본다. 주도적 역할을 할 수밖에 없는 주류와 종속적 역할을 할 수밖에 없는 비주류 간에 공식적, 비공식적, 비형식적 지켜야 할 규범의 복잡성을 능동적으로 해결해 나가는 중재 변수의 역할이 소중하다.

단일 정부라는 아날로그형으로만 생각하지 말고 디지털형으로 융합적인 기능을 감당할 수 있는 양 체제 단일 국가 형태에서 분권 의원 내각제로 다양한 가운데 조화를 이루는 유기체적인 기능을 가진 초일류 한반도 연합으로 나가야 한다. 지방 자치제의 발전을 밑거름으로 하는 지역 정치가 바로 자리를 잡아야 한다.

이런 특성화된 남과 북의 도시들이 MOU를 체결하며 보충성의 원칙, 파트너십의 원칙, 대응성의 원칙, 프로그램의 원칙 등이 수행될 수 있는 제도, 행정, 그리고 법적인 틀이 세부적으로 완벽하게 구비되어야 한다. 이를 위해서 남과 북은 재인식의 전환이 필요하다.

주변 강국의 이해관계, 힘의 역학, 선호도를 모두 SWOT 분석하여 역할 분담을 통한 외교 역량을 동구 유럽, 서구 유럽으로 팀 다이나믹스로 분담하여, 아니면 역으로 하여, 세계 평화를 선도하는 강소국, 즉 연성 국가 (soft power)로서의 초일류 한반도 연합은 중립국으로 공인이 되는 나라로까지 나가야 한다.

실제로 한국 전쟁이 발생했을 때, 28개국이 참전을 한 것은 이런 의미의 도덕적 지지가 있었기에 가능하고 이제는 우리가 감사를 돌려 드리는 전략으로 28개국을 지렛대로 활용을 해야 하는데, EU가 탈국가주의적 형태로서의 모델로서의 가능성을 우리에게 보여 주고 있다는 것이다.

남과 북은 공동의 역사적, 지적 유산에 기초한 정치 문화적으로 공유하는 느슨한 연합에서 시작하여 정치 문화적 통일체가 되어야 한다. 미국 연합, 유럽 연합, 러시아 연합 등 참조로 할 많은 사례가 있다. 남북 한반도 연합은 제3의 길로서의 연합이 되어야 한다.

국내적으로는 최소한 삼국 이전의 고조선의 후손이라는 정체성이다. 그리고 국제적으로는 결국에는 주변국의 인정을 받으며 당면한 경제적, 국제적 과제에 대한 숙제를 같이 풀어가는 파트너로 회복되어야 한다. 한국 전쟁에 대한 재평가와 함께 한반도 공동체에서 한반도 연합으로 나가는 과정을 거쳐야 할 것이다.

이러한 변화가 경제 골든타임으로 2019년 이후에 일차적인 기회가 올 것이고 결국 2020-2030년에는 구체적으로 남북이 다시 일어서는 시기로 전망하고 있다.

우리는 영국과 스코틀랜드(아일랜드. 웨일스 포함)와 같은 좋은 사례만 보면 된다. 다양한 합의 방식과 유연한 통합 방식에 의해서 정치적 타협과 일괄 타협이 이루어지고 비타협인 영역에 대해서는 포용 선택적 거부권을 행사할 수 있을 것이다.

예를 들면, 김일성 숭배, 이승만 복원 운동 등과 같은 것은 비타협이거나 일괄 타협의 영역이다. 이 문제는 영적인 차원에서 우상 숭배로 판결이 나면 해결이 가능하다. 한마디로 능력의 차이가 나는 남북의 문제는 상호 배려를 통해서 중장기적으로 해결해 나갈 수 있다.

통일 신라를 접수한 고려가 온전한 통일의 이미지를 풍긴 것은 40년이 지나서였다면 우리 그리스도인이 먼저 솔선수범하여 서두르지 아니하지만 정치, 경제, 사회, 문화, 과학, 철학, 서비스 등 전 영역에 에너지와 IT가 융섭이 된 혁신 도시를 만들어나가야 한다.

시급히 품성 개조를 통한 전문인 선교 사역의 성공 사례를 전 영역에서 많이 축적해 나가야 할 것이다. 이런 비전을 실현하는 길로 구체적인 전문인 선교의 향후 중장기 전략이 성공을 거둘 때 파급(spill over) 효과가 각 교단, 초교회, 직장 선교회, 연합 선교 단체 등에서 일어날 것이다.

2. 아프리카 에너지 신학을 향하여

창세기 1-3장의 과학신학에 기초하여 새로운 전문인 선교의 전략으로서 에너지를 통한 과학 전문인 선교를 제안하고자 한다.

'바라'(bara)라는 히브리어가 하나님만이 주어가 되는 동사라는 것이며 특이한 것은 시편 51:10에 정한 마음을 창조하신다고 할 때 '바라'라는 동사가 쓰였다는 것이다.[1] 이 말의 의미는 창조의 하나님의 전지하신(omniscience) 자세를 가지고 과학(science)을 하라고 하시는 어명이다.

또한, 창조라는 개념이 바라 동사 어근의 '분리하다'는 개념은 교회가 분리되어져 나온 무리라는 에클레시아라는 개념과 같은 어원을 가지고 있다는 것에 놀라며 하나님께서 이 세상에 가정과 교회 두 개를 창조하셨다는 개념에 대한 이해가 분명해진다.[2]

과학적/철학적인 사고이고 신 존재 증명에서 하나님의 견인(Perseverance)과 하나님의 섭리(Providence)와도 연관이 될 수 있다. 결국 영적 에너지는 하나님의 빛, 열, 방향이다.

---

[1] 존 H. 월튼, 『창세기 1장과 고대근동 우주론』, 강성렬 역 (서울: 새물결플러스, 2017), 232-33.
[2] 존 H. 월튼, 『창세기 1장과 고대근동 우주론』, 235.

일어나서 빛을 비추는 사명(사 60:1)을 감당하는 전문인 선교사는 어떻게 아프리카 선교에 임해야 하는가?

① 인생의 의미는?
② 하나님은 존재하는가?
③ 하나님은 악과 고통을 왜 허용하시는가?
④ 모든 종교는 하나님께 인도하는가?
⑤ 예수는 진실로 죽음에서 부활했는가?

이에 대한 인생의 5대 큰 질문을 풀 수 있는 영적 에너지를 이해할 수 있을까?

죽으시고 부활하신 예수를 발견한 청년 천사가 말한 "He is alive!"를 의미하는 이반젤리즘(ev+angel+-ism = evangelism)이 영적 에너지다.

극단적 신학(Extreme Theology)으로서 "doing mission"을 수행하는 전문인 신학에서는 영적 돌파를 위해서 전문인으로 해석하는 아인슈타인의 상대성 원리는 이렇다. 전문인이 배우는 에너지, 즉 전도는 선교인데 문화 명령과 지상 대명령을 지키는 방향을 가진 에너지다.

"Evangelism = Mission x Cultural Mandate x the Great Commission"으로 선교 이해가 되는 에너지 융섭이 이루어져야 한다. 이는 하나님의 선교를 넘어선 하나님을 위한 선교다. 이를 위해서 먼저 전문인 선교사라면 기본적으로 알고 있어야 할 에너지에 대한 리처드 뮬러 교수의 강의를 요약하고자 한다.

① 후쿠시마 원전 사고와 멕시코만의 석유 유출은 생각보다 큰 사고가 아니었으며 그 때문에 에너지 정책의 근간이 크게 바뀔 필요는 없다.
② 지구 온난화 현상(이것은 실제적으로 존재하고 부분적으로 인류의 탓이긴 하다)은 수익성이 있고 비용이 덜 드는 방법을 찾아내면 중국과 다른 개발 도상국의 온실가스 배출량을 통제할 수 있다.
③ 최근에 셰일 층에 저장된 엄청난 천연가스 매장량을 개발하여 사용할 수 있다는 사실이 발견되었다. 셰일 가스는 수십 년간 미국의 에너지 정책에 아주 중요한 영향을 끼칠 것이다.

21세기 초반 미국의 패권이 앞으로 수백 년 이상 지속될 수 있다는 주장을 결정적으로 뒷받침해 주는 사건이 미국의 셰일 혁명이기 때문에 최대 500년 정도 사용할 에너지가 준비가 되었다는 것이며 이것이 2030년 그 이후가 되면 유럽, 캐나다, 중국은 시들해지고 미국이 패권국으로 경찰 국가의 역할을 한다는 것이다.[3]

④ 미국은 화학 연료가 부족한 것이 아니다. 운송용 연료가 부족하다. 합성 연료, 천연가스, 셰일 가스 매장량과 자동차들의 연비에 미래의 열쇠가 있다.
⑤ 에너지 생산성은 아직도 개선될 여지가 엄청나게 많이 있다. 에너지 효율과 절약을 위한 연구에 투자를 한다면 버나드 메이도프(Bernard Madoff)의 폰지형 사기보다 더 이득을 볼 수 있다. 게다가 이 이익은 면세다.
⑥ 태양 에너지는 엄청난 개발이 이루어지고 있다. 하지만 태양 에너지의 잠재력은 태양열 발전소가 아닌 태양 전지에 있다. 태양 에너지의

---

3 피터 자이한, 『21세기 미국의 패권과 지정학』, 17-18.

주 경쟁자는 천연가스다.

⑦ 풍력은 대안 에너지원으로 충분한 잠재력이 있다. 하지만 그 잠재력을 끌어내려면 송배전 시스템이 더 개발되어야 한다. 풍력 발전기가 많이 생산되면서부터 환경운동가의 우려와 반대도 늘어나고 있다. 풍력의 주 경쟁자는 천연가스다.

⑧ 에너지 저장(풍력과 태양 에너지의 간헐성 문제 때문에)은 복잡성과 고비용이라는 문제를 안고 있다. 가장 비효율적인 방식은 배터리를 사용하는 것이겠지만 천연가스로 보조공급을 하는 것이 더 쌀 수도 있다.

⑨ 원자력 에너지는 생각보다 안전하고, 핵폐기물 저장은 그리 어려운 문제가 아니다. 대중이 원자력 에너지를 두려워하는 것은 잘못된 정보와 낯섦 때문이다. 원자력 에너지의 주 경쟁자는 천연가스다.

⑩ 바이오 연료가 가지는 중요성은 미래의 운송용 에너지의 안정적 공급에 있지 지구 온난화 방지에 있는 게 아니다. 옥수수 에탄올은 바이오 연료로 보지 말아야 한다. 바이오 연료의 주 경쟁자는 천연가스다.

⑪ 합성 연료는 유용하고 중요하며 제대로 개발하면 원유 가격을 배럴당 60달러 이하로 유지할 수 있다. 천연가스에서 만들어진 합성 연료는 자동차 동력원으로 압축 천연가스를 상대할 수 있는 몇 안 되는 에너지다.

⑫ 빠른 속도로 개발 발전되고 새로운 돌풍을 일으킬 에너지가 있다. 바로 셰일 가스다. 미국의 셰일 가스 매장량은 어마어마하다. 그리고 상업적으로 생산하는 방법이 이미 개발되어 있다. 셰일 오일은 합성 오일보다 쌀 것이라고 추측되며, 에너지 시장에 새로운 경쟁자로 부상할 것으로 보인다.

⑬ 수소 에너지 시장은 미래가 없다. 전기 에너지 시대가 우선은 지속될 것이다. 가장 낭만적이라고 여겨지는 대안 에너지 — 예를 들자면 지열 에너지, 조석 에너지, 파동 에너지 — 들은 모두 대규모 개발할 만한 투자 가치가 없다.

⑭ 하이브리드 자동차들은 미래가 밝다. 하지만 충전용 하이브리드나 전기에만 의존하는 자동차들의 미래도 밝다. 배터리 교체 비용을 고려하면 일반 자동차보다 더 비싸기 때문인데, 다만 납축전지를 쓰고 단거리(40-60마일)를 운행하는 자동차라면 배터리의 용량이 강화되면 중국이나 인도 같은 개발 도상국에서 건설 현장에서도 많이 쓰일 수 있겠다.

⑮ 공개적으로 발표된 이산화탄소의 증가에 대한 대처법 중 실질적으로 그 효과를 볼 수 있는 가능성을 가지고 있는 대처법은 거의 없다고 본다. 선진국이 본보기가 되어 대처법을 실용화하고 성공한다고 해도 개발 도상국에서 비용을 감당하지 못한다면 "본보기"가 될 수 없다. 그나마 쓸 만한 대처법은 미국이 노하우를 적극적으로 공개하여 개발 도상국들이 석탄에서 셰일 가스로 변환할 수 있게 도와주는 것뿐이다.

지구 온난화와 중국을 관련하여 중국에서 지금 필요로 하는 선교사는 에너지 선교사라고 말할 수 있다.

중국이 자국민에게 심각한 건강 문제를 일으켰던 석탄에서 단지 절반의 온실가스만을 배출하며 지역에 수은 및 황 오염을 일으키지 않는 천연가스의 전환을 하려고 하는 시진핑의 에너지 정책에 맞게 중국 선교도 에너지 선교사를 통한 선교가 기술 전문인 선교사로 접근할 수 있는 선교 전략

이라고 본다. 또한, 셰일 가스로 전환하는 것을 통하여 이산화가스 배출량을 감소시킬 수 있을 것이다.[4]

이제까지의 개인이 사역을 하는 개념을 넘어서서 중장기적으로 생각해야 한다. 한 사회를 변혁시키는 과학과 기술을 고리로 한 그리스도인 공동체로서의 CEE(Christian Energy Evangelism) 개념이 있다.

이에 대한 최상의 방법은 에너지 계통에서 은퇴한 그리스도인들을 에너지 선교사로 구비시켜서 원자력 에너지, 청정 석탄 에너지, 태양 에너지 및 풍력 산업을 통한 전문가로 중국에 진출하게 하는 것이다. 처음에 아날로그 수준의 중국에 연변과기대 교수를 보내는 일에 관여한 한국전문인선교훈련원과 같은 역할을 한동대학교가 이제는 디지털 수준의 중국의 청화대학교에 에너지시스템공학부 교수를 보내는 것이다.

에너지 문제를 해결하면서 자연스럽게 IT와 함께 중국의 신형 도시화의 단계별로 2014-2020년에 대도시, 성급 도시, 지급 도시, 농촌에까지 스마트 도시가 이루어지게 되는 단계별로 E0, E1, E2, E3로 복음이 증거되는 공동체를 이루어가게 될 것이다. IT 시대 다음에는 I 시대가 온다고 하는 피터 드러커의 비전이 실현되는 것을 보게 된다. I는 정보이지만 결국은 "I AM WHO I AM"이라는 하나님의 사랑으로 귀결이 될 것이다.

이를 위해서 에너지 최고위 지도자 과정을 시작하여 많은 후원 그룹을 형성하고 그 가운데서 선교사로 헌신한 자를 훈련시키는 일을 통해서 한국주택개발공사, 한국석유개발공사, 한국전력 등 에너지에 종사해 온 은퇴하는 많은 전문인에게 직장 선교와 세계 선교를 선교 융합하는 차원의 전문인 선교에 동참하는 길을 열어 주는 것이 너무나 소중하다고 본다.

---

4 리처드 뮬러, 『대통령을 위한 에너지 강의』, 장종훈 역 (서울: 살림, 2014), 15-17, 395.

또한, 이들을 통하여 중국의 앞선 태양 에너지의 기술을 다시 한국과 나눌 수 있는 길을 열 수 있는가?

만일 한국에서의 해비타트 운동과 연계하여 중국에 짓는 집을 태양열을 활용한 집으로 짓고 그리스도인 문화 공동체를 형성할 수 있다면 중국의 스마트 도시를 짓는 과정에서도 참조가 될 수 있지 않을까?

3. 결론

2020년까지 중국의 다가올 원자력 에너지의 폭발적 증가와 함께 한국형 원자력 발전기의 모델인 SMART의 아랍에미리트와 사우디아라비아의 수출과 함께 한국의 발전된 원자력 에너지 기술자의 신형 핵융합 기술로 소형화와 이동성이 보장된다면 중국에서의 활약도 기대해 볼 수 있지 않을까?

이 과정 중에 하나님이 현대판 애굽의 열 가지 재앙과 같이 역사하시면서 북한에 두 손을 들게 하신다면, 결렬된 2차 미-중 정상 회담을 기반으로 구조 조정하여 양심을 회복한다면 북한의 백성은 기아에서 벗어나게 될 것이다.[5]

---

[5] 2기 8회 동북아 미래포럼, "2차 북미 정상 회담 평가와 한국의 역할," 2019. 3. 13., 월간 TV.
한양대 정경영 교수 발제에 대한 필자의 입장 정리: ① 제제를 계속해야 한다. ② 미군 주둔과 UN사 유지되어야 한다. ③ 한국 주도권의 전작권 합의대로 된다. ④ 트럼프 정권하에서 해결 안 되면 물 건너간 것이다. ⑥ 정 안되면 군사 옵션이 불가피하다.
서울대 정외과 조동준 교수 응답에 대한 필자의 정리: ① 비핵화는 안 될 것이다. ② 3년까지는 미·북 회담은 합의가 안 된다. ③ 미국의 이행이 재선 이후까지는 안 될 결국에는 2030년 이전에 하나님의 섭리대로 초일류 대한민국으로 남북통일이 온다면, 핵무기 보유는 당연한 것이고, 보너스로 우리가 염려하는 핵폐기물 처리장으로 영변 외 핵시설 모두를 사용할 수 있다고 본다.

것이다. ④ 핵무기로 바로 도발할 가능성도 약하다. 첫째, 북한에 지상군 투입 시 쓴다. 둘째, 김정은 참수 작전 실패 시 쓴다. 핵 동결을 늘리는 것을 물밑 작업으로 가며 밀고 당기기를 한다. 북한 사회도 일시적으로 제재를 견디고 있으나 새로운 물자가 없을 때는 결국 위기 상황이 온다. 한미연합사의 리더십 이양은 시행되기 어려울 것으로 본다. 미국 제국주의자고 G-1 국가다. 조동준 박사는 조용히 만약의 사태를 준비해야 한다는 것이다.
개인 평가: 조기에 '관용과 화합'의 정신으로 한국 정부가 미국의 양해로 전술핵 재배치를 다시 할 수 있도록 기도해야 한다. 한국의 전문인들이 깨어서 세계 속의 한국을 축복의 통로로 나누어 주는 일을 가속화한다. UN 참전국들을 비롯한 제3세계의 아시아 아프리카 남미의 여러 국가가 대한민국과 함께 비폭력 무저항주의로 핵무기 철폐 종족 학살 금지 그리고 환경 오염 중단을 계속 실천하고 있어야 한다. 그리고 북대서양조약기구(NATO)와 같은 지역 방어를 위한 태평양조약기구(PATO)를 6자회담 참여국들로 구성되어야 한다. "이 일에 하나님의 긍휼과 자비를 구하자." 세속적인 공산주의와 민주주의에 대한 소통은 불가하며 영적으로 물과 성령으로 거듭나는 것이 우선이다. "하나님의 시간에 영적 돌파가 이루어져야 한다."

제11장

에너지 발전을 통한 도시 개발 사역

1. 서론: 문제 제기

　국제 교류 개발을 주도할 수 있는 경제적 인적 강점들은 다음과 같다. 남반구 국가들과 마찬가지로 북반구 국가들도 사고방식이 변했으며 이에 따라 정치적 경제적 접근 방식 역시 변했다. 현대 국가 관리를 위해 잘 양성된 아프리카인과 국제 금융 기구의 고위급 책임자들은 과거의 실패에서 교훈을 얻어 저개발 상태에 대한 새로운 대책을 수용하려고 노력한다.

　자신들의 신념과 주장을 펴고 동의를 얻는 과정에서 언제나 극복해야 할 난관에 봉착해 왔던 이들 덕분에 아마도 아프리카는 오늘날 아프리카를 갉아 먹는 해악과 싸워나가야 할 내. 외부적인 무기를 가질 수 있는 것이다.[1]

　내부적 강점들은 심리적 강점, 정치적 강점, 문화적 강점, 무역상의 강점, 재정적 강점, 기술적 강점, 그리고, 인적 강점이며 외부의 긍정적 요인

---

[1] 장 졸리, 『지도로 보는 아프리카 역사 그리고 유럽 중동 아시아』, 이진홍 역 (서울: 시대의 창, 2016), 194.

은 심리적 변화와 지정학적인 변화다.

아프리카는 서양 제국주의의 적폐와 식민주의의 패배 의식 등 모든 문제가 서로 얽혀 있다고 본다. 그러나 영적인 부흥을 체험한다면 아랍에미리트와 사우디의 원자력 발전소 건설의 성공 사례를 통해서 아프리카 케냐와 동유럽의 루마니아에서도 성공을 할 수가 있다.

아랍에미리트의 두바이에 이어서 한국의 인천의 송도 신도시에 이어서 출판 문화 도시인 파주 신도시가 스마트 도시로 조성이 된다고 한다. 현재 중국은 능동적으로 제국주의적인 방식에 의해서는 선교를 할 수 없는 지역으로 판명이 났다. 삼자를 무시할 수도 없고 너무 가깝게 할 수도 없고 시간 문제이지 결국은 용해시키려는 중국 공산당 앞에서 추수기 지역과 같이 가시적인 교회를 개척하고 핍박받는 교회로서 머무는 것보다는 총체적 선교 차원에서 병든 자와 아픈 자들을 구원하는 총체적 사역을 통하여 국경을 넘어서 사역을 하는 일에 적극적으로 헌신을 해야 할 것이다. 이 일은 고아원 사역, 양로원 사역, 장애우 사역과 마찬가지로 중국 정부의 후원을 얻을 수가 있을 것이다.

2. 본론

예루살렘이 최초의 창의적 접근 지역이었으나 창의적 사고나 비판적 사고가 결여된 율법 준수론에 매여 있는 유대교의 본산이었고 이슬람교는 더 근본적인 율법주의의 모습으로 역기독교 반동 운동을 한 것으로 볼 수 있다. 창의적 접근 지역을 여는 판단의 기준이 그 나라나 그 도시가 에너지(열정)가 있느냐는 것이다.

예를 들면, 태양신 "라"를 섬기는 이집트의 수도 카이로와 수에즈 운하 그리고 나일강은 아프리카와 중동 선교를 위해서 수도 카이로는 "Gateway City"와 같은 역할을 할 수 있는 도시다. 생명의 신과 죽음의 신에 대한 이름을 아는 신(known god)를 섬기는 자들이며 예수가 헤롯의 칼날을 피해서 어린 시절 피난을 갔던 발자취가 있는 나라이기에 에너지의 근원이신 예수의 족적이 남아 있기에 에너지의 측면에서 반드시 고려되어야 할 나라다.

현재 이집트는 안정과 명성을 추구하나 관광업은 지하드의 테러 및 금융 위기에 시달리고 수에즈 운하는 세계 경제 위기와 소말리아 연안의 해적질로 몸살을 앓고 있고 석유와 가스 가격의 폭락, 국외 이민자의 송금, 외국인 투자의 감소로 경제적, 정치적으로 선진국으로 갈 확신이 없기에 중동의 인접 환경의 안정을 위해서 미국과의 전략적 동맹에 의존하는 입장이다.[2] 2014년 이스라엘과 PLO의 전쟁도 이집트의 중재로 무기한 중단된 것이다.

요르단의 암만과 페트라를 보면서 우리는 사도 바울이 다메섹에서 예수를 만난 빛의 사건 즉, 영적으로 에너지의 사건(빛, 열, 영향력) 이후에 먼저 간 페트라 지역은 수로를 통한 에너지를 고려해 볼 때 반드시 다루어야 할 중요한 나라다. 시내산에서 떨기나무 불꽃에서 하나님을 만났던 모세가 페트라 지역에서는 반석을 지팡이로 치자 물이 솟아난 지역이다. 창의적 접근 전략이 가능한 지역이라는 사실을 사막을 운행하는 낙타와 그의 등에 있는 물을 통해서 에너지의 의미를 상징적으로 이해를 할 수가 있다.

---

2 르몽드 디플로마티크 편집부, 『르몽드 세계사 2권』, 최서연 역 (서울: 휴머니스트, 2010), 88-89.

더구나 중국의 상해는 에너지의 도시다. 어디를 가든지 공원에서는 맨손 체조를 하면서 마치 사자가 먹이를 잡기 전에 준비 운동을 하듯이 계속해서 움직이고 있으며 역동적인 에너지를 느끼게 하고 있다.

한민족 기원의 역사를 보면, 바벨탑 사건 이후에 동방으로 이주해 온 욕단의 후예인 한민족(동이족)의 중국 지배 역사를 참조하면, 오늘날의 중국은 천단 앞에서 수많은 종교를 용해시켜서 지금도 현재 진행형으로 종교를 중국내화(Chincalization) 시키고 있는 그 에너지는 가히 폭발적인 용광로인 것이다. 종교 혼합주의요 종교 다원주의의 변색 가면을 쓰고 있지만 종교적인 초일류 에너지를 가지고 있다고 볼 수 있다.

한마디로 전쟁의 화약고와 같은 지정학적 위치에 있는 나라들을 관리할 수 있는 미국, 중국 등 나라들에 의해서 창의적 접근 전략이 가능하다고 본다. 악의 축이라고 불리는 북한의 영변이 에너지야말로 창의적 접근 지역이요 창의적 접근 전략의 융섭을 통한 최후의 선교지라고 볼 수 있다.

한동대학교가 이제는 디지털 수준의 중국의 청화대학교에 에너지시스템공학부 교수를 보내야 한다. 엔트로피(Entropy)를 넘어선 신트로피(Syntropy)를 신데오트로피(Syntheotropy)로 바꿀 수 있는 과학신학에 대한 연구가 한국 기독교에 도래할 수 있도록, 한동대학교의 명예 총장인 김영길 박사와 같이 데오트로피(Theotropy)를 아는 자가 필요하다.

앨리스터 E. 맥그래스는 과학신학에 대해 이렇게 말한다

> 구약성경의 의의 개념에 대한 간략한 분석을 통해 세계의 질서 개념은 이스라엘이 세계 안에서 자신의 위치와 하나님과의 관계를 이해하는 데에 중요한 개념임을 알 수 있다. 이스라엘의 정체성은 자연 세계 및 하나님과의 관계에 의해 형성된다. 두 경우 모두 질서 개념이 중요한 역할을 한다.

하나님과 이스라엘 사이의 언약은 이스라엘 안에서 모든 관계의 질서를 세운다. 이런 질서는 이스라엘 백성이 그 땅과의 관계, 백성, 상호 간의 관계, 하나님과의 관계를 함축한다고 보아야 한다. 질서는 먼저 창조를 통해 그리고 이어서 언약의 수여를 통해 세워졌다. 자료(datum)와 선물(donum)이라는 하나님의 이중적 행위는 이스라엘의 행동과 사고를 지배하는 틀을 세운다.[3]

여기서 "자료(하나님의 은혜) = 새 언약, 선물(하나님의 사랑) = 십자가를 통한 영적 에너지"로 이해할 수 있다. 하나님이 다스리는 세계 질서는 아브라함의 언약을 통하여 이스라엘 백성에게 주어진 것인데 이제는 새 언약을 통하여 생명과 성령의 법으로 다스리는 나라가 되어야 한다.

하나님의 공의는 예수의 십자가의 사건으로 완성되었고 율법은 다 이루어져 예수에 의해서 폐기가 되었으며 우리는 부활하신 그리스도 예수 안에서 생명과 성령의 법안에서 살고 있다.

그런데 이스라엘은 여전히 유대교를 고집하며 예수를 믿지 않기에 하나님은 껍데기로 버리신 것이고 이제 영적인 이스라엘의 기능을 할 수 있는 나라를 찾고 있는 데 미국을 뒤이어서 한국이 그 역할을 할 수 있느냐는 것이다.

할 수 있다. 영적인 이스라엘이 되어서 마치 달걀의 껍데기를 까고 병아리가 되어서 비로소 공간을 지배하며 날을 수 있는 것과 같이 원자핵과 같은 노른자의 역할을 한국의 그리스도인들이 해야 할 것이다.

이 세대를 본받지 말고 변화를 받아야 한다(롬 12:1). 여기서 본받지 말

---

[3] 앨리스터 E. 맥그래스, 『과학신학탐구』(서울: CLC, 2010), 284.

라는 것은 더 큰 악과 더 작은 악 사이에서 선택하며 살게 만드는 율법하에서의 사회를 말하는 것이다. 이 세대(유대교, 종교 다원주의, 종교 혼합주의, 로마 가톨릭교, WCC 등)와 타협을 하지 말라는 것이다. 여기서 변화를 받으라는 것은 피터 드러커의 변화의 4단계 가운데서 변혁을 지칭하는 것이다. 이를 도식으로 표시하면 아래와 같다.

변화(Change) - 혁신(Innovation) - 변혁(Transformation) - 혁명(Revolution)

익명의 그리스도인(변화) - 명목적 그리스도인(혁신) - 실천적 그리스도인(변혁) - 순교자(혁명)

화석에너지 그리스도인 - 탄소 그리스도인 - 원자력 그리스도인 - 대체 에너지 그리스도인

이것이 진정한 의미에서의 에너지 선교 혁명으로 이어지는 것이 옳다. 이 일을 위해서 영적인 이스라엘 된 우리에게 주신 하나님의 새 언약의 은혜의 선물은 하나님의 창조부터 종말까지 다스리게 하신 에너지다.

에너지를 그냥 하나님이 인간에게 베풀어 주신 만나와 같은 자연계시로 보는 것이 아니라 하나님의 십자가의 사랑이라는 특별계시를 포함해서 보게 될 때 자신학(self-theology)인 전문인 신학(Professional theology)에서 실천신학의 모델이 될 수 있는 예수 십자가의 사랑의 에너지 신학이 비로소 총체적(Wholistic) 신학, 총체적(Wholistic) 선교로서의 기초를 시작할 수가 있을 것이다.

십자가의 사랑의 에너지 신학에서 다루어야 할 신학이 에너지 전문인 선교사가 되는 선교 전략인데, 여기서 다루어야 할 과목은 아래와 같다.

① 하나님 중심의 세계관(Christian Worldview): 기독교 세계관을 하나님의 경영의 차원에서 종합적으로 볼 수 있는 신국적 세계관이다.
② 예수님 같은 사역(Jesus like Ministry): 천국의 집을 예비하시는 순례자적인 예수사역이다.
③ 종으로서의 리더십(Servant Leadership): 섬기는 종으로서의 발을 씻기시는 헌신의 사역이다.
④ 글로벌 그린 에너지(Global Green Energy): 전문인 선교와 복음 전파를 포괄하는 의미의 에너지 선교다.
⑤ 전 신자 선교사주의(Every Believer's Missionary hood): 만인 제사장에 묶여 있는 이신득의의 신학을 변혁하는 변혁 신앙으로서의 전 신자 선교사주의. 선교가 없는 믿음은 죽은 믿음이다.
⑥ 그럼에도 불구하고 축복의 통로(Contrariwise Channel of Blessings): 소유의 창고와 같은 성취 동기가 아닌 헌신 동기로서의 축복의 통로를 소개하고 하박국서처럼 자신의 소유가 없음에도 불구하고 축복의 통로가 되는 것이다.
⑦ 성육신적인 선교(Incarnational Mission): 성육신적인 선교, 동일시의 원리, 자기비하의 교리를 생명과 성령의 법 안에서 행동하는 믿음으로 실천한 바울의 자비량 선교, 전문인 선교, 그리고 융섭형 전문인 선교의 기초는 예수 선교다.
⑧ 5중 전문성(5-fold Professionality: 직업, 사역, 언어, 지역, 성령의 기름 부으심): 성령 세례에 의한 하나님이 내안에서 역사하시는 사역이 올바른

성령의 사역이며 전문성이 내안에서 융섭적으로 드러나게 된다.

⑨ 비판적 상황화(Critical Contextualization): 지정학적인 갈등과 분쟁을 12 지파와 12 사도에게서 교훈을 얻어서 비둘기처럼 순결하고 뱀처럼 지혜로운 정체성을 먼저 지키고 상관성을 유지하는 상황화된 자신학의 전략이 필요하다.

⑩ 문화 교류 리더십(Intercultural Leadership): 하늘의 문화를 버리시고 이 땅의 문화에 오신 최초의 타문화권 선교사이신 예수 그리스도의 리더십의 이론과 실제를 사도 바울처럼 실천해야 한다.

이를 위해서 에너지 최고위 지도자 과정(E-Lamp)을 시작하여 많은 후원 그룹을 형성하고 그 가운데서 선교사로 헌신한 자를 훈련시키는 일을 통해서 우선은 현실적으로 한국개발연구원, 대외경제정책연구원, 통일연구원, 산업연구원, 국토연구원, 에너지연구원, 철도연구원, 한국주택개발공사, 한국석유개발공사, 한국전력 등 에너지에 종사해 온 은퇴하는 많은 전문인에게 직장 선교와 세계 선교를 선교 융합하는 차원의 전문인 선교에 동참하는 길을 열어 주는 것이 너무나 소중하다고 본다.[4]

그리고 모든 영역의 리더들이 다 에너지 선교를 위한 동반자 선교사 리더라는 포괄적인 개념을 가져야 전 신자 선교사주의와 상통하게 된다. 이러한 자들을 발굴하는 직업을 인재 코디네이터, 즉 헤드 헌터라고 하는데, 구체적으로 이들을 발굴하고 예수 복음 바울 선교를 실시할 수 있는 생활 가운데 전도자인 전문인을 에너지 선교사로 배치하기 위해서는 변혁된 인재 코디네이터의 헌신이 필요하다. 김동연은 이렇게 제시한다.

---

4 민경태, 『서울 평양 메가 시티』(서울: 미래의 창, 2014), 244.

무엇보다도 업무를 수행하는 과정에서 기업 가치관과 도덕성을 갖추는 것은 헤드헌팅을 중장기적 사업으로 추진해 가려는 인재 코디네이터(헤드 헌터)에게는 필수사항인 것이다. 당장 좋은 성과를 거두려고 또 계속적으로 좋은 성과로 이어지려면, 인재 코디네이터(헤드 헌터)와 인재 코디네이터(헤드 헌터)의 관계가 1차 고객으로 매우 중요하다는 것이다. 이것은 함께 같은 일을 하는 동료 구성원과 도덕성과 겸손함과 신뢰가 쌓여야 한다는 것이다. 그 다음 2차 고객인 채용 의뢰사에 열정을 다하는 성실성과 신뢰성과 겸손의 덕목이 갖추어져야 한다는 것이다. 이렇게 그 인재 코디네이터가 시장에서 평판이 우위에 있어야 성공한 전문가로서 계속 유지될 수 있으며 훌륭한 인재 코디네이터가 될 것이기 때문이다. 직관성, 성실성, 능동성, 유연성, 협상력, 외국어 능력, 인맥 관리 능력, 도덕성, 신뢰성은 인재 코디네이터가 갖춰야 할 가장 핵심적 자질의 요소다.[5]

　이분법으로 구별이 된 남한은 다양한 가운데 조화를 이룰 수 있는 새로운 정치 체제를 구축해야 북한의 유사시에도 자유 민주 띠정체를 유지할 수 있다. 남한과 북한이 함께 터널을 통과해 나온다고 하는 동병상련(同病相憐)의 동일시의 원리로 소통을 하는 것이 소중하다.

　예를 들면, 북한의 북서부, 북동부, 중등부, 메가시티 광역 경제권을 개발하는데, 한국전에 참가한 UN 참전국들에 우선권을 주어서 북한의 입장에서는 억울함을 씻을 수 있는 위기를 만들고 북한에게는 미얀마의 아웅산 사건의 범죄를 씻을 수 있도록 미얀마의 개발 사례를 벤치마킹하여 결국은 상호 간의 하나님 앞에서의 크고 작은 저지른 죗값을 씻게 하고 화해

---

[5] 김동연, 『인재 코디네이터 헤드 헌터』(서울: 러빙 터치, 2014), 497-98.

하는 기념비적인 사역이 이루어져야 한다.

그럴 때 진정한 의미에서의 민족 화합이 이루어지는 모퉁이돌 사역이 될 것이다. 이 일에 케냐의 KAIST 건립을 계기로 아프리카가 연결되면 하나님의 백성의 민족 융합(融合)이 일어나게 될 것이다.

또한, 이들을 통하여 중국의 앞선 태양 에너지의 기술을 다시 한국과 나눌 수 있는 길을 할 수 있는가?

만일 한국에서의 해비타트 운동과 연계하여 중국에 짓는 집을 태양열을 활용한 집을 짓고 케냐의 소똥으로 집을 짓고 사는 마우이족들도 저들이 원하는 친환경형의 아파트에 살 수가 있다면 그리스도인 문화 공동체를 형성할 수 있다면 중국의 스마트 도시를 네트워킹하여 짓는 과정에서도 참조가 될 수 있지 않을까?

2020년까지 중국의 다가올 원자력 에너지의 폭발적 증가와 함께 한국형 원자력 발전기의 모델인 K-STAR의 아랍에미리트의 수출과 함께 한국의 발전된 원자력 에너지 기술자의 신형 핵융합 기술로 소형화와 이동성이 보장된다면 중동과 아프리카에서의 활약도 기대해 볼 수 있지 않을까?

이 과정 중에 하나님이 현대판 애굽의 바로에게 열 가지 재앙과 같이 역사하시면서 북한에 물이 피로 변하는 재앙을 이해하지 못하기에 마지막에는 유월절 사건으로 장자를 치는 사건 이후에 출애굽 사건을 통해서 이스라엘 군대 200만 명을 구원하고 애굽의 600병거와 군사들을 홍해에 수장하는 일을 생각하게 하사, 저들의 두 손을 들게 하시며, 이 과정에서 하나님이 우리에게 요구하시는 것은 예수 십자가의 흘린 피로서 완성된 십자가의 사랑을 서로 회개하고 용서하고 화해하는 융합적인 방식으로 서로 사랑을 베풀라는 것이다.

3. 결론

아프리카의 민족 화합은 하나님과 인간의 화해(reconciliation)가 먼저이고 그다음이 민족 간의 화합(national reconciliation)이다. 이런 측면에서 화해의 대제사장의 역할이 예수의 사역의 핵심이다.

제사장이 지성소의 증거궤 위의 속죄소(시은좌)에 나가듯이 하나님 앞에서 인간의 죄를 대신 짊어지는 제사장의 역할을 하는 것이 왕이요, 선지자요, 제사장의 융합 기능을 하는 선교사의 사명인 것이다. 구약의 제사장의 12 보석(출 28:17-20)과 우선 창의적 에너지 사역 지역의 12 지역을 연결하여 이해하기로 한다.[6]

제사장의 우림과 둠밈에 여호와의 빛이 비추게 되면 판결 흉배 안에서 역사하듯이 전문인 선교사의 가슴 안에 성령의 빛이 비추사 저들의 전문인으로서의 소명, 즉 직업의 전문성, 사역의 전문성, 언어의 전문성, 지역의 전문성이 성령의 인치심으로 일어나 생명의 성령의 법으로 빛을 발하게 될 것이다. 오직 성령만이 죄에 대해서 의에 대해서 심판에 대해서 우리에게 바로 가르쳐 주시기 때문이다(요 14:8).

이것이 사도 바울이 말하는 "달려갈 길을 다 달리고 관제와 같이 부음이 되었다"는 거룩한 산 제물로서의 선교사의 삶이요, 진정한 의미에서의 하나님의 에너지의 혁명이요 에너지 전문인 선교사의 헌신의 길이다. 우리가 남북 간의 분쟁을 해결해 나가는 과정에서 먼저 우리는 아래와 같은 12 분쟁 지역에서의 사역에 충성을 함으로써 하나님이 북한 문제를 선물로 해결해 주실 것을 믿고 나가야 한다.

---

[6] 성서원 편, 『QA 성경』(서울: 성서원, 2009), 123-125.

정근모 박사는 토니 홀 미국 하원 의원을 신실한 그리스도인 가운데 한 분으로 소개하고 있다.

> 미국 내 대표적인 기독 정치인으로 인도적인 정책 수립에 많은 영향을 끼치고 있는 토니홀, 임기 2년의 하원 의원에 11번째 당선된 그의 의정 활동은 특별하다. 빈민 구제와 난민 구조에 초점을 맞추어 의정 활동을 벌이고 있는 그의 활동은 기근이나 천재지변이 일어나 고통 중에 있는 나라는 세계 어디든 찾아간다. 북한을 다섯 번 방문하고 심각한 기아 상태에 빠져 있는 북한 어린이들의 실상을 세계에 타전했다. 북한 방문 4주일 전, 맏아들 매튜를 백혈병으로 잃었으나 그의 부인 낸시가 "내 아들도 하나님의 아들이지만 북한의 굶주리고 있는 어린아이들도 하나님의 자녀입니다. 배고파 죽어 가는 북한 어린이들을 살려야 해요. 당장 북한으로 가세요. 그리고 저들을 어떻게 도울 것인지 대책을 세워 주세요."라는 말을 듣고 북한을 예정대로 방문했다. 분쟁 순회 대사의 모습이 느껴진다. "나는 성경을 믿고 성경대로 살고자 합니다. 가장 큰 죄는 어려움에 빠져 있는 이웃을 외면하는 것입니다. 이웃을 도와주고 이웃을 사랑해야 합니다. 사랑은 정치도 아니고 경제이론도 아닙니다. 단순하게 사랑해야 합니다. 사랑은 하나님의 명령입니다. 그 명령에 순종해야 합니다."[7]

---

7 정근모, 『소명 앞에 무릎 꿇은 신실한 크리스천들』(서울: 국민일보, 2013), 160-65 요약 인용.

제12장

아프리카 분쟁 지역 이슬람 연구

1. 서론: 문제 제기

문화적 종교적 장벽을 완전히 철폐하지 않고서 경제적 장애를 극복하기를 바란다거나 인권과 다원적 민주주의를 기대한다고 하는 것은 정치적 수사에 불과할 것이다.

정당한 보수를 지불할 수 있는 경제적 토대를 갖추지 못한 채 공무원을 양성하고 이제 막 태동한 지역 기업에 대한 보호 장치 없이 냉혹한 국제 경쟁에 가난한 나라를 개방하고 유엔에 의존하는 거대 금융 기구들의 실수를 바로 잡지 않은 채 원조를 유지하면, 아프리카의 만연한 약탈을 통제하지 않고 방치하는 것이며 이는 곧 이 나라들이 영원히 후진국으로 남게 된다는 의미다.[1]

내부적 해결책은 강력한 정부가 필요하다. 강력한 체제의 효과적인 경제 정책, 여성 해방과 출산력 통제, 경제적 해결책, 그리고 독창적인 기술적 해결책이다.

---

[1] 정근모, 『소명 앞에 무릎 꿇은 신실한 크리스천들』(서울: 국민일보, 2013), 200.

외부적 해결책은 문화적 혁명이 필요하다. 국제기구의 근본적인 개혁, 개발 원조금의 증가, 구체적인 프로젝트와 새로운 우선순위, 건강, 가족, 시민 의식, 기술 혁신에 대한 원조, 지역 발전과 공동 개발, 미소 금융, 새로운 의료 정책과 위생 조치, 그리고 무엇보다도 중요한 부패 척결을 위한 지원이다.

아프리카 선교를 이야기하면서 필수적으로 이슬람 선교를 이해하고자 하는 것은 마지막의 동유럽 선교와도 연관되기 때문이다.

정근모 박사가 구상하는 아랍에미리트-사우디-케냐-동유럽-라틴 아메리카에 대한 원자력 에너지 선교의 선순환 고리를 이해하기 위해서는 십자군 전쟁과 유럽에 창궐한 흑사병을 이야기할 수밖에 없는데, 1351년에 흑사병이 창궐하자 유대인 학살이 수그러들었고 유대인의 대형 공동체 6개와 소형 공동체 150개가 사라졌고 350회 이상의 학살이 자행되어 중서 유럽의 유대인들은 거의 사라지고 폴란드와 리투아니아 등으로 피신을 가게 되었다.

이때 독일의 방언인 이시디아어가 동유럽의 언어로 자리를 잡으면서 문화와 경제에 큰 영향을 미치게 되었다.[2] 유대인들은 핍박 가운데서 선민의식을 가지고 오늘날까지 쓰레기통에서 꽃을 피우는 놀라운 이스라엘을 건설할 수가 있었다.

최근까지 건재한 알카에다 이후의 IS의 위협은 글로벌 도덕성의 문제를 들고 일어선 것이다. 한마디로 기독교가 이기주의, 알코올, 섹스, 그리고 돈으로 타락을 했고 이러한 세속화의 영향이 중동에 영향력을 미치는 것을 더 이상 묵과할 수 없는 상황에까지 온 것으로 판단한 것이다.

2　홍익희, 『세 종교 이야기』(서울: 행성비, 2014), 413-14

그런데, 극단적 율법 종교인 이슬람은 위선적이고 탈법적인 방법으로 섹스를 탐닉하고 있다. 이는 교주인 마호메트가 간음한 여자에 대한 태도와 예수의 태도에서 차별적으로 보여 주는 것이다. 예수는 간음한 여인일지라도 존중과 배려로 다시는 죄를 짓지 말라고 하면서 되돌려 보내주었으나, 마호메트는 달랐다.

> 유대인들이 토라를 가져와서 펼쳤다. 그 중 한 명이 돌로 치는 형벌의 규정을 손으로 가리고 그 전후 구절을 읽어보았다. 그때 압둘라가 그에게 말했다.
> "당신의 손을 드시오."
> 그가 손을 들자 그 자리에 돌을 쳐 형벌하는 것에 대해 적혀있는 구절이 있었다. 그들이 말했다. 무함마드가 진실을 말했다.
> "토라에는 돌로 쳐 죽이는 형벌이 있다."
> 그때 알라의 사도 무함마드가 그 두 사람을 돌로 쳐서 죽이라고 명했고, 그들은 그렇게 죽임을 당했다. (이것을 본) 압둘라가 말하였다.
> "나는 (돌에 맞아 죽어 가는) 그 남자가 돌로부터 여자를 가리는 것을 보았다."[3]

여기서 우리는 마호메트는 더 큰 악과 더 작은 악 사이에서 선택하는 무비판적 중동의 평범한 인간이고 예수는 어떻게 해서든지 간음한 여인을 구하려고 더 큰 선과 더 작은 선 사이에서 선택하는 변혁적 상황적 리더라는 것을 알 수 있다.

더구나 미국은 셰일 가스의 개발로 지속적으로 채굴이 가능하게 되

---

3 최한우, 『이슬람의 실체』 (서울: Kuis Press, 2010), 182.

어 2015년 연말까지 50% 이상의 자급률을 보이고 점점 석유의 자급자족 100%로 가는 상황이고 초조한 이슬람 진영에서는 수니파와 시아파가 유튜브 상에서 가지 IS 지원군을 모집하고 국제적으로 망신을 당하는 온건파와 분열이 일어나는 현상을 보이고 있다. 아프리카 최대의 산유국인 나이지리아는 원유가의 하락으로 사면초가(四面楚歌)다.

더구나, 한국에서는 기독교가 개독교로 폄하를 당하는 사이에 안티 기독교가 일어나서 세계 평화라는 거대한 담론하에 2005년 이후에 밀려드는 이슬람의 발흥을 "기윤실," "뉴스앤조이," "SBS" 등의 미디어를 포함하여 한국의 지성인들이 이제는 기독교로 안 되니 이슬람적 기독교를 인정 내지는 개종하려는 기독교 다원주의의 입장을 가지고 뒤에서 원군으로 이슬람을 받아 주는 입장으로 보인다.

미국의 9·11 테러 이후에 가장 급성장한 종교가 이슬람이다. 그렇다면, 한국에서도 (지하철 폭탄 테러 등) 유사한 사태가 강남 무역센터 등에서 벌어진다면 1970년대의 폭발적인 교회 성장에 이어 이제는 원치 않는 이슬람 폭발(Islam Explosion)이 한국의 종교계를 지배할 수도 있을 것이다.

이슬람 국제 운동과 한국교회에 대한 입장을 들어보면서 이슬람 변혁적 상황화를 위한 한국 전문인 선교사들의 자세를 밝히고자 한다. 최바울은 이렇게 말한다.

> 이슬람은 한국교회를 전방위적으로 공격하고 있다. 그러나 한국교회는 소위 "이단 때려 잡기"에만 혈안이 되어 있으나 이단 중의 이단, 폭력과 살상을 서슴지 않는 이슬람집단에 대해서는 관심도 없고 무지하기까지 하다. 9·11 테러 이후 세계 환경은 급속히 변화되고 있다.
> 이제 한국도 예외가 아니다. 우리에게는 시간이 없다. 지금 한국에 약

10-15만 명의 무슬림이 있다. 한 국가에 무슬림이 1%만 되면 그 국가는 정상 작동하지 않는다. 우리가 지혜롭게 대응하지 않으면 앞으로 10-15년 내에 한국에도 수천 개의 이슬람 사원에 주요 도시마다 곳곳에 세워지고 전국적으로 이슬람 테러가 득세하는 그런 처지로 전락할 수도 있다. 세계 교회가 어려운 이때에 한국교회와 해외 디아스포라 한인교회들이 먼저 깨어 일어나서 기도하며 오히려 이슬람권 선교에 더욱 더 헌신해야 할 것이다. 우리가 힘써 잠시 수고할 때 머지않아 백 투 예루살렘(Back to Jerusalem)의 비전을 가지고 일어나는 1억 5천만 중국교회가 우리와 함께 마지막 역사를 감당할 수 있을 것이다. 이 일이 있기 전에 하나님은 아프리카 케냐를 통해서 우회적으로 시너지 효과가 이루어지도록 어명을 내리신 것으로 본다(사 60:1-6; 사 49:11-12).[4]

2. 본론

피터 드러커의 정의에 의하면 전문인은 "자발적인 의지에 의해서 미래의 삶을 스스로 개척하는 지식 근로자"다. 전문인 선교사는 목사 선교사와 평신도 선교사로 이분법으로 나누어진 선교사의 개념을 성육신 선교와 비판적 상황화의 선교 이론에 기초하여 제3의 길로의 연합을 이루는 선교사의 개념이다.

아프리카 선교를 하려면 우리는 먼저 무슬림의 개념과 전분인의 개념을

---

[4] 최바울, "이슬람국제 운동과 글로벌 지하드," 한국목회자선교협의회, 2015 목회자 이슬람 세미나, 2015.3.4., 9.

정확히 알아야 하는 것은 당연한 이치다.

1) 이슬람교에 대한 이해

세계 선교의 전략적인 측면에서 이슬람교는 피해갈 수 없는 커다란 방애물이다. 이슬람은 종교적으로 유대교와 기독교와 맥을 같이 하면서도 철저히 그것을 거부한다. 한국에 와서 포교는 하면서도 한국인이 그곳에 가서 기독교를 전하면 반월도로 목을 쳐서 죽이는 것이 모순이다. 진정한 의미의 화해의 종교이면 상호 윈-윈(win-win) 할 수 있는 자세가 필요하다.[5]

오늘날 전 세계 인구의 다섯 명 중에 하나는 무슬림이다. 그 가운데 56%가 아시아에 있다. 10/40 창문 지역의 국가 가운데서 가장 폐쇄적인 종교를 꼽는다면 단연 이슬람교를 꼽을 수가 있을 것이다.

가장 폐쇄적인 이슬람교와 지구상의 유일한 독재 공산주의자인 북한이 미사일 판매로 인하여 서로 음성적으로 만난다고 하는 것이 감이 좋지 않아 보인다. 현재 남한에도 우리투자금융과 신한굿모닝금융에 오일 달러 펀드가 들어온 것으로 알고 있다. 수쿠크라는 이슬람 채권은 투자자에게 정기적으로 이자를 주는 대신 투자수익을 배당금 형태로 지급하는 것이고 무라바하는 이슬람 은행이 상품구매자와 판매자를 중재하는 형식이다.[6] 요시다 에츠아키는 이렇게 말한다.

---

5 interview with 정재규 목사, 강남 라마단 호텔, 2008.12.16.
6 "헬로! 중동권 금융," 「국민일보」, 2009.1.14. 경제란.

지금까지 수쿠크라는 말은 단순히 이슬람 채권으로 사용했지만, 원래 의미를 찾아보면 "수쿠크=채권"이 꼭 성립되는 것은 아니다. 수쿠크라는 아랍어 사크의 복수형으로, 일반적인 증서를 의미한다. 그러나 수쿠크의 일반 기능과 상품 속성은 부채성 증권이므로, "채권"으로 직역할 수 있어 이슬람 채권과 수쿠크를 거의 동일하게 보아도 문제가 무리는 없다. 앞으로 수쿠크가 기술적으로 발전해 부채성 증권 영역을 뛰어넘는 상품이 나온다면 다른 용어를 쓰는 편이 좋겠지만, 그러기까지는 오랜 시간이 소요될 것이다. 덧붙여 말하자면, 앞에서 말한 사크(수쿠크의 단수형)는 수표를 뜻하는 영어 단어 체크(check)의 어원이다. 어음이나 수표는 원래 이슬람 상인이 10세기경까지 사용한 것으로, 이슬람 사회가 상업을 중시했으며 상업에 편리한 구조를 만들어 냈다는 사실을 엿볼 수 있다.[7]

문제는 경제 위기 가운데 건설과 무역 등 중동에 대규모 사업 경험이 있는 현 정부가 경제와 이슬람을 분리하여 생각을 할 때, 경계선을 넘을까 걱정하는 것이다. 한국의 여러 기독교 대학의 캠퍼스에서도 장학금 명목으로 이슬람 측에서 오일 달러가 전달되고 있어서 연세대 등에서는 장학금을 사절했다는 말을 들었다.[8]

이슬람교는 2가지 이유에서 기독교에 가장 커다란 대적 세력이 되고 있다.

첫째, 이슬람교는 기독교 이외에 선교라는 개념을 적극적으로 사용하고 있는 유일한 종교다.

---

7   요시다 에츠아키, 『이슬람 금융이 뜬다』 (서울: 예지, 2008), 71-72.
8   interview with 장헌일 장로, 명지대학교, 2008.12.11.

둘째, 이슬람교는 가장 빨리 성장하고 있는 종교다.

문제는 자문화 우월주의에 입각한 서구의 선교와 경쟁의식을 가지고 임하고 있다는 것이다.

2006년 11월 30일 소공동 롯데 호텔에서 열린 한국과 중동 간의 경제 협력 회의에서 이슬람을 대표하는 이맘 가운데 한 분이 분통을 터뜨리며 지난 100년 동안 서방의 열강과 미국, 그리고 일본은 한반도에서 행세를 다 했는데 아직도 아랍 측은 그런 기회를 갖지 못했다고 하며 분위기를 뜨겁게 달구는 장면을 목격한 적이 있다.

문제는 이들의 종교에는 구속적 유비(redemptive analogy)에 해당하는 종교의 진정성이 결여되었다는 것이다. 거기에다가 북한의 김일성주의와 같은 사교와 연관되어 미사일 판매를 미끼로 계속 연결된다고 하는 데 문제의 심각성이 있다고 본다.

현재 무슬림의 인구를 2019년경 현재 24억 이상으로 보고한다. 현재 거듭난 기독교 사역자의 숫자는 6억 정도다.

이러한 차원에서 무함마드의 생애를 간단히 살펴보고 이슬람교의 특징을 살펴보도록 한다. 그의 가족은 쿠라이시족으로부터 메카의 성전인 카아바를 관리하는 종족이었다. 그의 원명은 "무함마드 이븐 압둘라 이븐 압델모탈리브 이븐 모심"이라는 긴 이름이다.

무함마드는 AD 570년 메카에서 아버지 압둘라와 어머니 아미나 사이에서 태어났다. 그는 난지 여섯 달 만에 고아가 되어 가난한 삼촌 아브 탈리브 아래에서 자라났다. 그는 삼촌을 따라 낙타 몰이꾼이 되었는데, 여러 나라를 여행하며 기독교와 유대교 등 많은 종교를 접하게 되었다.

무함마드는 부자 과부 카디자의 일을 관리하고 있다가 25세 때에 과부인 이 여인과 결혼을 하게 된다. 무하마드는 40세에 히라(Hira)산 동굴에 들어가서 우주의 신비 뒤에 있는 비밀에 대해서 명상을 하면서 보냈다. 어느 날 가브리엘 천사로부터 다음과 같은 명령을 받았다.

"낭송하라, 낭송하라, 핏덩어리로 인간을 창조하신 창조주의 이름으로 낭송하라."

무함마드는 유일신에 대한 체험을 하였다. 그는 유일신을 알라라 불렀으며 자신을 하나님의 예언자라고 불렀다. 그리고 그 계시를 수록한 책을 코란이라고 불렀다. 무하마드는 메카의 개혁을 시도하였으며 그가 6년 동안 전한 메시지는 다음과 같았다.

"알라만이 참 신이며 카아바의 신들은 참 신이 아니다."

무함마드는 대부분의 사람들의 반대로 추종자들과 함께 애굽으로 피난을 하였다. 그 기간 동안에 카디지는 죽고 친구의 딸인 아이샤와 함께 결혼을 하였다. 당시 메디나에서 분쟁이 일어나자 무함마드는 그곳의 사람들의 요청으로 AD 622년에 메디나로 갔다. 이것을 "헤즈라"라고 부른다. 무하마드는 AD 630년에 메카로 진격하여 신상을 제거하고 메카를 이슬람의 근거지로 삼았다.

무함마드의 첫 설교가 금요일이었으므로 지금까지 이슬람의 예배는 금요일에 드린다. 무하마드는 헤지라 10년(AD 630년)에 메카에서 마지막 순례를 마치고 후계자인 알리로부터 충성을 다짐받은 후에 6월 8일 아내 아이사의 무릎에서 62세의 나이로 죽었다.

한마디로 말하면. 그는 위대한 인간이었다. 신은 아니었다는 것이다. 그러므로 예수와 함께 비교한다는 것은 차원이 다른 것이다. 이슬람은 인본주의 종교일 뿐이다.

2) 이슬람교의 특징

사하드(Shahadah)는 신앙고백으로서 매일같이 다음과 같이 고백한다.

> 알라만이 하나님이고 무함마드는 선지자다(La ilaha illa Allha, Mohammed Rosool Allah: There is no god but Allah and Mohammed is his prophet).

이 신앙에서 다루는 내용은 4가지다.

① 천사들(특히 계시의 천사 가브리엘).
② 경전들(유대교, 기독교, 조로아스터교, 힌두교 경전들과 거기에 코란을 더함).
③ 일련의 예언자들(신은 모든 민족에게 사자를 보냈다고 믿는다. 특히 유대-기독교의 인물들 가운데 특출한 사람들).
④ 최후의 날, 심판에 대한 신앙.

코란은 무하마드가 히라산 위에서 가브리엘 천사로부터 받은 계시의 책으로 무슬림에게는 하나님의 말씀으로 여겨지는 책이다. 무하마드는 글을 쓸 줄 몰랐으므로 계시 받은 것을 기억하고 그의 추종자들이 받아썼다. 추종자들의 직계와 방계 사이의 갈등으로 주도권이 권력화하면서 오늘날의 정치와 종교가 분리가 안 된 종교로 세습되어서 내려오고 있는 것이다. 이 점은 북한의 김일성 세습 과정과도 연관이 있어 보인다.

코란의 최종적인 집필은 무하마드의 사후 12년이 지난 후, 제2대 칼리프인 우마르에 의해서 완성되었다. 무슬림들에게 있어서 아랍어로 된 코란은 절대적인 권위를 가지고 있으며 외국어로 번역되는 것도 불경한 일이라고 생각되어 번역을 금하고 있다. 그러나 1930년의 이슬람 선교정책 이후에는 케말 아타튜르크가 터키어로 번역을 시도한 이래 계속 다른 언어로 번역을 시도하고 있다.

코란은 총 114장으로 되어 있으며 각 장을 수라(surah)라고 한다. 각 장의 서두는 "은혜로우시고 자비로우신 하나님의 이름으로"라는 말로 시작한다. 크기는 신약성경의 2/3 정도이고, 각 장은 3절에서 280절에 이르기까지 다양하다. 그 절을 아야(ayah)라고 하며 총 절수는 6,236절이다. 문체는 문학적인 아랍어로 되어 있다. 메카에서 받았다는 수라들은 짧고 시적이며 감정이 풍부한 반면에 메디나에서 받았다는 수라들은 길고 논리성이 부족한 장황한 이야기체로 되어 있다.

코란을 묵상하거나 자주 읽으면 선행은 증가되고 악행은 점점 줄어들게 되며 모하멧이 한 말이나 행실을 자주 묵상해야 한다. 6세부터 코란의 가르침을 받게 되는데 잘 받으면 선행이 증가되고 잘못 받으면 고통을 받고 악행이 증가된다고 가르친다. 중국의 유교 경전 논어가 떠오른다.

> 이익을 따라서 행동하면 원망을 많이 사게 된다.[9]

이익을 추구하지 말라는 것이 아니라 수전노가 되지 말라는 말로 화교들에게 많은 지침이 되고 있다. 다시 말해서 축복의 통로가 되라는 말이다.

이슬람교에서 가르치는 알라의 특징 5가지를 정리하면 아래와 같다.

---

9   홍석연, 『논어 365일』 (서울: 문지사, 2003), 63.

① 알라는 삼위일체의 신이 아니다. 신은 오직 하나이기에 삼위일체가 될 수 없다고 그는 주장한다.
② 알라는 성부가 아니다. 이슬람의 알라는 친근한 우리 아버지 아바 아버지(Daddy)가 아니다. 따라서 하나님의 자녀라는 개념도 거부된다.
③ 알라는 성자가 아니다. 이슬람교는 예수의 십자가 사역과 성자 하나님이심을 부인한다. 알라는 그가 누구든지 언제든지 어디서든지 용서해 주시므로 대속자의 아들이 필요 없다고 믿는다.
④ 알라는 성령이 아니다. 이슬람교는 성령이 천사나 사탄처럼 피조물된 영이라고 주장한다. 성령의 내주의 사역도 당연히 거부된다.
⑤ 알라는 사랑의 신이 아니다. 알라는 자비롭기는 하나 여전히 피조물로부터 멀리 떨어져 있는 비인격적인 존재로 인식된다. 그러나 기독교의 하나님은 인간과 함께하시는 사랑의 하나님이시다.

그러므로 호렙산 정상에서 가시나무 불꽃 가운데 강림하여 말씀하시는 "I AM THAT I AM"으로 나타나는 하나님의 전능성을 그리고 내 안에 들어와 역사하시는 인격적인 하나님의 내재성을 가지지 못한 복종과 순종의 대상으로서의 무서운 알라인데 그가 현신한 것이 마호메트라고 볼 수 있다. 우리는 여기서 3가지를 비교할 수 있는 눈이 있어야 한다.

무비판적 상황화	➡	이슬람교, 김일성교, 인간의 나라
비판적 상황화	➡	로잔 운동, 변혁 운동, 선교 운동, 하나님의 나라
상황화/토착화	➡	지구촌 동서 기독교, 남북 기독교, 양자 균형이 필요

매일의 기도(5회)인데 새벽, 정오, 오후 3시, 일몰, 일몰 후 2시간 후 그러나 코란에는 세 번의 기도만이 언급되어 있다. 필자도 우즈베키스탄에 컨설팅 선교를 간 적이 있었는데 아침 일찍부터 울리는 아잔 소리에 속이 메스꺼운 경험을 했다. 일본으로 넘어가면 느껴지는 지역 신(territorial spirits)의 존재 앞에 힘이 소진되는 느낌과 같은 것이다.

① **라마단 금식**(Ramadan)

음력 9월경인데, 해가 떠서 해가 질 때까지 금식을 하며 저녁에는 포식한다. 부자들은 이 기간에 돈을 더 쓴다. 마호메트가 가브리엘 천사에게 21일간 계시를 받은 때를 기념하는 금식 기간이다.

기독교에서는 이 기간에 역라마단 금식을 하고 있다. 지금은 지구촌 시대이기 때문에 국내에서 말고 해외에서는, 그리고 선교사로 나가기를 원하는 자들에게는 서로 간의 다른 종교가 하는 예식을 자기의 것으로 소화시킴으로써 답답함에서 벗어나는 창조성, 효과성, 효율성, 융통성이 필요한 것이다.

② **자카트(구제)**

자기 수입의 2.5%를 구제비로 써야 한다. 자카트라는 말은 정화를 의미하며 이는 그러한 의무금을 냄으로써 한 사람이 가지고 있는 나머지 재산도 종교적으로나 율법적으로도 순수하게 된다는 사상이다. 액수를 정해 놓았기 때문에 많은 분이 참여할 수가 있다.

기독교에서는 온몸과 맘을 드려서 헌신을 요구하기 때문에 시련이 있을 수도 있다. 기독교의 고르반과 비교해 볼 만한 내용이다. 부모에게 드려야 할 소득을 드렸다고 하고 사실은 드리지 않는 것을 지적한 고르반이라는 자세는 안 된다. 우리는 생명의 은혜의 법이신 그리스도의 율법, 하나님의 법, 성령의 법에까지 자라가야 한다.

인도네시아에서 화교들과 그리스도인들이 지역사회에 구제비로 내어놓지 않아서 문제다. 축복의 통로가 되어야 한다. 모두가 소유의 창고에 머무는 죄는 유대교나 이슬람이나 모두에게 마찬가지다. 그러나 이슬람은 강제성이 있으니 눈 가리고 아웅 하는 것은 되는 것이고 유대교의 율법을 넘어선 기독교는 은혜로 하는 것이니 하나님이 인간의 마음을 감동시켜서 하시는 것이다.

③ 하지(성지 순례)

경제적으로 가능하면 반드시 하는 것을 원칙으로 한다. 매년 음력 12월에 매년 200만 명 이상이 성지 순례를 간다. 순례란 메카에 있는 사원으로 가서 "카바"(kaaba) 주위를 돌고 싸이(사파 동산과 마르와 동산 사이를 왕복해서 걷는 것)를 행하며 아라파트(에덴 동산)에 체류하면서 희생제물을 드리고 무함마드의 생애의 사건들을 상기시킨다.

특별히 중동의 시로코 열풍이 부는 모래바람에서 사는 분들을 생각해보면 성지 순례야말로 가장 중요한 저들의 천로역정이라고 생각된다. 서구나 한국의 그리스도인들이 제법 품위를 유지하며 성지 순례를 하는 것보다는 낮은 수준이나 저들은 집단으로 인간 마호메트를 섬기는 것이고 우리는 그리스도 예수의 피 묻은 발자취를 따르는 것이다.

④ 성전(Holy War)

무슬림의 적들과 싸워서 순교하는 것이다. 만일 성전에서 죽으면 최고의 천국에 들어가는 것이고 그렇지 않은 신자의 죽음은 선행이 악행보다

많아야 천국에 점점 도달할 수 있다. 우리가 사는 세상은 복층식 아파트 구조와 같이 복잡하고 모순이 많고 경쟁이 심한 사회다. 지구촌이 그렇다는 것이다.

그런데 우리가 지향하는 천국은 차원이 달라야 한다는 것이다. 그곳에 가면 처첩을 거느리는 그런 교리로 사람을 유혹하는 종교나 모르몬교에서와 같이 술과 담배를 허용하고 아내를 여럿 둘 수 잇다는 종교는 회춘만 하려는 진시황의 종교이지 춘, 하, 추, 동의 계절을 주신 하나님의 리더십을 모르는 종교다.

3) 이슬람 교리의 핵심

첫째, 모든 무슬림은 일단 지옥으로 가고 거기서 율법을 잘 지킨 자는 구원을 받는다. 지옥으로 가는 것을 면제받는 것이 아니라 지옥에서 구제를 받는다. 구원의 확신이 없고 신의 뜻에 맡긴다는 인샬라를 외친다.

둘째, 예수의 동정녀 탄생을 인정하나 하나님의 아들이 아닌 선지자라고 생각한다. 그는 이적을 행한 것은 사실이나 십자가에 못 박혀 죽지 않았다. 인본주의적 발상이다. 예수를 마호메트와 같은 수준으로 끌어내리려는 생각이다. 마호메트는 자리보전했다.

셋째, 삼위일체를 부인한다. 알라를 믿는 유일신의 종교를 표방하고 사실은 마호메트를 믿는 유일인의 종교다. 김일성교와 다를 바가 없다.

넷째, 성령 대신에 천사와 사탄의 존재를 인정한다. 성령을 훼방하는 죄를 범하는 종교다. 성령의 인격성을 이해하지 못하기 때문이고 성령 충만, 성령의 내주, 성령의 인치심 등에 대한 언급이 없는 21세기의 종교가 아닌 자연적인 목축 시대의 종교다.

다섯째, 심판 날이 있다. 마지막 날에 세계 군대의 절반에 해당하는 중국을 도와서 적그리스도의 행동을 하는 팀들이 보이는 것 같다. 2009년 세계 경제의 위기는 개인 구원을 넘어선 사회 구원 그리고 지구촌 구원이라는 종말론적 선교의 중요함을 우리에게 제시하는 것이다.

여섯째, 성경이 오염되어 있다고 믿어 성경의 권위를 실추시킨다. 인간이 기록한 것이니 오염되었다고 할 수 있으나 본질적인 것은 무오하고 비본질적인 것에서 다양한 가운데 무질서한 것을 역동적 등가의 법칙에 따라서 각 나라말로 번역이 될 때는 시대를 따라서 계속 그 오류를 줄여나가야 할 것이다.

일곱째, 구원은 하나님의 은혜가 아니고 코란 법과 알라에 대한 복종과 선행을 통해서 가능하다. 죄를 짓고 도피하는 죄인 된 인간이 불가항력적인 하나님의 은총 앞에 돌아오는 것이 구원인데, 일방적인 개념의 구원이지 소통이 있는 구원의 개념이 이슬람교에서는 찾아볼 수 없다.

4) 이슬람의 경전

구약의 모세오경과 시편 그리고 예언서, 신약의 복음서(Injil) 그리고 최종적으로 코란이다. 복음서를 그리스도인들이 왜곡시켰다고 주장한다

① 코란: 마호메트는 문맹이었으나 그의 말을 여러 명이 양피지에 기록하여 AD 632년 그의 사후에 결집하였다. 원문이 사본마다 일치하는 것이 특징이다.
② 하디트(전통): 해석의 권위로 전통을 주장하나 비판적인 상황화의 원리에 따라 상호 모순되는 구절은 폐기하고 무효화할 수가 있다.

한마디로, 무함마드의 어록을 기록한 후계자들은 유대교 기독교 등과 자신의 독창적인 생각을 혼합한 것을 통해서 인간 예수, 선생 예수와 같은 수준으로 포장하려는 것으로 보인다. 성경 외의 계시(extra-biblical revelation)를 주장하는 종교인 이슬람교, 모르몬교, 문선명교, 여호와의 증인, 김일성교의 효시와 같은 역할을 하고 있다.

5) 이슬람 국가

이슬람은 종교라기보다는 하나의 국가 체계다. 이슬람 국가 형성을 목적으로 형성되었다. 이슬람 블록이 북남미 블록과 유럽 공동체와 인류의 마지막 아마겟돈 전쟁을 준비하기 위해서 한반도 쟁탈전에 돌입하는 것이다.

6) 이슬람의 잔인성

배교자는 죽인다는 잔인성을 가지고 있다. 미국으로 유학 간 사우디 청년이 예수를 영접한 후에 본국으로 돌아가는 비행기에서 사우디의 종교 경찰에 인질이 되었다가 탈출한 사건이 필자의 미국 목회 시에 뉴욕의 JFK공항에서 있었다.

7) 이슬람교의 분파

① 수니파: 정통 근본주의자로서, 무함마드의 법적 아들인 알리를 제거하고 교권과 정권을 잡은 그룹이다. 코란을 중시한다.

② 시아파: 법적인 아들인 알리가 칼리프가 되어야 한다고 주장하는 그룹이다. 또한, 이들은 코란이 잘못되었다고 주장한다. 반월도를 중시한다.
③ 수피파: 신비주의자들로서 경건과 묵상을 강조한다. 관상기도 실습 같은 것이다.
④ 원시 이슬람교: 이슬람 혼합주의자. 샤머니즘 그리고 혼합주의는 어디에나 있는 것이다.

8) 이슬람 선교 전략

(1) 왜, 무슬림에게 전도해야 하는가?

한국에는 이태원의 이슬람 사원 외에 계속해서 사원을 건설하고 있다. 외국인 근로자의 유입과 함께 무슬림들에게 전도해야 한다는 각성이 80년대 중반부터 있었다. 여기서 이슬람이란 주님의 뜻에 전적으로 복종하는 자를 의미하고 무슬림이란 복종하는 자를 의미한다. 이슬람은 종교가 아니고 생활 그 자체다. 그러기에 이슬람교는 힘이 있고 이슬람교의 교리는 기독교적인 동시에 가장 반기독교적이다.

땅끝이 바로 이슬람 선교다. 이슬람 지역에는 지역 내 지하 교회가 존재하지 못한다. 이는 원리주의자들의 횡포 때문이다. 아무리 많은 재산을 서방 세계에서 모았어도 국경선을 넘지 못하게 하고 이맘들이 막대기를 가지고 쫓아내는 실정이다. 이들이 한국을 2020년까지 이슬람 국가로 만들기 위해서 이슬람 대학을 세우는 등 많은 노력을 하고 있다.

우리는 세계화의 장단점을 알고 우리의 힘을 길러야 최후의 승자의 반열에 들 수가 있다. 세계 선교와 같이 눈에 보이는 선교에 치중하던 선교를 교정하여 북한이 붕괴되는 것과 맞물려서 돌아가는 이슬람의 한반도 전략을 간파하고 기독교가 나눔의 종교요 사랑을 실천하는 종교로 계속해서 모든 분야에 기독교의 정신이 빛과 소금으로 용해되어 개혁되도록 변혁을 지속해야 할 것이다.

(2) 사랑의 원자탄 신학과 이슬람 세계 연구 이유

요약해서, 무슬림과 복음적 기독교와의 차이점을 살펴보면, 무슬림은 하나님을 거리가 먼, 변덕적인 복수, 전능자로 여기지만 복음적인 기독교에서는 인격적인 사랑을 지닌 분으로 본다. 무슬림은 그리스도를 예언자로 보지만 복음적인 기독교에서는 성육하신 하나님으로 본다. 무슬림에서는 삼위일체가 만일 있다면 하나님, 마리아, 예수라고 하지만 이는 하나님-아들-성령으로 조화를 이루는 복음적인 기독교와는 다른 것이다.

무슬림에서는 믿음의 대상은 하나님과 무하마드 또는 이 둘이 혼합되지만 기독교는 하나님으로서 이 땅에 오신 예수를 믿는 것이다. 무슬림에서 마라는 죄는 부끄러움, 당혹함, 하나님께 대한 반역이지만 복음적인 기독교에서는 하나님을 알지 못하는 것을 죄라고 한다.

무슬림에서 구원은 믿음과 선행을 통해서이며 구원을 베푸시는 하나님에 대한 확신이 없다. 복음적인 기독교에서는 믿음을 통해서 그리스도 안에서 하나님이 구원을 베푸신다는 확신이 있다. 무슬림은 초자연적인 영적 세계를 강조하며 복음적인 기독교는 성서의 가르침에 기초한 믿음이다.

특히 원자탄과 관련하여 파키스탄의 역할이나 인도의 역할 등 이슬람교와 무관하지 않은 나라들이 경제 형편이 나아지는 나라부터 이제는 핵무기로 무장하려는 본능적인 노력을 하고 있다는 것이다.

여기서 미국 제국주의를 비롯한 그 우산 안에 있는 나라들이 기억해야 할 것은 하나님이 통치하시게 하라는 것이지 인간이 통치하고 억압하고 지배하는 제국주의적 방법이나 이에 저항하는 민족주의적 방법이 아니라 하나님의 나라 차원에서 세계 평화를 유지하는 일에 어찌하든지 협력을 강화해 나가야 할 것이다.

왜냐하면 죄인들을 위하여 주님이 이 땅에 오신 것이기 때문이다. 세상의 멍에(yoke)에 매이지 말고 하나님 나라의 명예(honor)를 위해서 살아야 한다. 무슬림을 향한 하나님의 사랑이 크시기 때문이다(요 3:16).

(3) 이슬람 선교에 있어서의 개인 전도의 실제

2015년 현재 200만 명 이상의 외국인 근로자들이 조선족과 러시아의 비즈니스 관련자를 중심으로 한국에 출입을 하고 있다. 물론 중동 지역에도 우리나라의 건설 기술자들이 살고 있다. 그 가운데서 중동이나 동남아시아에서 온 자들이 20만 명 이상이 될 것이다.

그들을 자주 접하게 될 것인데 우리는 어떻게 외국인 근로자들에게 생활 가운데 전도자가 될 수 있을까?

성경을 항상 거룩하게 다루어야 한다. 무슬림에게 식사를 대접할 때, 돼지고기나 베이컨이 들어간 음식 혹은 알코올이 든 음료는 대접하지 말아야 한다. 왼손으로 음식을 건네주거나 받지 않아야 한다.

예수님을 지칭할 때, 하나님의 아들이라는 말보다 하나님의 말씀이라고 지칭하거나 '이싸'라는 용어가 예수보다 저들에게 맞는 용어다. 예수님의 신앙과 종교 행위를 질문할 때 물론 우리의 신앙을 나눌 때에도 매우 진지하고 자연스러워야 한다. 열띤 논쟁이 되지 않도록 주의해야 한다.

구약성경과 신약성경이 변질되었다는 이슬람의 주장은 빈번한 논쟁거리다. 코란에도 하나님의 말씀을 바꿀 자는 아무도 없느니라(코란 6:35)고

했다. 삼위일체의 교리를 저들에게 설명해야 한다. 무슬림 전도를 위해서 상징과 비유를 사용하는 것이 좋겠다. 질문을 통해서 스스로 추론하면서 대화를 통해서 전도해야 한다. 이삭의 제물이 이스마엘의 제물로 바뀐 것에 대해서 솔직히 의논을 해야 한다. 예수님께서 죽음에서 부활하셨다는 사실을 가능한 한 담대하게 선포해야 한다. 무슬림 전도를 위해서 가장 중요한 것은 지속적인 중보기도다.[10]

한마디로 이슬람교는 근본주의(fundamentalism)의 종교다. 이슬람의 교육과 철학과 과학은 철두철미하게 코란에 기초를 하는 것이다. 다시 말해서 율법의 종교다. 유대교도 마찬가지이고 죄의 율법을 주장하는 유대교의 모세오경과 율법주의를 주장하는 성경 외의 계시인 코란으로 갈려진 앙숙인 것은 율법에 대한 고착화와 맹신이다. 그러나 기독교는 두 종교의 사이에 끼어서 균형을 잡으려면 안 된다.

능력은 있으나 경건하지 않은 부패를 척결해야 부활의 종교로 나갈 수가 있기 때문이다. 율법 아래가 아닌 은혜 아래로(not under the law but under the grace) 나와서 전문가 전문인답게 창조적 중용으로 영적 돌파를 이루어야 한다.

창조성과 효율성과 효과성과 융통성을 가지고 "예수님이시라면 어떻게 하실까?"(What Jesus Would Do?)의 자세로 영적 돌파를 하는 것이 전문인 선교이기 때문이다. 경건의 모양은 있으나 경건의 능력이 없는 유대교나 이슬람이 아니라 경건의 능력을 성령의 열매로 드릴 수 있는 그리스도인의 삶이 되어야 하기에 이슬람의 교리를 비판할 수 있어야 한다.

---

10 『코란, 한글 번역본』, 이슬람 국제출판국 역 (서울: 보진재, 1988); 김정위, 『이슬람 문화사』(서울:문학예술사, 1985); 김태연, 『전문인 선교학 총론』(서울: 전문인 선교연구소, 2005)에서 요약 정리.

9) 아프리카 이슬람교의 확산[11]

역사적으로 볼 때 이슬람교의 아프리카 진출은 정복, 무역, 이주, 선교 활동을 통해 이루어졌고 시기별로는 크게 4단계를 거쳤다. 이슬람교가 처음으로 아프리카에 들어온 제1기는 이집트와 아프리카북부에서 정복 활동이 한참이던 7-8세기로 이 시기에 이슬람 군대가 주둔하던 여러 지역이 점차 이슬람화 되고 많은 베르베르인이 이슬람으로 개종했다.

11-14세기에 이르는 제2기에 이슬람교는 확장된 무역로를 따라 사하라 사막과 나일강을 지나 서아프리카와 수단까지 전파되었다. 모로코와 세네갈 지역에서 알모라비드라는 이름으로 불리던 베르베르 개종자들은 모로코를 정복한 뒤 스페인으로 건너가 기독교 통치자들을 물리치고 1세기 가까이(1056-1147) 그 지방을 지배했다.

동아프리카에서는 아랍 선원들을 따라 이슬람교가 전파되었으며 선원들 가운데 일부는 동부 연안에 정착해 오늘날 황금 무역항으로 유명한 소팔라, 킬와같은 해안 도시들을 세웠다.

16세기에서 18세기에 이르는 제3기에는 이슬람 무역상을 비롯해 이슬람 학자들과 수피들의 영향에 힘입어 이슬람 군주들이 국가를 세웠다. 이슬람 술탄국 푼지나 카넴보르누 왕국이 대표적이다. 특히 16세기 후반 무역 군사 국가로 성장한 카넴보르누 왕국은 통치자들의 헌신적인 신앙과 울라마(이슬람 율법학자)의 권위로 유명하다.

---

[11] 프랑크 웨일리 외 11인, 『종교: 지도로 본 세계종교의 역사』, 니니안 스미스 편, 김한영 역 (서울: 갑인공방, 2005), 186-87.

사하라 지역에서 가장 강력했던 송하이 제국은 1493년 이슬람 세력이 정권을 잡은 후 17세기 초 세력이 약해질 때까지 사하라 사막을 통과하는 금 거래를 장악했다. 이 시기에는 말레이인과 자바섬 주민들이 네덜란드령 동인도 제도에서 건너와 남아프리카의 케이프타운에 정착했는데, 이것이 이슬람교가 남아프리카에 정착한 최초의 사례였다.

이슬람교가 아프리카에 진출한 마지막 단계인 4기는 18세기에 시작되었다. 특히 카디리아와 티자니아 등의 수피 지도자들로부터 큰 영향을 받은 것이 이 시기의 특징이다. 그 외의 지하드 운동을 통해 순수한 이슬람 국가건설을 외치며 정권을 장악한 군부 출신의 수피 지도자들이 이슬람 부활 운동을 주도한 것도 중요한 특징이다.

대표적인 예가 1804년 우스만 단 포디오가 하우살란드에 세운 소코토 국이고 수단 동부의 마흐디스트 국가(1882-18896)도 제국주의에 반대하는 이슬람교의 정치적 종교적 운동이 낳은 결과였다. 아프리카는 1798년 나폴레옹이 이집트 침략을 시작으로 식민 대륙의 길을 걸었다.

오늘날의 아프리카는 지난 수십 년간 이슬람 부흥 운동이 전개되고 있다. 특히 선한 영혼과 악한 영혼이 있다고 믿는 일부 아프리카의 신앙이 진(jinn, 정령, 성령)에 대한 이슬람교의 믿음과 비슷하기 때문에 이슬람교의 확산은 더욱 촉진되고 있다.

최근의 이슬람 극단주의 국가의 과격한 이슬람주의가 문제가 되고 있는데, 지하드라는 성전을 통하여 이슬람의 전사들은 자신의 삶을 이슬람의 세계 정복을 위해서 투쟁하고 있다. 전문인 된 우리는 괴로우나 즐거우나 영적인 전쟁에서 궁극적인 승리가 사랑으로 실천하는 것임을 깨달아서 자기와의 전쟁에서 먼저 거룩한 승리를 얻는 삶을 사고 하나님이 부르시면 세상 도처에서 전문인으로서 하나님 나라의 영토를 넓혀가야 할 것이다.

이처럼 이슬람의 기본 교리를 대하는 전문인 선교사의 자세를 가지고 이슬람 선교 품성 교육에 관하여 선교 신학의 입장에서 아래와 같은 6대 주제를 바로 이해함으로써 전문인을 동력화하여 전 신자 선교사주의에 입각하여 전교인 선교사화 운동을 하는 것이 가속화되어야 한다.

10) 전문인 선교사 변증학의 자세

(1) 세계화에 대한 이해다

바울은 이스라엘인이라는 지역성을 벗어나 로마라는 세계로 나아갔으며 결국은 이방인 선교를 통하여 세계화를 실천한 것이다. 정치인들은 세계를 품은 한국인이 되어야 한다. 이를 위해서 세계관의 변혁에 대한 교육이 시급하다.

(2) 상황화에 대한 이해다

형태론적 근본주의(morphological fundamentalism)에 머물고 있는 사상에서 세속적 인본주의(secular humanism)에 의해서 혼합주의(syncretism)로 바뀐 상황에서 문화 교류 선교적인 복음주의인 전문인주의(professionalism)로 나아가야 한다. 정치인들은 세계적인 안목을 키워서 어떠한 상황 가운데서도 리더십을 발휘할 수 있는 전문인 정치 선교사가 되어야 한다.

(3) 상황화의 적용에 대한 이해다

전문인주의(professionalism)는 복음주의의 지역성을 탈피하고 세계화(globalization)를 선교적인 차원에서 세계화(glocalization)로 견인하는 재상황화(recontextualization)를 각 나라와 백성과 허다한 방언 가운데 실천해야 한다.

품성 리더들은 한류 열풍이 불고 있는 이때에 한국의 정치의 장점인 끈기와 순발력에 이제는 창조성을 융합하여 세계 정치의 모델을 제세할 때가 왔다. 선교가 세계 2위인 것과 마찬가지로 속사람만 전문인으로 변혁이 된다면 한국 정치도 세계 2위가 될 수 있다.

(4) 문화에 대한 이해다

문화는 가치관까지 만으로 이해가 되는 것이 아니라 하나님 중심의 세계관까지 들어가서 변혁이 이루어지게 될 때 상호의존 문화로 네트워킹 할 수가 있다고 본다. 제3의 문화인 전문인 문화가 정립되어야 한다. 이제는 섬기는 종의 리더십을 가지고 정치 선교사들이 섬기는 역사로 말미암아서 사탄의 문화를 변혁시키는 일을 정치인이 나서서 해야 한다.

(5) 동기에 대한 이해다

자문화우월주의(ethnocentrism)에 입각한 성취 동기의 삶에서 변환되어 자문화 관통주의(ethnobreakthroughism)의 삶에 입각한 헌신 동기로 전환되고 자문화 방사주의(ethnoradiantism)에 입각하여 사역동기로 전환된 자야말로 진정한 의미에서 전문인이다. 정치인이 된다고 하는 것은 자신을 위한 것이 아니라 섬기기 위한 헌신 동기다.

(6) 소명에 대한 이해다

제1의 소명은 목사의 부름이라면 제2의 소명은 자비량 선교로의 부름이다. 제3의 소명은 전문인 선교로의 부름이고 제4의 소명은 개발 NGO 선교로의 부름이다. 따라서 세계는 제3의 소명과 4의 소명의 중간기 시대다. 그러나 아직도 한국은 제2의 소명을 인정하는 정도의 선교 지체(mission lag) 현상을 지나가고 있다. 정치 선교사들이 제2의 소명까지만 나가더라도 품성 교육을 통해 한국의 리더는 새롭게 변혁이 시작될 것이다.

이처럼 세계관에 변화를 둔 선교 훈련을 통해서 총체적인 하나님의 백성이 탄생하게 된다. 이들이 목사가 되면 선교형 목사가 되는 것이고 이들이 선교사가 되면 생활 가운데 전도를 하는 전문인 선교사가 되는 것이다.

한국의 역사적으로 바라본 이슬람 선교의 모습은 단순하나 본질은 복음 전도에 있다. 이제 이미 한국에 들어 온 외국인들을 통해 모든 외국인들에게 그리스도 예수의 복음을 전하는 것이다. 이슬람 선교 자원과 동원은 인류를 그리스도 예수께 인도하기 위한 가장 큰 마지막 영적 전쟁의 과업이라 할 수 있다.

이슬람 선교 사역의 영역은 이제 한두 가지 아님을 볼 수 있다. 교회 개척, 문화 사역, 선교 네트워크, 2세 사역, 현지인 목회, 비즈니스 선교 등 매우 다양하다. 한인 목회의 경우 한인 대상으로 현지의 다인종 사역으로 나가는 경우 그 지역이 선교지가 된다. 이슬람 선교 사역자를 동원하기 위해서 다양한 부분의 전문 영역과 일꾼 세우기가 필요하다.

예를 들면 현지에서의 직업을 통한 선교 사역 그리고 제자 양육을 통한 사역자 양성 등이다. 한 사람이 세속 사회에서 일하는 직업의 영역과 하나님 나라 확장을 위한 사역자로서의 역할에서 우리는 상황화의 필요성을 본다.

11) 이슬람 선교 사역 Korea-케냐 전략

첫째, 이슬람 선교는 21세기 선교와 하나님 나라 확장을 위한 영적 전쟁의 중심에 있다. 영적 전쟁이라는 말은 하나님의 나라 차원에서 볼 때,

삼위일체 하나님이시며 인간으로 오신 예수를 믿는 복음적인 신앙과 하나님만을 섬긴다고 하며 실제적으로는 샤머니즘이고 "Church place"를 섬기는 인본주의적 신비주의인 이슬람교와는 차원이 다른 것이다. 이슬람교의 한반도 정복 작전도나 일본의 독도 침공이나 미국의 금강산 사업 개발이나 다 향후 20년 뒤를 내다보는 한반도에 대한 지역 신이 지배하는 영적 전쟁이다.

둘째, 이슬람 지역과 계층 네트워크는 48%의 아시아 지역의 무슬림 네트워크 파악을 통해 선교 네트워크로 활용된다. 현재 이슬람이 가장 왕성한 지역은 아시아 지역이고 아시아 지역의 복음화가 늦어지고 있는 것은 이슬람의 세력에 대한 심각성을 인지하지 못하고 있는 것이다.

이제 한국은 복음의 수혜국에서 벗어나서 복음을 수출하는 나라로서 아시아 복음화를 위해서 구체적으로 복음주의에 기초한 아시아의 복음을 수출해야 하는 것이 급선무다. 건강과 축복의 신학보다는 복음주의에 기초한 생활 가운데 전도하는 전문인 신학을 기초로 아시아 전문인 신학을 정립하여 글로벌 전문인 신학으로 나가는 것이 중요하다고 본다.

셋째, 흩어져 있는 이슬람 선교 단체를 방치하기보다는 이제 중장기적인 한반도 2020 이슬람화 전략을 주시하는 것이 중요하다. 경제가 어려워지기 시작한 제국주의 국가 출신들인 미국과 일본이 한반도 정복을 위해서 남한을 향해 움직이는 것을 신호탄으로 중동과 중국도 움직이기 시작하면 한반도의 전체적인 긴장이 고조되기 시작할 것이다.

9·11 테러 며칠 전에 뉴욕의 세계무역센터를 방문했었던 필자의 경험으로 볼 때 한국의 강남의 무역센터도 사이버 경호를 중심으로 경계를 강화해야 한다. 시간 문제이지 그 날은 언제나 오는 것이고 그 상황을 미리 대비하고 어떻게 이겨 내야 하는지가 초일류 대한민국으로 가는 지름길이다.

미전도 종족 선교와 복음의 창의적 선교 접근이 어려운 지역에 합법적 토대 아래, 전문가 전문인을 통한 직접 그리고 간접 선교(friendship mission)를 병행하는 가장 유리한 위치를 점유하기 때문이다.

이러한 실례는 요르단의 경우는 인구 3,000명당 1명이 예수를 믿는 지구상의 가장 예수를 안 믿는 나라인데 최근에 인터넷 혁명을 통하여 예수 믿는 자들이 급증하고 있으며 무엇보다도 한국의 원자력기술이 요르단에 전수되어 요르단대학교에서 전문가 전문인들이 교수로 보호받으며 활동을 하고 있다.

중세 아라비아의 수학과 연금술의 발전을 볼 때 이 지역은 전문인들이 존경을 받는 지역이기 때문에 생명 공학, 우주 산업, IT, 그리고 원자력 산업과 같은 고부가 가치를 창출하는 전문가 전문인들이 선교사로 나가는 것이 최상의 방법이다.

넷째, 개종 이후 절박한 영적 상황에 놓인 외국인 근로자를 위한 모국 교회의 중보기도 네크워크 구성과 함께 연대가 필요하다. 그러므로 함께 기도하는 중보기도 네크워크와 기도 편지 나누기 그리고 서로를 위한 보호의 기도를 드리는 기도 연합이 매우 중요하다.

최근에도 개종자에 대한 살해와 양날 사이에 낀 "middle man"이 늘어날 것으로 보인다. 민족주의가 시들고 글로벌주의로 나가는 전환기의 시대에 중동에도 이탈자들이 생기는 것이고 이들이 신(新)프로테스탄트(neo-Protestant), 즉 전문인이 될 것이다.

그러나 중요한 것은 저들이 "almost Christian"인 것이기에 부패한 품성을 가지고 있는 것이지 성령을 받고 하나님의 사람으로 진심으로 개종한 자가 되느냐에 대한 것은 아니다. 특별히 종교 다원주의 사회인 아시아는 힌두교, 불교, 유교, 샤머니즘, 그리고 이슬람이 종교 혼합주의로 내재해 있기 때문에 이슬람 변혁적 상황화 전략은 순수한 복음에 기초한 것이어야 한다.

다섯째, 이슬람 선교가 가능한 직업에는 한계가 없을 정도다. 기존의 탈레반 사건 이전의 교육과 의료 중심의 선교 사역을 넘어서서 무역, 금융, 부동산, 도매업, 소매업, 투자와 경영에 이르기까지 실질적인 "Business As Mission"으로 시작하여 "MAN/WOMAN"으로 나가야 할 것이며 그 사업의 영역은 다양하다.

나아가서 기존의 선교 전략을 기반으로 하여 팀 사역에 의한 원자력 에너지 선교, IT 선교, 우주 과학 선교, 그리고 생명 공학 선교까지 "초일류 선교"로 나가야 한다. 초일류 선교에도 일류 선교사도 필요하고 이류 선교사도 필요하고 잠시 선교사도 필요하고 단기선교사도 필요하다. 한마디로 전 신자 선교사주의(every believer's missionaryhood)에 기초한 전천후 선교사가 필요한 것이다.

여섯째, 세대 간 이슬람 선교는 1세대, 2세대 그리고 3세대에 이르는 동원과 각 세대에 따르는 효과적인 동원 전략이 필요하다. 이에 지속적인 이슬람 선교에 관심이 있는 젊은 실업인을 양육하고 또한 차세대 리더를 선발 훈련하는 이슬람 선교 단체 간의 "INTERDISCIPLINARY" 방식의 세대 간 선교 리더십 훈련은 매우 중요하다.

한국 선교사의 사역들을 보면 남아공 선교사일지라도 남아공에서만 선교 활동을 하는 것이 아니라 중국 선교도 하고 유럽 선교도 하는 것을 볼 수 있다. 이미 다양한 고객들을 대상으로 하는 융합형 선교(convergence mission)를 하고 있는 것이다.

이와 마찬가지로 다양한 지역의 선교 훈련도 선교 지정학에 기초하여 융합형으로 진행되는 것은 자명한 것이다. 그리고 세대 간 이슬람 선교가 가능하기 위해서는 먼저 한국에서 세대 간 북한 선교가 성공을 거두어야 할 것이다. 4/14세대 간 선교와 이슬람 선교가 융합되어서 2030년까지 선교사 후보생들을 양성하는 일이 시급한 이유가 거기에 있다.

초일류 대한민국이 되는 것은 "power index"가 외적인 힘으로 미국의 5%에 불과한 우리가 내적인 힘을 발휘하여 나눔을 통하여 축복의 통로로 얼마나 많은 영향력을 미치며 하나님의 사랑을 실천하는 창조적 상승을 진행하고 있느냐는 것이다.

일곱째, 이슬람 선교는 자비량 선교, 직업 선교, 비즈니스 선교, 초일류 공학 선교 등에 이르기까지 우리 시대에 맞는 이슬람 선교 상황화가 필요하다. 일단 적그리스도의 세력과의 대결이고 666 세계 정부의 출현과 같은 영적인 전쟁이기 때문에 이에 맞서는 선교의 방법은 군사 전략과 마찬가지로 치밀하게 구비되어야 한다.

군의 초현대화와 마찬가지로 선교 전략의 초현대화를 위해서 군복음화를 위해서 수고하던 선교 사역을 "paradigm shift"를 하여 2단계로 연합하는 사역이 필요하다. 다시 말해서 은퇴한 군 장성 전략가들이 선교 단체의 자문 위원으로 참여하는 것도 중요한 것이다.

여덟째, 해외 정보의 공유는 곧 선교 정보의 자원이 된다. 선교와 교회 그리고 기도 공동체를 중심으로 각자 비즈니스 리더들이 살고 있는 지역에 대한 정확한 연구 조사와 비즈니스 정보가 선교 정보로 연결되도록 융합적인 아라비아 경제 지도학과 같은 정기적 만남과 성경 공부가 매우 중요하다.

전문인 문화 교류를 위한 선교 정보 센터가 출현해야 한다. 한국외국어대학교의 외국학 종합센터에도 주로 무역을 위한 연구 센터이지만 문화인류학자들이 가미가 된 것처럼 2030년까지는 더 나아가서, 정치, 경제, 사회, 문화, 과학, 종교, 서비스, 미디어 등 모든 영역에 대한 총체적 연구가 상임연구원, 비상임연구원 등 다양한 방법을 통해서 시스템화 되어야 한다. 이런 일을 "GPI/YWAM"과 함께 글로벌 시각으로 구상할 수 있을 것이다.

아홉째, 실현 가능한 협력 선교(teamwork mission)가 비즈니스를 통해 일어날 수 있다. 이슬람 선교의 사역자들은 자신이 있는 자리에 기능별로 사역할 수 있다. 예를 들면 자체 직원들에 대한 성경 공부, 마을 또는 직장 공동체에 베푸는 간접적인 기독교 문화를 통한 선교, 기업 이익의 환원을 통한 복음 전파를 위해 목회자, 비즈니스 리더 그리고 현지인이 하나 되는 "team dynamics"가 일어나는 팀워크 선교가 가능하게 된다.

현재 한류 열풍이 일어나는 것은 한국인에 의해서 가능하다고 보는 측면도 있으나 이를 수용하는 수용성(receptivity)의 입장에서 보면 전략적으로 한반도에 접근하기 위해서 가수용하는 것으로 볼 수도 있다.

열째, 역할 모델(Role Model) 세우기를 위한 사역을 통해 배가되는 이슬람 선교가 가능하다. 이미 해외 각국에 뛰어난 활동을 하고 있는 이슬람 선교 사례들을 수집하여 영상과 책자 그리고 자료집으로 출간하여 교육과 훈련 그리고 세미나와 회의를 통해 나누면 세계 각처의 이슬람 선교 케이스 스터디(case study)를 통한 하나님 나라의 확장이 가속화될 것이다.

현재 문제는 이슬람 선교에 힘쓰다가 국내가 이슬람화 되는 것에 대해서 관심을 가지고 막을 방법이 없다는 것이다. 이슬람 선교가 지금보다는 활성화되는 것을 목표로 하는 것이며 물이 바다 덮음같이 이슬람 지역이 복음화 되는 것은 마지막 시대의 종말론적인 사고로 볼 때 아마겟돈 전쟁으로 이어지는 것으로 볼 수 있다.

"교회 밖에도 구원이 있다"는 말과 같이 선교 현장에도 순교자의 자세로 하나님을 따르는 바알에 무릎을 꿇지 아니한 자과 미래에 그리스도에게로 돌아올 익명의 그리스도인들을 위해서 기도해야 한다.

열한째, 이슬람 선교 리더 하나가 4/14세 청소년들의 선교와 융합을 하게 되면 씨 뿌리는 지역에 대한 선교의 중압감에서 벗어나게 되고 인적 자산을 키울 수 있게 된다. 10/40 창문 지역인 이슬람 지역에 대한 선교는 4/14세 청소년들의 선교에 대한 관심을 기존의 목사 중심의 선교사에서 문화 교류가 가능한 다양한 전문가에게 전문인 선교사로의 헌신이 일어나야 이슬람 지역에 진정한 의미의 선교사들을 파송할 수가 있다.

다시 말해서 현재의 이슬람 선교를 업그레이드하여 초일류 전문인 선교가 이루어지려면 이슬람 전략연구소의 활성화가 이스라엘 전략연구소와 함께 이루어져야 시너지 효과가 일어나게 된다. 원자력 발전소 설립을 계기로 아랍에미리트와 아프리카 케냐에 KAIST가 세워진다면 같이 협력하는 일을 만들어야 한다.

열두째, 한류의 붐을 통해 문화 콘텐츠, 한국 문화 소개, 한글 보급, 그리고 IT 관련 문화 선교를 장기 선교가 가능한 NGO와 NFO와 같은 비영리 단체들을 통해 이슬람 문화 교류(intercultural) 사역을 감당한다면 이슬람 선교의 복음 전파는 극대화될 것이다.

이슬람은 현재 한국에 각 대학과 병원에 문서 사역과 의료 사역을 통하여 지속적으로 문화적인 측면에서 포섭하는 일을 하고 있고 자국민 보호를 위해서 이슬람 교육을 전담하는 학교들을 단계별로 세우고 있고 "friendly Islam"을 이루기 위해서 애를 쓰고 있다.

12) 비판적 상황화에 의한 이슬람 선교 전략

12 지역에 대한 프로젝트를 진행할 때, 교회 개척 배가 운동의 원리를 파라처치에 적용한다는 개념으로 볼 때 선교 전략을 발견할 수 있다.

데이비드 게리슨은 교회 개척 배가 운동의 죄악들을 7가지로 지적한다.

① 모호한 비전: 당신이 볼 수 없는 것은 성취할 수 없다.
② 성경의 변개: 그런 일이 일어날 수 없다고 생각하십니까? 보기만 하십시오.
③ 순차주의: 조금씩 점차로.
④ 맛 잃은 소금: 소금이 그 맛을 잃을 때.
⑤ 치명적인 죄악: 사탄의 사랑.
⑥ 외부인의 탈취: 여기선 누가 책임자인가?
⑦ 하나님을 탓함: 거룩한 변명도 여전히 변명이다.[12]

특별히 치명적인 죄악인 사탄의 사랑은 돈과 봉사 그리고 연합에서 드러난다. 돈은 목회자와 교회 건물을 위한 돈이 되어서는 안 된다. 봉사도 봉사를 위한 봉사가 되면 팀의 분열이 일어난다. 연합도 실행의 선행 조건으로 율법에 매이게 되면 통합되고 만다. 우리가 영적으로 정복해야 할 아프리카 지역은 모두 인본주의하에 놓여서 눈에 보이는 대로 행하는 구약의 사사 시대와 같은 지역일 수 있다.

우리는 복음으로 전신갑주를 입은 영적인 야전 사령관이고 신본주의자

---

12 데이비드 게리슨, 『하나님의 교회개척 배가 운동』, 이명준 역 (서울: 요단, 2005), 280.

다. 바벨론이 아닌 새 예루살렘의 시민이다. 우리 모두가 움직이는 현대판 여호수아 군대장관이 되어서 이 지역을 영적으로 점령하되 하나님의 나라가 이루어지도록 해야 하는 것이다.

이는 힘으로도 능으로도 안 되고 오직 여호와의 신으로 된다는 마음을 가지고 그들에게 영혼의 구원과 함께 자급자족할 수 있는 하나님의 선물을 주어야 한다. 필자는 이를 에너지라고 본다. 하나님의 십자가상에서 아들을 죽이신 사랑의 에너지다.

향후 아프리카 지역에 대한 조별 연구와 리서치를 통해서 우선순위를 따라 에너지 전문인 선교지를 정하게 될 것이다. 예수의 열두 사도와 같이 전략적 에너지 조정자로서의 지역전문가가 선교사로 육성되어야 한다.

첫째, 이 지역의 종족을 연구해야 할 것이다.

이 모든 지역들은 대부분 민족주의에 입각하여 원시 공동체로 오랜 세월을 살아왔거나 임의적인 외부의 압력으로 강제적으로 나누어진 분단의 아픔을 가진 지역들이다. 또한, 에너지 문제 등으로 착취를 당하고 당사국들은 에너지와 무관한 저차원적인 삶을 강요당하는 지역일 수 있다. 따라서 압박과 설움을 딛고 일어난 민족이 아직도 단일 민족으로 남아 이들에게 나아가는 것은 효과적인 선교의 전략이 될 수 있다.

둘째, 이 지역의 구속적 유비를 연구해야 할 것이다.

모든 민족들은 그 신화나 전설이나 전통이나 행동이나 가치관에서 민속 고유의 세계관을 형성하고 있는데, 그 가운데서 예수가 생각날 만한 이야기들을 발견하고 채집하고 스토리텔링으로 복음을 전하는 데 다리와 같은 역할을 하는 것이 중요하다.

이것을 우리는 구속적 유비(redemptive analogy)라고 말한다. 이것을 발견하여 구속적 실체가 되도록 하는 것이다. 이들은 대부분 복음에 대해서 닫혀 있거나 복음이 왜곡된 지역이기 때문에 기독교 세계관(Christian Worldview)에 입각하여 그리스도 안에서 그리스도의 마음을 품고 하나님의 뜻을 준행하는 삶으로서의 기독교 세계관을 심어 주어야 한다.

셋째, 이 지역의 영적 전쟁의 실체를 파악하고 복음을 제시해야 할 것이다.

대부분의 지역이 위기 관리 차원에서 샤머니즘이나 오컬트 등 이단의 영매에 매여 있을 수가 있다. 그러나 예수는 겟세마네 동산에서 죽음 앞에 서의 기도를 드릴 때, 하늘의 열두 군단을 아버지께 요청할 수 있었으나 아버지의 인류 구원의 대의 앞에 자신을 내어드리는 결단을 통하여 마귀의 율법을 만족시키고 율법을 완성하고 마침내 생명의 성령의 법 안에서 우리를 자유케 하심으로 율법을 폐기한 것이다. 예수의 죽음은 대속적, 구속적, 만족적, 화목적 죽음이었다.

이 지역들에 복음을 증거하고 영적 전쟁에서 돈, 권력, 섹스를 지배하는 마귀의 존재를 드러냄으로써 악의 열매를 맺지 않고 선한 성령의 열매를 맺는 사랑을 실천하는 삶을 실제로 공동체로 살며 나누며 가르쳐 주어야 한다. 그래서 이들도 영적 전쟁의 군사가 되어서 더 깊은 곳에서 신음하고 있는 어두운 곳을 그리스도의 빛의 햇불을 든 에너지 선교사로 나가게 할 수 있게 된다.

이 모든 분쟁 지역에는 진정한 우주의 하나님이 따듯한 에너지로 감싸 주시는 화해와 상생을 이루는 전문인 해비타트 전략이 필요한 지역들이라고 볼 수 있다. 통일을 선물로 주실 하나님의 은혜를 생각하며 지금부터 진정한 의미의 성숙한 전문인 선교를 이러한 분쟁 지역에 평화의 선교사로 중보기도로 시작하고 때를 따라 신디아스포라로 나가야 할 것이다.

대한민국의 통일은 남과 북이 기능적으로 단계별로 연합하여 인간적으로는 이순신 제국주의에 기초한 에너지 제국주의를 실현하는 것이다. 그리스도인들이 하나님 나라를 위해서 공의와 사랑을 충효로 실천하듯이 하나님의 십자가의 사랑의 에너지를 실현하는 전문인 선교사들에게는 한눈으로는 세월호 참사를 보고 또 한 눈으로는 아직도 남한에 한반도의 고령화, 에너지 위기, 양극화의 문제를 보아야 한다.

이 세상의 문제를 해결할 수 있는 방법은 제국주의가 아닌 신국주의의 완성의 주인공인 예수의 부활의 능력밖에는 없다. 전문인은 고령화를 극복한 항상 새로워지는 열정이 있는 새 사람이 되어야 한다. 전문인은 운동력 있는 말씀으로 생산하는 날마다 새로워지는 성숙한 인격을 전하는 자가 되어야 한다.

전문인은 이스라엘 백성에게 주셨던 하늘의 만나를 이 세상에 오셔서 오병이어로 나누어 주시는 예수의 사랑을 증거하는 합력하여 선을 이루는 화해자가 되어야 한다. 북핵 위기 앞에서 미국이 취할 수 있는 극단적인 방법은 꼭 북한을 치는 것이 아니라 남한에 제재를 가함으로써 남한이 그럼에도 성숙한 세계 시민으로서의 자세를 가지고 미국과 어깨동무를 하면서 세계를 경영하는 후계 수업을 남한에 시키고 있다고 본다.

맹목적으로 미국을 기대는 것보다는 이제는 미국과 더불어 동북아 지역을 경영하는 성숙한 국제 정치를 펼쳐야 한다. 높은 사교육, 부동산 투기 열풍, 인기 위주의 외지형적인 삶, 신앙을 빙자한 사유화된 신앙 등 비정상의 정상화가 진행되는 한국호의 적폐로 나타난 세월호 사건 이후의 한반도의 국운은 이러한 시험대인 것이다.

당장 살아남고 나만을 위한 남한이 아니라 하나님의 시간인 카이로스의 때를 분별하여 삼여 년 안에 준비를 철저히 하여 위기가 다가왔을 때 동북아를 경영할 수 있는 대의를 가진 도덕 정치를 하는 영적 영세 중립국이요 제사장의 나라가 되라는 것이다.

어떻게 준비할 수 있을까?

① 유럽/미국/중국/러시아/일본 제국주의들을 본받지 말고 복음의 일 꾼이 되어야 한다.
② 민족 우월주의를 추구하지 말고 하나님의 사랑을 실천해야 한다.
③ 독재자의 길을 따라가지 말고 축복의 통로가 되는 순교자의 길을 가야 한다.
④ 성경을 중심으로 한 복음의 확산 운동을 일으켜야 한다.

그러나 우리가 하고자 하는 것은 이러한 평화 구축, 평화 조성, 평화 유지의 3가지 차원을 융섭한 평화 촉진자(peace facilitator)로의 역할을 하고자 하는 것이다. 평화 촉진자는 제국주의자처럼 짓누르는 자세가 아니라 섬기는 종의 리더십으로 섬기는 것이다. "H-I-S"(Humility, Integrity, Simplicity) 리더십을 발휘하는 것이다.

이는 이슬람교의 초승달이 아니라 하나님의 사랑의 상징인 부활의 십자가의 예배의 회복을 의미한다.

아브라함의 모리아산의 번제와 모세의 다섯 가지 제사(번제, 소제, 화목제, 속죄제, 속건제_와 솔로몬의 성전제사와 예수님의 온전한 십자가(대속적 속죄, 구속적 속죄, 만족적 속죄, 화목적 속죄)와 바울의 영적 예배(믿음의 법, 그리스도의 법, 생명의 성령의 법)를 융섭한 점진적 계시의 완성으로서의 예배의 개념을 바로 한다면 이슬람의 차세대 리더들은 코란의 율법에서 신약 예수의 은혜(not under the law but under the grace)로 거듭나게 될 것이다.

3. 결론

2020 한반도 이슬람화가 허언이 아니다. 시간이 늦어질 수도 있지만 이슬람의 욕망이다. 북핵의 문제가 있으니 더 연정될 수는 있지만 실현될 것으로 본다. 송도에 이슬람 사원이 세워지고 한국의 청년이 IS에 가입하여 이슬람 전사가 되고 있다. 2만 명의 글로벌 청년들이 가입하고 있다는 보고가 있다.

이슬람 변혁적 상황화를 위해서는 아래의 4가지에 충실한 변혁적 상황화 리더십 (Transformational Contextual Leadership)을 형성해야 한다.

① 성육신적인 선교: 이슬람 지역에서의 성육신적인 선교는 사랑의 계명을 지키는 것이다.
② 비판적 상황화: 이슬람 지역에서의 비판적 상황화의 전략은 목사 선교 중심이 아닌 팀 사역으로서의 전문가 전문인 선교가 가능하다. 현재의 선교사의 사역은 가시덤불에 뿌려진 한 알의 밀알과 같은 순교자 선교의 길을 가고 있는 것이다.
③ 신자의 비세속성의 원리: 이슬람 지역이 세속적 인본주의(secular Humanism)로 기울게 되면 세속적 기독교와 만나는 지점이 나오게 되는데, 그 접촉점이 되는 중간 지대가 형성되는데, "World religion"의 입장에서 전환하여 글로벌 시대의 모든 재앙적인 어려움을 함께 이겨 나가는 "Earth religion"으로 나아가야 이슬람 지역에 대한 선교가 가능하다.
④ 전 신자 선교사주의: 이슬람 신자들이 기독교에 대항하는 인본주의적인 순교자의 자세로 이슬람을 전하는 것을 볼 때 지금의 기독교 선

교사들은 하나님 중심의 세계관을 가진 예수의 정신에 의해서 섬기는 리더십으로 선교 사역을 해야 한다. 더 나아가서 추종자 리더십에 의해서 점점 선교의 문이 열리게 된다.

제13장

한국-케냐 국가미래전략 공유 선교

1. 서론: 문제 제기

지역 현실에 적합한 내·외부적 투자 유치 환경에 대한 해결책을 간구해야 한다. 신흥강국들로부터의 위협받는 꿈을 소유하고 있다. 그 꿈은 8대 영역인 정치 경제의 문제, 농업, 공장 이전, 기술 이전, 관세 완화, 정책 금융, 인적인 문제 그리고, 환경 문제에서 실현되어야 한다.

2. 본론

에후드 올메르트 전 이스라엘 총리가 신라호텔에서 열린 "아시아 블록체인 & 핀텍"에서 대담한 말씀이다.

이스라엘은 가진 자원도 없었고 국가 안보 또한 좋지 않았기 때문에 도전에 실패해도 잃을 것이 없었다. 실패해도 잃을 것이 없어야 위험을 무릅쓰고 도전할 수 있다. 정부는 수많은 스타트업의 아이디어를 검토하고 보조금을 지원하지만 돌려받지 않는다. 가장 중요하게 생각하는 것은 상상력과 창의력이다. 이스라엘에는 한국의 자동차 회사처럼 내수를 받쳐 줄 인구가 없기 때문에 처음부터 어느 국가에 내놓아도 통용될 기술에 집중한다.[1]

미래전략은 대체로 10년을 단위로 장기적으로 바라보는데, KAIST에서는 대한민국 국가미래전략보고서를 100여 명의 교수가 중심이 되어서 2017-2031년을 목표로 매년 작성해 왔고 실행력과 지속 가능성이 있게 선비 정신과 아시아 평화중심 창조국가의 입장에서 도모하고 있다.[2]

2018년 10월 26일 KAIST 후원의 밤에서 신성철 총장의 비전을 먼저 소개하기로 한다. 4차 산업 혁명 시대 KAIST 사명과 비전(KAIST VISION 2031)에서 신성철 총장은 2031년에 세계 10위 대학에 진입한다고 비전을 아래와 같이 공유했다.

> 실리콘밸리의 아버지라고 불리는 터만 보고서에는 KOREA 미래의 꿈이 잘 나타나 있습니다. 2000년이 되면 카이스트는 국제적인 명성의 기술 대학이 되고 대한민국 교육의 산실이 될 것이다. 그대로 되었습니다. 한국의 반도체 인력의 25%가 카이스트 출신입니다. 오늘의 KAIST는 산업화 정보화의 "World Class University"다. 학교 설립을 주도한 정근모 박사님에 의하면 USAID 과학 기술 프로그램으로 대표적 성장한 사례로 미국은 KAIST를 꼽고 있습니다.

---

[1] 「서울경제」, 2018.11.26.
[2] 이광형, 『세상의 미래』(서울: MiD, 2018), 297.

이제 초일류 대한민국을 2030년에 완성하고 2031년부터 2050년까지는 새로운 꿈과 도전의 선봉장이 되고자 합니다. 글로벌 가치 창출 선도 대학 2031 사명은 사회적 가치 창출, 인류와 국가 난제 해결, 기술가치 창출 선도 등을 할 것이며 "How"에서 "What"을 추구하는 대학이 될 것입니다. 이를 위해서는 배려 도전 창조력 즉 "3C"(Caring Challenge Creativity)가 필요합니다. 세계 대학 수준을 4단계로 볼 때, 3만 개 대학 중 300개가 월드 클래스로 볼 수 있습니다.

그렇다면 어떻게 월드 클래스 리딩 대학으로 점프할 수 있을까요?(Quantum jump Driving force?)

이는 추진(동력), 비전, 혁신, 그리고, 열정이 있어야 합니다. 열정이 우리 모두에게 필요합니다. KAIST는 MIT의 25% 예산에 불과하고 외국인 학생 비율이 7%로 적은 것이므로 현실화해야 합니다. 우수한 교수들이 국제 모임에서 논문 발표 후 연봉 수십 억을 제공하는 예일대학교 등에 뺏기지 않아야 할 것입니다.

만일 마음이 흔들린다면, 우리 대학은 돈으로 해결 못 해도 헌신과 사명은 20억 그 이상의 가치가 있으므로 흔들리지 않도록 도전할 수는 있습니다. 홍콩대학교나 싱가포르대학교가 현재는 KAIST보다 굵기하지만 앞으로는 아시아권에서 10위권에 들어가기 힘듭니다. KAIST가 못 들어가면 한국에도 들어갈 대학이 없습니다.

학교 발전을 위해서는 교수와 예산과 학생이 삼박자로 조화를 이루어야 합니다. (교수인 동시에 학생이고 모두가 기부자가 되면 좋겠습니다). 우리는 할 수 있습니다. 자발성(Determinating), 수월성(Excellent), 선도성(Leading)이 LED입니다! LED처럼 빛을 발하는 것입니다. 향후 KAIST는 국가와 인류의 희망 글로벌 등불로 대한민국의 국격을 높이는 글로벌 가치 창출 글로

벌 대학교로 일어나 빛을 발하게 될 것입니다.³

한국 KAIST의 설립자이신 정근모 박사님의 케냐 KAIST를 설립하고자 하는 원초적 비전은 아랍에미리트와 사우디를 거쳐서 케냐와 동구 유럽의 나라들에 원자력 에너지를 필두로 한 과학 기술 전문인 선교를 통해서 하나님의 영광의 빛이 이슬람권과 아프리카권을 영적 돌파를 하게 될 것이다.⁴ 정근모 박사님의 의중에는 북한을 포함한 중국과 라틴 아메리카에까지 미치도록 하겠다는 말씀은 다음과 같은 질문들에 해답을 제시하고 있다.

① 우리는 어디로 가고 있는가?
② 우리는 왜 그곳으로 가고 있는가?
③ 우리는 어떻게 그곳으로 갈 수 있는가?
④ 왜 그곳으로 가는 것이 지금 있는 곳에 머물러 있는 것보다 나은가?

> 이는 곧 선지자 요엘을 통하여 말씀하신 것이니 일렀으되 하나님이 말씀하시기를 말세에 내가 내 영을 모든 육체에 부어 주리니 너희의 자녀들은 예언할 것이요 너희의 젊은이들은 환상을 보고 너희의 늙은이들은 꿈을 꾸리라(행 2:16-17).

---

3   KAIST 발전 후원의 밤, 2018.10.26, 서울 남산제이그랜하우스 젝시가든, 신성철 총장 환영사(녹취기록).
4   정근모, "3.1운동 100주년 기념 제32회 3.1절 민족 화합기도회," 2019.3.1., 삼성제일교회. 요약 정리.

4차 산업 혁명 시대의 통일 한국을 이루기 위해서 신성장 동력인 ME-SIA 개발－의료바이오(Medical-bio), 에너지 환경(Energy-Environment), 안정(Security), 지능서비스(Intelligent Service), 항공우주(Aerospace)－을 한다[5]고 하는 것이 인상적이었지만 또한 온전한 "messiah"라는 단어처럼 영적인 기업(spiritual business)과 4차원 시대의 플랫폼식 고차원 교육 기업(high-edu business)이 추가되어야 한다는 것이 필자의 지론이다.

이에 필자는 대한민국 국가미래전략보고서를 분석하고 사회적 기업, 과학적 기업을 넘어선 영적인 기업으로서의 초일류 대한민국의 희망을 담아 영적인 의미로 평가를 해 보았다.

3. 결론

새벽이슬 같은 청년들이 대한민국의 미래에 대한 비전을 발견할 수만 있다면 사회적 기업을 넘어선 과학적 기업에 대한 관심을 가질 것으로 보인다. 그것이 4차 산업 혁명 시대의 화두로 떠오른 블록체인과 인공 지능 로봇 등에 대한 해석을 하나님의 말씀의 지혜로 검증을 하면서 외연을 넓힐 수 있는 것이라고 말하고 싶다.

---

[5] 이광형, 『세상의 미래』, 267.

제14장

아프리카 국가 재건의 7단계

1. 서론: 문제 제기

지정학적인 입장에서 세계 패권의 10가지 동향을 파악하고 21세기를 읽는 10가지 질문에 답을 해야 하는 것이 아프리카 국가 재건의 주제들이다. 아프리카를 재건하는 동시에 동유럽과 남미에까지 나가야 하기 때문에 2030년까지의 세계의 흐름을 한 번 더 알고 있어야 한다.

2. 본론

1) 세계 패권의 10가지 동향

(1) 기울어가는 미국의 시대[1]

냉전 이후 미국은 소련과 경쟁 관계에 들어가기 전에 국제 사회에서 주

---

1 파스칼 보니파스, 『지정학』, 최린 역 (서울: 가디언, 2019), 200.

도권을 확립했다. 소련의 붕괴는 미국인이 지배하는 단극 세계의 출현에 대한 환상을 심어 주었다. 그러나 전 세계가 글로벌화가 되고 다른 세력들이 부상하고 있으며 권력의 형태 또한 다양해지는 상황에서 이런 환상은 산산조각이 나고 있다.

(2) 서구 권력의 종말의 시대다[2]

위대한 발견, 기술의 진보, 그리고 경쟁력의 상승 덕분에 유럽 세력들은 세계를 지배할 수 있었다. 그러나 두 번의 세계 대전으로 유럽 세력은 약화되었고 미국이 그 자리를 대신하게 되었다. 이제 다른 세력들이 급부상하면서 서구세계가 절대 우위를 차지하던 시기는 끝이 나고 있다.

(3) 중국으로 인해 태평양으로 미국의 시선이 옮겨졌다[3]

미국은 태생적인 이유에서 그리고 소련과의 경쟁 때문에 원칙적으로 대서양을 향한 정책을 펼쳤다. 그러나 냉전이 끝나고 아시아 국가들이 국제무대에 부상하면서 미국은 점차로 태평양을 향하여 돌아서고 있다.

(4) 증가하는 소규모 국가들을 보아야 한다[4]

핵무기 확산이 상대적으로 억제된 반면 국가의 수는 급속히 증가하였고 분리주의 움직임이 강화되면서 국가라는 형태를 확산시키자는 논의가 촉발되었다. 분리 독립을 주장하는 이들의 배후에는 경제적인 이유가 주요한 요소로 자리 잡고 있고 이는 매우 폭력적인 분쟁을 초래하고 있다.

---

[2] 파스칼 보니파스, 『지정학』, 204.
[3] 파스칼 보니파스, 『지정학』, 209.
[4] 파스칼 보니파스, 『지정학』, 214.

(5) 새로운 최대 강국 중국과 추종자 북한의 현실을 보아야 한다[5]

중국은 마오쩌둥의 지배하에서는 경제적으로 오랜 기간 침체를 면치 못하다가 1980년대 초반부터 외국 자본에 문화를 개방하면서 폭발적인 성장의 혜택을 누려 왔다. 그리고 이제 세계 제1위의 강대국이라는 유리한 고지를 점하고 있다. 중국인들은 자신들은 완벽하게 평화적으로 발전을 이루어 왔다고 주장한다. 그러나 중국이라는 무게만으로도 세계의 균형을 뒤흔들 수 있다.

(6) 여론과 권력의 부상으로 미디어 정부를 의식해야 한다[6]

과거에는 국제 정치의 결정 과정에 여론이 개입할 여지가 없었지만 여론은 지속적으로 힘을 얻고 있다. 이제 여론은 민주주의 국가에서뿐 아니라 다른 정치 체제에서도 괄목할 만한 역할을 하게 될 것이다.

(7) 하드웨어보다 강력한 소프트 파워 더 나아가서 스마트 파워를 알아야 한다[7]

하드파워 혹은 구속력은 오늘날 강대국이 되기 위한 충분조건이 아니다. 강대국이 되려면, 영향력, 즉 소프트 파워가 반드시 필요하게 되었다. 자발적으로 정치적 지원을 받을 수 있다는 점에서 소프트 파워는 더 효과적이라고 할 수 있다.

---

[5] 파스칼 보니파스, 『지정학』, 219.
[6] 파스칼 보니파스, 『지정학』, 223.
[7] 파스칼 보니파스, 『지정학』, 228.

(8) 권력에 대한 약자 편에서의 정의를 실천해야 한다.[8]

권력은 다양한 형태를 취한다. 전통적인 기준들(군비, 경제)과 비교해서 더 주관적인 기준들(이미지, 매력)이 나타나고 있다. 권력은 국제 사회의 중심에 위치하고 있다.

(9) 국제 정의도 약자들 간의 네트워크로 판도가 바뀔 수 있다.[9]

우선 국제 정의는 해당 국가가 수용하는 경우에만 적용된다. 냉전 이후 발생한 분쟁에 대응하기 위해 특별 법원이 만들어진 후에 국제 형사 재판소가 설립되어 처벌과 예방의 역할을 수행하고 있다.

(10) 진보하는 민주주의는 언제까지 지속될 것인가?[10]

경제가 발전하고 교육이 보편화되고 정보에 대한 접근이 용이해지면서 민주주의는 전 세계에서 진보하고 있다. 여전히 권위적인 체제는 존재하지만, 전체주의 체제는 이제 더 이상 혹은 거의(북한 예외) 찾아볼 수 없게 되었다.

따라서 대한민국-아프리카 국가들은 오판하지 말고 영적으로 거듭나야 부패의 사슬을 끊고 재건이 가능하다는 차원에서 물이 바다를 덮음같이 하나님을 아는 지식을 증거하는 견인차의 역할을 해야 할 것이다.

『백경』(白鯨)으로 번역된 세계 명작 소설 『모비딕』(Moby-Dick)은 미국 작가 허먼 멜빌이 1851년에 발표한 해양 소설로서 고래를 향한 인간의 집념과 흰 고래에게 다리를 잃은 선장의 복수심이 생생하게 담겨 있다. 이 시기

---

8 파스칼 보니파스, 『지정학』, 232.
9 파스칼 보니파스, 『지정학』, 237.
10 파스칼 보니파스, 『지정학』, 241.

는 미국에서도 골드러시가 시들해지고 일자리를 상실한 자들에게 새로운 일자리 창출과 같은 것이었다. 이에 관한 영화의 처음 부분에 바다 곁 교회에서 목사가 외치는 선지자 요나의 메시지가 그림같이 펼쳐지고 있다.

소명을 받은 요나는 다시스로 가는 배를 타게 되지만 바다에 풍랑이 칠 때 이방인에게 시선이 갔고 그를 속죄물로 바다에 던져지고 그를 삼킨 큰 물고기(고래)에 의해서 죽음의 고통을 경험하지만, 오히려 하나님께 기도함으로써 그는 뭍으로 뱉어지게 되고 할 수 없이 사명을 감당하게 된다는 이야기다. 주인공 한 명만 살아남는 것으로 끝이 난다. 선교학 교수들은 그를 정신없는 선교사라고 하지만 필자는 그리스도 안에서 두 번 산 것으로 본다.

목사 선교로 한계를 경험한 세계 선교의 현장에 자비량 선교를 대안으로 삼고 창의적 접근 지역 선교를 하고 있으며 4차 산업 혁명 시대에는 전문인 선교로 위대한 선교사의 시기인 선교 1.0 시기와 교회 성장의 시기인 선교 2.0 시기 그리고 미전도 종족 선교 시기인 선교 3.0 시기를 넘어선 선교 4.0 시대에 나도 선교사 운동에 의해서 과학적 선교사의 시대를 통해서 국가를 개조시키는 일을 주님은 세계 도처에서 열고 계신다.

추수기 지역의 선교가 막히고 공산권과 이슬람권의 창의적 접근 지역의 선교가 막혔지만 이제는 마지막 흑진주의 지역인 아프리카에서부터 다시 한번 흑백과 인종 차별 그리고 종교 차별을 넘어설 수 있는 전문인을 통한 문화 교류로 하나님의 영광을 드러내는 일을 해야 하는 시기다. 선교의 하나님은 우리를 버리지 않으셨다. 우리는 다시 일어나서 하나님의 영광의 빛을 발해야 한다.

남아프리카 공화국의 케이프타운에 갔을 때, 고래섬을 방문한 적이 있는데, 다 이때를 위함이 아닌가!

필자는 이를 전문인 신학이라고 보고 글로벌 상황화 신학으로 시도한 것이다. 구체적인 7-11 원리에 기초한 전문인 신학의 행동 지침은 다음과 같다. 전문인 선교의 18계를 잘 실천하여 손자의 36계 전략의 이론과 실천으로 36계(18 x 2 = 36) 도량으로 삼으라.

① 영혼 구원의 목표를 추구할 때 헌신자를 모을 수 있다. 집중의 전략이다. 예수 그리스도에게 집중하는 것이다.

② 전문인 선교사 출신자와 지망생이 모두 뭉치면 강해진다. 협력의 전략이다. 팀 다이내믹스로 자아를 버리고 하나님의 영광을 위하여 공동의 프로젝트가 되게 하라.

③ 즉각적으로 신실하게 행동할 수 있는 공동체의 신뢰성이 중요하다. 천사의 디테일의 전략이다. 사심이 없다면 10초 승부로 성령이 하실 말씀을 하게 하라.

④ 목사와 평신도 사이에서 창조적 중용을 실천하는 국가 지도자급 전문인 선교사가 되어야 필요한 인재가 된다. 레인보우 오션 전략이다. 레드오션 시대에 블루오션 전략을 넘어선 노아 방주의 전략이다.

⑤ 그리스도의 몸의 지체로서 각자 장점을 가지고 1인 1기를 갖추어야 한다. 위기 관리의 전략이다. 위기 관리가 있는 자가 리더로서의 전문인이다.

⑥ 보여 주기 위한 선교가 사라지고 나도 선교사 운동에 의한 문화 교류를 해야 한다. 역전승의 전략이다. 전 신자 선교사주의에 입각한 성육신적인 선교와 비판적 상황화의 전략이다.

⑦ 소시민은 행운이 성공을 가져다준다고 하지만 그리스도인 문화 시민은 태도가 성공을 가져다준다. 역발상의 전략이다. 죽으시고 부활하

신 그리스도 예수의 역전승의 전략이다.

⑧ 선한 정보를 선택하고 집중해야 상대방과 비교 우위를 선점할 수 있다. 자기 계발의 전략이다. 4차 산업 혁명 시대는 정보를 먼저 취득하고 이를 가공하여 지식화된 지혜를 가진 자가 리더가 될 수 있다.

⑨ 고통이 있다는 것은 사명자라는 뜻이며 먹구름 뒤의 무지개란 희망을 가져도 된다. 인내의 전략이다. 소명을 받은 자가 하나님을 사랑하면 하나님은 그에게 고통을 주어 십자가의 비아 돌로로사 길을 따라가게 하신다. 그리고 부활의 아침에 동참하게 하신다.

⑩ 하나님의 나라인 그리스도 예수를 택했다면 세상 정부인 가이사를 반걸음 늦게 따라가며 변혁시켜라. 선택의 전략이다. 우리 인생은 칠십이고 강건하면 팔십이라도 중국의 진시황의 무덤이나 이집트의 바로 왕의 피라미드를 택한 것이 아니라 하나님의 영생을 선택하는 것이 잘한 것이다.

⑪ 51%만 이기고 45%만 가져야 패자가 순복할 수도 있다. 품성의 전략이다. 승자는 사실은 가지지 않고 축복의 통로가 되어 나누어 주는 것을 통해서 권위를 가지게 된다. 이미 천국의 보고로 하나님의 말씀을 통해 많은 것을 가지지 않았는가.

⑫ 스피드의 사회에서는 반발 앞서야 하고 물밑에서는 초격자로 3발 앞서야 한다. 선점의 전략이다. 선각자와 개척자의 정신으로 중국이 막히면 아프리카로 우회하여 하나님의 나라가 절실한 암흑의 땅에 전문인 선교를 실천해야 한다.

⑬ 가상 현실이 된 기독교를 증강 현실이 된 엘리야의 갈멜산의 기적과 변화산의 기적으로 실상을 만들어야 한다. 적응의 전략이다. 가상 현실과 현실 사이에서 속이는 세상사에 살지 말고 현실에서 성령의 내

주, 성령 충만, 성령의 기름 부으심과 성령의 인도하에 증강 현실을 통해 천국 현실을 체험하는 삶을 살아야 한다.

⑭ 성령 세례를 받고 구속사의 흐름 곧 피의 발자취의 선순환 구조를 잘 파악해야 한다. 영생의 전략이다. 구속 곧 죄 사함을 입는 것보다 더 큰 축복이 없다는 것을 항상 명심하고 휴거가 되는 마음으로 주님과 함께 날마다 걸어야 한다.

⑮ 동서남북이 함께 화해시켜야 관용과 화합으로 그리스도 예수의 제자라 할 수 있다. 십자가의 전략이다. 관용과 화합이 동시에 이루어져야 한다. 있는 자는 제국주의의 옛 습관을 버리고 진리대로 관용을 베풀고 없는 자는 화합할 수 있는 선한 양심을 가지고 하나님의 통치하심을 경험할 수 있도록 실천을 해야 한다.

⑯ 십자가의 흔적 외에는 자랑할 것이 없게 처신하라. 부활의 능력의 전략이다. 예수님의 예루살렘에 예수님의 무덤에 쓰인 "He is Alive!"라는 구절을 생각하라.

⑰ 성취 동기의 삶에서 헌신 동기의 삶으로 거듭나는 때부터 무에서 유를 창조하는 신생이다. 오메가의 전략이다. 헌신 동기로 살 때 하나님의 역사를 날마다 체험하게 되는 것이다. 가상칠언과 같이 아버지께 충효의 기도를 드릴 수가 있는 것이다.

⑱ 영력을 키워 전문가와 전문인이 되어, 국가의 미래 정신력을 키워서 초일류 대한민국으로 나가자. 전문인의 전략이다. 전문가 전문인은 지식 근로자를 넘어서는 지혜 실천가다.

이러한 국제 현실에서 아프리카라는 지정학적인 상황에서 다음과 같은 실천을 해야 한다.

① 기도로 재행동하라.
② 하나님과 다시 시작하라.
③ 심각하게 고려하라.
④ 죄에 대해 정직하라.
⑤ 하나님의 약속을 주장하라.
⑥ 하나님의 백성과 연합하라.
⑦ 인식하라: 전략적으로 배치되었다.

문화교류를 위한 과학신학을 세워야 한다. 그리고 그 결과로 과학적 기업 전문인 선교 전략을 세워야 한다.

제15장

아프리카 전문인 선교의 성공 가능성

1. 서론: 문제 제기

 미-북 회담의 결과로 한반도에 종전이 선언되고 신한반도 체제가 수립이 된다고 하는 데, 북한의 경제개방 이니셔티브를 대한민국이 가지려고 한다. 요원한 이야기다. '식민-전쟁-분단-냉전'을 체험하고 있는 아프리카에 대한 동병상련(同病相憐)의 마음을 가지고 나가야 할 때다.

 2019년 현재 아프리카 지역 현실에 맞는 내·외부적 해결에서 가장 중요한 것은 디지털 기술과 로봇, AI(인공 지능), IoT 등을 학습하는 일이다. 아프리카 케냐에서 KAIST로 관문 도시의 거점이 되는 나이로비를 중심으로 하나님의 역사가 평양으로까지 이어지고 연해 주를 거쳐서 신북방정책이 실현되려면 많은 난관을 극복해야 하지만 평양 KINGS(국제원자력대학원대학교)를 가동하는 것이 전략이다.

 북한은 과학 개방의 이니셔티브를 굳게 세우되 한미동맹과 향후 주변국과의 공조로 완전한 비핵화와 한반도의 항구적인 평화를 이루어야 한다.[1]

---

[1] 「서울경제」, 2019.2.26.

우리는 이 일을 노력 없이 기다리는 것이 아니라 미-북 회담이 시간이 많이 걸리더라도 아프리카에서의 과학 전문인 선교의 성공을 기반으로 하나님의 뜻을 성취해야 할 것이다.

2. 본론

한국의 기독교는 요엘서 1장 4절에 나타난 4가지 시기로 변화가 이루어져 왔다고 평가할 수 있다. 한국을 향한 하나님의 심판을 선포해야 한다며 전두환 정권 당시에 필자에게 영어 성경 공부 통역을 부탁하고 같이 동역했던 미남침례회 신학교의 드웨인 가렛 박사(Dr. Duane Garrett)는 느치-황충-팟중이-메뚜기에 대한 구약학적 해석을 1980년 5·18 광주 사태 당시 한반도의 쿠데타 상황과 연관하여 선지자적 해석한 것을 일부 보완하여 소개하고자 한다.

① 생존 충격(survival shock)의 시대와 기독교의 느치 시대-유아기
② 근현대 생활(modern life)의 시대와 기독교의 황충 시대-유소년
③ 진정한 행복(true happiness)의 시대와 팟중이 시대-청년
④ 영적 의미(spiritual meaning)의 시대와 메뚜기 시대-노년기

첫째, 해방 이후 1960년대 초반의 생존 시대와 기독교의 원동력을 살펴보면 한국인의 내면에 위기 인성이라는 DNA가 자리 잡고 있었기에 우선 살고 보자는 생존 충격을 이기기 위해서 개인 이기주의, 요령주의, 혈연주

의, 반칙의 정당화와 같은 위기 인성이 자리 잡고 있었다.[2]

　필자가 다닌 교회의 어느 집사님은 구제품을 나누다가 밍크코트를 가지고 제직자들이 우선 가져야 한다고 외쳤다. 그는 공평하게 일반 성도에게 나누어 주어야 한다는 목사와 실랑이를 벌이다가 앞니가 부러지고 금니를 하고 이마에는 나이키 자국을 지니고 다녀서 금관의 예수를 모시고 다닌다고 하는 비난을 들어야 했다. 소유의 창고를 넘어선 축복의 통로가 되기에는 기독교의 나눔의 문화가 자리를 잡지 못하고 있던 시기였다.

　둘째, 생활의 시대에는 한국의 기독교가 성장한 괄목할 만한 시기였다. 경제 개발 5개년 계획에 의해서 경제가 성장하면서 교회도 성령의 다이나믹한 역사가 이루어졌다. 이 시기는 강해 설교의 문을 연 시기다.[3] 옥한흠 목사의 "평신도를 깨운다" 운동을 필두로 하용조 목사의 데니스 레인 강해 설교와 주성호 박사의 강해 설교가 처음으로 한국교회 목회자들을 의 정체성으로 인해서 타문화권의 상관성을 구비하고자 계속 노력하고 있음에도 불구하고 유연성이 없는 것으로 판정이 난 상태다. 수구 꼴통이라는 욕을 먹고 있고 과연 기독교가 타당성이 있는지에 대한 진검승부를 세상은 요청하고 있다.

　이에, 필자는 1890-1990년 사이의 한국 토착화 신학에 대한 평가를 하고 5년 동안 워싱턴 한인침례교회에서 목회를 한 후에 모국에 돌아와서 평신도 전문인 선교사를 양성하면서 1995-2019년 동안 한국 신학에 대한 토착화가 아닌 글로벌 상황화 신학의 정립에 대한 글을 썼기에 왜 전문인 신학이 요청되는지를 이후에 22가지로 통찰하고자 한다.

2　김선일, 『한국기독교의 성장내러티브』 (서울: CLC, 2019), 165.
3　김선일, 『한국기독교의 성장내러티브』, 217.

가족 형태의 다변화에 대한 이해가 약한 것을 회개해야 한다.

다문화 시대에 문화 교류로 부흥해야 하는 것을 모르는 쇄국 문화를 회개해야 한다.

경제 양극화와 대안 경제 운동에 대해서 미온적으로 반응을 보이고 결국 10:90의 사회로 가는 것을 방임한 것을 개혁해야 한다.

정보화 사회에서 가진 자와 없는 자, 건강한 자와 병든 자, 배운 자와 못 배운 자, 그리고 믿음이 있는 자, 민주주의와 공산주의로 나뉜 것을 화해하지 못하고 있는 것을 회개해야 한다.

네트워크 시대가 도래하고 4차 산업 혁명 시대에 AI, IoT, 비트코인, 블록체인 등이 주도하는 세상으로 전환되는 O2O/O4O로 구조 조정되는 것에 승차하지 못하고 있는 것을 회개해야 한다.

한반도 통일의 빚 탕감을 이뤄내지 못하고 있는 것을 회개해야 한다.

이러한 모든 사회적 국가적 이슈를 해결할 수 있는 글로컬 신학은 없는가?

세상에 물이 없어서 갈한 것이 아니라 마실 물이 없어서 갈한 것처럼 한국 글로컬(glocal) 신학도 마찬가지다. 하나님의 나라가 요구하는 문제를 제기해 보고자 한다.

① 복음과 상황이 어떻게 조우하고 교회와 세상이 어떻게 관계를 맺어야 하는지의 시각을 알려 달라.
② 반공기독교를 넘어선 친정부적 기독교 가치관을 실현하는 것을 어떻게 평가해야 하는지를 알려 달라.
③ 문화적으로는 한류로 유연했지만 사회의식에서는 성인 아이에 머물고 있는 것을 어떻게 해소해야 하는지 알려 달라.

④ 단일 문화에 매인 문화 신학에 머물지 말고 교차 문화로 동서양 문화의 교류를 이루는 문화 교류 선교에 대해서 알려 달라.
⑤ 일반 직장인과 경영인들이 생산과 이익을 극대화하는 가운데 일어나는 윤리적 경영에 대한 그리스도인의 대처 방안을 알려 달라.
⑥ 비즈니스를 통한 이익이 나는 것이 선교로 드려지는 방안을 알려 달라.
⑦ 기존의 기독교에서 후기 기독교로 항해하며 나가는데, 양자가 균형을 잡을 수 있는 그리스도의 몸으로서의 교회론을 알려 달라.
⑧ 북핵의 위협 앞에 불안하다고 느끼고 도시 유목민과 같이 변모하는 현상을 해결할 수 있는 탈북자 사역을 포함한 공산권 전문인 선교의 길을 알려 달라.
⑨ 세계화, 선진화의 시대라고 하는데, 실제적으로 복음의 정체성과 상관성을 균형 잡는 문화 교류를 통한 선교 방법을 알려 달라.
⑩ 개인주의 보스형이 대두가 되는 개인주의 시대에 50-60대들도 다원화되고 개인주의 가치관에 부응되는 1인 사회적 기업과 같이 1인 선교 경영자가 되는 길을 알려 달라.
⑪ 소위 교회에 출석을 하고 있지 않은 가나안 교인과 SNS 과학 비거주 순회 선교사는 어떤 연관성이 있는지를 알려 달라.
⑫ 가나안 교인을 역설적 교회라고 말한다면 가나안 교인들이 가야 할 가나안 역정 길을 알려 달라.
⑬ 경기 서울 수도권 교회의 절반이 주일학교가 없는 실정에서 교회 교육으로 성공한 미국의 교회 사례들을 보며 어떻게 차세대 교육을 해야 하는지 알려 달라.

⑭ 전문인 신학이 기성 신학에 반기를 드는 것이 아니라 안전함과 신뢰 그리고 개인의 자발성과 참여성을 나눌 수 있는 서로 사랑의 신학이 가능한지 알려 달라.

⑮ 한국 기독교의 역사가 사회와 국가의 위기 앞에 일익을 감당한 것이라면 2030 초일류 대한민국으로 가는 2019년 현재 진화론적 그리스도인을 창조적 그리스도인으로 변혁시키는 길을 알려 달라.

⑯ 다원화 시대에 기독교의 관습적 전통적 신념인 율법주의 신앙을 영적 돌파할 수 있는 글로컬 시각을 가지고 있는 창조신학의 유무를 알려 달라.

⑰ 선교는 유연성이 특징인데, 배타적인 한국 사회에서 유연성을 발휘할 수 있는 선교형 목회자와 조화를 이룰 수 있는 평신도 전문인 선교의 길을 알려 달라.

⑱ 세속주의 인본주의 사회에서 여전히 적극적 사고방식과 번영의 신학이 필요하다고 느끼는데, 이것을 넘어선 자비량 선교와 축복의 통로가 되는 고통과 희망의 십자가와 부활의 신학을 모체로 하는 전문인 운동이 있는지 알려 달라.

⑲ 현재 한국 사회에 개인의 정체성과 독립성을 지켜주고 존중해 주는 열망을 채워줄 수 있는 선교적 세계관 운동을 알려 달라.

⑳ 전문인 선교는 문화적 타당성을 가진 구조인지, 그리고 한국사회의 차세대 신학의 모델이 될 수 있는지 알려 달라.

㉑ 전문인 교회의 그리스도의 몸으로서의 교회와 신랑 예수의 기름을 예비한 정결한 신부로서의 어머니 신학이 무엇인지 알려 달라.

㉒ 낯선 고향과 같이 된 지역 교회가 문화 명령과 지상 대명령을 준행하

는 서로 사랑의 교회가 되려면 어떻게 변혁해야 하는지 알려 달라.[4]

①-㉒의 질문을 분석해 본다면 선교적 교회론에 대한 답을 제시하는 것이 중요하다.

케냐 KAIST에 보내는 전문인 선교사를 양성하는 일을 남대문교회에서 하고자 한다. 남대문교회는 한국의 예레미야인 김치선 목사가 시무하시던 교회다. 이성봉 목사의 후계자인 정진경 목사와 정근모 장로는 디아스포라 역정, 원자력 역정을 천로역정으로 이어져 사역을 하고 있다. 이에 필자는 전문인 역정의 일환으로 두 분을 융섭한 6R 운동에 대한 언급을 하고자 한다.

먼저 이성봉 목사와 6R 운동의 상관성을 보기로 한다. 회개, 부흥 그리고 성령 안에서 개혁, 화해, 구조 조정, 빚 탕감이라고 볼 수 있다.[5]

① 평양에서 과일을 팔고 그 돈으로 술을 먹고 다리에 마비가 와서 회개(Repentance)하였다.
② 예수를 다시 믿게 되었고 병의 치유로 회복(Revival)되었다.
③ 부흥 운동은 일반 목회와 협조의 관계로 개혁(Reformation)했다.
④ 초청받은 교회의 문제를 해결해 주어야 하는 화해(Reconciliation)자의 역할했다.
⑤ 음악으로 청중을 모은 후에 물건을 팔듯 구조 조정(Restructure) 나팔을 불고 사람들을 모아 교회로 초대했다.

---

[4] 김선일, 『한국기독교의 성장내러티브』, 231-311. 키워드 발췌 요약.
[5] 최선, 『김치선 박사와 이성봉 목사의 삶과 신앙』(서울: 킹덤북스, 2018), 9.

⑥ 회개 후에 사랑의 빚 탕감(Remission)을 받고 하나님의 축복을 얻는다.

김치선 박사와 이성봉 목사의 7가지 신앙의 노선[6]은 필자의 6R 운동의 노선과 유사점이 있다. 이를 매칭하면 다음과 같다.

    회개-회개, 칭의-부흥, 중생-개혁, 성결-화해, 신유-구조 조정, 재림-빚 탕감, 선교-보상.

이를 전문인 신학의 역사적 기초를 정립하는 의미에서 종합하면 아래와 같다.

① 철저한 회개 운동이었다(회개).
② 말씀에 기초한 부흥 운동이었다(부흥).
③ 김치선 박사는 개혁신학을 바탕으로 초교파적인 부흥 운동을 일으켰다(개혁).
④ 성령의 역사를 통한 연합, 민족 복음화의 특징을 가지고 있다(화해).
⑤ 영적 능력. 청빈한 삶, 성결한 삶, 순종의 삶으로 준비가 되었다(구조 조정).
⑥ 이성봉 목사는 국내는 물론 일본 선교와 만주 지방에도 전도 여행을 다녔다(재선교).[7]

---

6   최선, 『김치선 박사와 이성봉 목사의 삶과 신앙』, 17.
7   최선, 『김치선 박사와 이성봉 목사의 삶과 신앙』, 301-2.

빈번한 총칼에 의한 인민 해방 혁명이 중국의 문화 대혁명에서 벗어나려면 변화의 4단계로 구분해야 한다. '변화-혁신-변혁-혁명'을 6R에 기초시켜 4차 산업 혁명이 되어야 한다. 회개-부흥-개혁-화해-구조 조정-빚의 탕감의 선순환이 이루어지게 된다.

요나의 회개와 같은 회개에 기초하여 식민주의의 압제에 대한 용서를 빌고 또 동병상련으로 치유를 받으며 우리 대한민국은 아프리카에서 유럽이나 미국과는 다를 것이라는 화해의 전문인 신학을 "doing mission"의 일환으로 행해야 한다.

AFRICA를 알파벳으로 이렇게 신학적 해석을 해 보았다.

A-tenement(속죄)

F-irst Repentance(先 회개)

R-edemption(구속)

I-ncarnational Mission(성육신적 선교)

C-hrist Jesus(그리스도 예수)

A-rise Up!(일어나라!)

이제 각각의 알파벳에 대한 선교적 해석을 하기로 하자.

첫째, 아프리카는 마지막 선교의 혹진주다.
속죄(Atonement)는 다음과 같다.

① 대속적(Vicarious)이다. 즉, 대신 죽어야 한다.
② 구속적(Redemptive)이다. 즉, 값을 치러야 한다.

③ 만족적(Satisfied)이다. 즉, 율법을 만족시켜야 한다.
④ 화목적(Reconciled)이다. 즉, 하나님과 인간이 화해해야 한다.

속죄의 4가지를 다 충족시키는 구속 곧 죄 사함의 비밀을 아프리카인들에게 전해야 한다.

둘째, 아프리카는 먼저 회개(First Repentance)할 줄을 안다.

1907년의 평양 대부흥 운동은 도산 안창호 선생에 의하면 회개 운동이다. 첫 번째도 회개, 두 번째도 회개, 세 번째도 회개다.
(샤머니즘에 의해서 복 받기를 구하지 말고) 일인일기(一人一技)를 실천하라.
파파 서번트 리더십(안창호, 정근모)은 다음과 같다.

① 무실행력(務實力行): 수신제가. 도덕적으로 허물이 없었다. 거짓에 단호히 대처, 어린이와 약속을 지켰다. 언제나 필요한 행동을 실천에 옮겼다. 제국주의가 심어준 열등의식에 의한 생존 충격의 결과로 생긴 부패한 아프리카를 살릴 수 있는 길은 정직뿐이다.
② 관용화합(寬容和合): 치국. 남의 화장실 청소, 오렌지 따기에 솔선수범했다. 높은 자리는 양보, 어려운 일을 도맡았다. 좌·우파 간 화합과 통합을 위해 부단히 노력했다. 아프리카 54개국이 AU로 연합되는 새 비전은 먼저 변혁이 이루어진 7개국을 중심으로 관용하고 나머지 국가들에 자문화 방사주의로 화합하는 방식의 관용과 화합이다.
③ 충의용감(忠義勇敢): 평천하. 2030 초일류 대한민국이 가능하려면 아프리카 케냐에도 하나님의 나라라는 마음으로 헌신을 해야 한다. 우

리는 홍익인간을 실천하는 천손(天孫) 민족이다. 대한민국이 평천하하면 아프리카도 할 수 있다. 대한민국은 유럽 제국주의가 아니다.

셋째, 아프리카는 구속사의 흐름 가운데 있다.

구속(Redemption) 곧 죄 사함은 하나님을 모르는 죄에서 돌이키는 것이다. 거듭나는 것이다. 삼일 운동 100주년에 성령 세례를 받고 새 사람이 되어 새 선교를 하는 것이다.

누가 한국 전쟁사의 화해의 아이(Peace Child)가 될 것인가?

트럼프인가? 김정은인가?

2019년 2월 27-28일 하노이에서 열리는 제2차 미북 정상 회담은 현재 ICBM 폐기, 영변 핵시설 폐기에 대한 조건으로 간접적으로 일부 제재 해지를 유도하여 금강산 관광을 허가받게 되고 서울 답방 과정에서 남측이 주는 선물로 이루어지게 될 것으로 보며 평양에 미국의 연락사무소를 설치하고 북 경제 개발을 위한 외자 유치가 가능하게 된다는 정도로 합의가 될 것이라고 예측을 했으나 결렬되었다.[8]

진정한 화해는 돈 리차드슨(Don Richardson)에게서 배운다. 캐나다 선교사로 인도네시아의 이리안쟈에서 선교 활동을 한 의료 선교사의 구속적 유비(redemptive analogy)다. 인도네시아의 두 부족 간의 싸움이 지속되어서 수많은 사상자가 나자 화해를 위해서 양 부족의 장남을 맞교환하는 인질극으로 전쟁을 휴전하는 방식이다. 양국의 왕자들이 살아 있는 동안은 평화가 있다.

---

8   YTN-TV, 2019.2.27. 오후 9시, 2차 북미 정상 회담.

넷째, 아프리카는 성육신(Incarnation) 선교사를 부른다.

아프리카 출신의 유명한 신학자 어거스틴이 하나님의 도성을 썼다. 하나님이 죄 많은 아프리카에 친히 선교사로 오셨다.

영국의 노예 상인들을 통해 미국으로 노예로 팔려 간 영혼들은 애통하는 마음으로 흑인 영가 가스펠의 원조가 되었다.

다섯째, 아프리카는 예수(Christ Jesus)의 희망봉이다.

아프리카에서 미국으로 흑인 노예로 팔려 간 노예 해안을 가 본 적이 있다. 아니면 알렉스 헤일리의 "뿌리"란 영화를 보았는가?

남아공의 만델라도 백인을 용서하는 순간 모래 위의 발자국같이 주님이 함께하셨다. 이제 백인이 아닌 동양인인 한국인이 희망이 되어 Kenya에 KAIST를 세운다. 이것이 부활의 능력이다.

여섯째, 아프리카는 세계 1위의 에너지 강국이 된다(Arise Up!).

흑인끼리 회개하고 흑인끼리 용서하고 흑인끼리 화해하면 하나님은 좋으신 하나님으로 아프리카를 흑진주로 축복하신다.

화해의 대사가 되어 아프리카를 먼저 회복시키면 하나님은 "Back to the Korea" 하신다!

운동을 통하여 2030 초일류 대한민국을 선물로 주신다. 미국과 유럽이 돕고 아프리카가 밀면 대한민국은 선교 강국이 된다. 케냐-가나-르완다 교회 리빌딩 7단계 액션 플랜은 아래와 같다.

① 현재 상황 및 영향 분석

　현재 상황 및 영향 분석은 한국교회가 1907년 평양 대부흥 운동과 도산 안창호 선생의 이상촌 운동에 기초한 자비량 전문인 선교를 20년 동안 아시아, 아프리카, 남미 등 제3세계에서 실천한 전문인 선교의 선교 노하우를 가진 지적 자산과 인적 자산이 있다는 것이다. 동일시 회개의 심정으로 한국교회가 회개한다면, 아프리카가 이제 고통과 희망의 땅으로 주님 재림을 이루는 마지막 기회의 땅이라는 것을 알게 될 것이다.

② 미래 변화 및 역량 예측

　암울한 아프리카의 미래 변화 및 역량 예측은 아프리카의 중심이 되는 국가인 케냐가 먼저 국가적 차원에서 회개하고 용서하고 화해하는 아프리카인들의 팀 다이내믹스(Team Dynamics)를 통해서 제국주의로 억압한 자들이 집안의 탕자처럼 아버지 앞에 나아오게 할 수 있다. 국가 재건급 선교 디자인을 통해 에너지 전문인 선교를 접속시키고 아랍에미리트 원자력 건설과 연관하여 진정한 의미의 전문인 선교를 케냐에도 KAIST를 통하여 제시하여 전문인 선교의 계절이 오게 해야 한다.

③ 현재의 교회 사역 테스트 시뮬레이션

　현재의 케냐의 교회 사역 테스트 시뮬레이션은 부흥회를 통하여 다양한 종교 다원주의의 유럽 제국주의의 교회를 하는 것이 아니다. 예수 품성 교육과 『QA 성경』 공부에 기초한 시세를 예측하는 잇사갈 지파 200명이나 기드온 300정병과 같이 미래 예측 전문인 선교사를 KAIST 문화교류학교에서 양성해야 한다.

④ 교회 위기 및 기회 시나리오를 도출

위기 및 기회 시나리오는 다음과 같다. 아프리카에 수입된 제국주의적 칼빈주의가 대세인데 이는 자문화 열등주의에 의해서 아프리카 토착 종교와 정령 숭배와 연관된다. 아프리카의 교회에서 이슬람교가 대안으로 부각될 것이다. 즉, 이슬람교가 대세인 후기 기독교 시대에 영-미국 제국주의적 교회의 위기다.

⑤ 미래 사역 이슈 도출

미래 사역 이슈 도출은 2030년까지 하나님이 한 번 더 아프리카 선교를 통해서 성령의 열매를 얻어서 역으로 한국교회가 선교 강국이 될 수 있다고 믿는다. 이 일에 전문인 원자력 선교를 통한 생활 전도자로서 아프리카 전역에 비거주 순회 선교와 사이버 선교를 통해서 아프리카를 통해서 제3세계에 복음이 수출되는 서번트 리더십에 기초한 전문인 선교에 임하는 자세가 필요하다.

⑥ 비전 디자인

비전 디자인은 이론과 실천이 융합된 전문인 선교의 싱크탱크 역할을 통하여 글로벌 전문인 신학을 정립하여 아프리카 신학의 선교적 모델을 제시해야 한다. 가난에서 벗어나기 위해서 비즈니스에 관심이 많으니 비즈니스 전문인 신학을 정립해야 한다. 진정한 의미에서 하나님의 형상대로 지음 받은 성령 세례를 받은 거듭난 전문인들의 사역이 되어야 한다. 남성과 여성의 성차별이 아니다.[9]

---

9 1638년 매사추세츠교회 재판에서는 안타깝게도 여성은 회중 앞에서 대표로 기도할 수

자기 아내와 둘이 한 육체(엡 5:31)가 되는 결혼생활의 육체적 결합은 영적 연합이라는 중요성을 지닌다면, 그리스도의 신부로서의 남자와 여자는 하나님 나라의 관점에서 결혼과 독신의 의미를 생각해 보아야 한다.

자기 아내와 남편 모두가 동등한 입장에서 합법적인 성행위를 해야 한다는 것이고 이에 어긋나는 현실이 오늘날의 미투 고발 현장이다. 미혼인 자도 정당하게 성을 즐길 수 있다는 입장이 연애 지상주의자들이다.

그리스도의 신부로서의 교회라는 결혼의 의미로 본다면 고린도 도시에 아데미 여신을 숭배하는 창녀들은 성전 관리 비용을 마련하기 위해서 밤거리를 배회하며 매춘 행위를 한 것을 기정사실화하고 있다. 또한, 에베소에서 열린 제4차 공의회에서는 마리아 숭배로 결정된 가톨릭의 섹스교가 아니라 토마스 쿤의 패러다임 쉬프트가 사상의 중요한 변곡점이다.

남자와 여자의 의미를 전문인 해석학으로 볼 때 사도 바울이 자비량 선교를 위해서 상가에 세를 내어 두란노 서원을 개설하여 같이 그리스도의 몸으로서의 생활 전도자들을 양육하기 위해서 성경 공부를 하는 그리스도의 몸으로서의 움직이는 교회라는 것이다. 부부가 의무를 지키는 것은 빚진 자에게 빚을 갚는 심정으로 서로 사랑을 실천하는 것이기에 성화된 그리스도인은 십자가의 사랑의 빚을 갚는 재선교(remission)의 일환이다.

이러한 비밀을 아는 자로서는 사도 바울과 같이 굳이 결혼을 하지 않더라도 그리스도의 신부로서 독신으로 살 수가 있는 것이다. 이를 극상 변혁

없으며 남을 위한 기도의 대상도 여성에게 국한되며 성직자가 될 수 없다는 재판을 하고 이에 반발하고 가정교회로 모이기 시작한 청교도의 딸로 태어난 산파이자 명 설교자인 앤 허치슨(Anne Hutchinson)을 파문과 추방을 하자 그녀는 아일랜드주의 포츠머스로 이주하였으나 남편과 사별하고 원주민에 의해서 비참한 종말을 맞이했다. 이에 허치슨의 죽음을 신의 징벌로 여기고 더욱 남성 우월주의와 종교적 선민주의가 기승을 부리게 되었다. 이런 미국 제국주의 선교는 아프리카에서는 더 이상 안 된다.

(Zenith Transformation)이라고 말한다.

  필자는 이에 1517년 마틴 루터의 만인 제사장설을 기본으로 한 직업 소명론을 융섭한 전 신자 선교사주의에 입각하여 피터 드러커의 전문인의 조건을 합성하여 전문인 선교를 제시하고 있다. 그 일환으로서의 CBMC의 BAM(Business As Mission)과 GPI의 MAN(Marketplace As Natural Church place)과 WOMAN(World O20/040 Marketplace As Natural Church place) 사역이 해법이다.

⑦ 비전 전략 및 시스템 수립

  비전 전략 및 시스템 수립은 한국의 10만 전문인 선교사 파송과 100만 인터넷 선교사의 운동을 통하여 중장기적으로 아프리카에서의 종말론적 전문인 선교사를 양성하여 이슬람 세계로 파송하게 될 것이다. 이때 한국 교회는 노인 교회가 될 것이고 다른 교회는 다민족 교회로 멜팅 팟(melting pot)이 아닌 샐러드 바(salad bar)와 같은 다양한 가운데 조화를 이루는 선교형 교회가 되는 사명을 미국 교회와 함께 실천하여 그 열매를 아프리카 교회로부터 역으로 거두게 될 것이다.

3. 결론: Kenya 2030 비전 과학적 실천

  케냐 정부는 4차 산업 혁명 시대의 미래 먹거리를 창출하기 위해서 2030년까지의 국가발전 전략을 수립하였으며 이는 KAIST를 활용한 지식 기반 경제 성장 국가로서 중진국 수준을 추구한다. 목표 달성을 위한 자기 경영의 지혜를 가지고 생활 전도자로 살기 위해서는 앞으로 우리가 살아야 하는 2030년까지의 시대가 고객에 의한 디지털의 시대임을 알고 다음과 같이 대처해야 한다는 것이다.[10]

초일류 대한민국-케냐로 가지 위해서 여섯 가지로 설명을 하기로 한다: 기계와 인간의 교감이 시작되기에 인간은 기계에 지배를 당할 것인가?

① 기계가 변했고, 그에 따라 기계를 바라보는 인간의 관점이 변했다.
② 기업은 이제 기계를 매개로 디지털 에이전트로 고객과의 교감을 시도한다.
③ 인간의 명령에 복종하던 기계는 스스로 판단하고 학습하는 수준에 이르렀다.[11]

인공 지능과 사랑에 빠진 인간이 될 것인가, 하나님과 사랑에 빠진 전문인이 될 것인가?

① 인공 지능이 그 자체로 디지털 에이전트가 되는 것이다.
② 인공 지능이 사물 인터넷 즉, 사물에 인터넷이 연결된 서비스를 디지털 에이전트로 만드는 것이다. 이는 사물 인터넷과 인공 지능의 융합을 의미한다.[12]

고객의 경험이 느낌적인 느낌이 먹히는 경험의 시대로 바뀌는데, 영적인 경험은 어떻게 되는 것인가?

---

[10] 연대성, 『디지털 트랜드 2019』 (서울: 책들의 정원, 2018), 14.
[11] 연대성, 『디지털 트랜드 2019』, 24.
[12] 연대성, 『디지털 트랜드 2019』, 28.

① 예측은 데이터뿐이다.
② 예측은 고객으로부터 오기에 고객에 집중을 해야 한다.
③ 고객의 경험은 에이전트/디지털 에이전트로부터 온다.
④ "Beyond Self"를 의미한다.[13]

뜬 구름 잡는 소리 같던 클라우딩 펀드가 현실이 되는 세상에서 천국에 쌓아 둔다는 것은 무슨 의미가 될 것인가?

① 디지털은 더 이상 뜬 구름이 아니다. 그리고 고객 경험은 담론이 아니라 비즈니스 현장의 디테일이다.
② 디지털을 말하는 기업이라면 더 이상 기술을 자랑하지 말아야 한다.
③ 고객 경험에 집중하지 않는 기업은 뜬구름 기업으로 디지털 시대의 모든 비전으로부터 멀어지게 될 것이다.[14]

인공 지능 플랫폼 전쟁이 시작되어서 기업들의 전쟁터에 칼을 빼든 고객의 손에는 하나님의 말씀이 있는가?

① 영화에서 보던 인공 지능을 내가 만들 수 있다.
② 기술의 작동 구간은 모습을 드러내지 않고 엄청난 잠재력을 가지고 나를 인지하고 있다.
③ 인공 지능 플랫폼은 숨어서 나의 외형과 내면, 나를 둘러싼 주변 환

---

[13] 연대성, 『디지털 트랜드 2019』, 56.
[14] 연대성, 『디지털 트랜드 2019』, 66.

경을 모두 파악한다.

④ 이는 엄청난 힘이며 인내와 절제의 기능이 없기 때문에 내가 알지 못하는 것까지도 알아차리는 기계를 직면하게 될 때 인간에게는 무서운 일이 벌어질 수 있다.[15]

계산하지 않고 물건을 들고 나와도 사물 인터넷과 인공 지능에 의해 계산을 하는 것이 아마존이 제시한 미래의 일상사인데 이것이 초기의 666 표인가?

① 아마존고(Amazon Go)를 통해 사물 인터넷과 인공 지능이 융합된 서비스의 새로운 장이 열렸다.
② 서비스를 살펴보면 사물 인터넷을 만난 인공 지능의 현재와 미래를 살필 수 있다.
③ 한 번의 원클릭으로 음원 영상 등을 무료로 공급받게 된다.
④ 그들의 기저 매출은 아마존 웹 서비스로부터 나온다.
⑤ 지상에서 물류 배송 시스템을 구축한 것은 물론이고 드론 배송인 프라임 에어까지 하게 된다.
⑥ 터치 한 번으로 모든 서비스를 연 아마존 대사, 인공 스피커 시대를 연 에코까지의 굵직한 서비스로 온라인과 오프라인을 모두 섭렵한 O2O 플랫폼 기업인 아마존에 경쟁사요 파트너로 우뚝 서게 한 결정적인 계기가 된 것이다.[16]

---

[15] 연대성, 『디지털 트랜드 2019』, 67-68.
[16] 연대성, 『디지털 트랜드 2019』, 103-4.

세상은 온라인과 오프라인이 하나가 되는 온라이프(onlife)로 변모되어 가고 있기에 스마트 경제, 공유 경제, 순환 경제, 플랫폼 경제가 시너지를 일으키고 있는 혼합 현실을 체험하고 있다. 이로 인해서 사이버 영지주의가 판을 칠 것이고 영적 전쟁이 심화될 것으로 보인다.

필자는 이러한 현실-가상 현실-증강 현실로 이어지는 것을 비판적 상황화하여 증강 현실이 재창조되고 완성된 주가 친히 다스리시는 새 현실(New Reality)이라고 말하고자 한다. 인간이 기계에 지배를 당하는 것이 아니라 기계의 전기를 끊으면 인간이 다스리는 시대로 회귀하게 될 것이고 전지하신 하나님이 먼저 보이게 될 것이다.

인공 지능은 마치 99%의 신적인 능력을 갖춘 루시퍼 천사와 같은 악마의 디테일이 있을 수가 있다. 눈에 보이지 않는 세계에 구름 같은 개념으로 정보의 창고와 같은 개념을 공중의 권세 잡은 자가 제공하여 사람을 구름 속으로 끌어드리는 세상이 되었다.

정직을 다루는 직업인 판사, 변호사, 회계사, 보험사 등은 인공 지능에 의해서 종말을 고하게 되고 하나님의 참 사랑을 증거하는 생활 가운데 전도자의 사명은 너무나 소중한 세상이 되었다. 이제는 책방에서 성경을 그냥 가지고 나와도 도둑이 아니라 자동화 시스템으로 매매가 된 것이라면 사도 바울이 로마서 10:1-2에서 말씀하신 대로 이 시대를 본받지 말고 오직 변혁을 받으라는 그 변혁만이 유일한 생존 전략인 것을 알게 된다.

눈에 잡히는 가까운 미래인 2030 초일류 대한민국을 실현하기 위해서 디지털과 인간과 진한 교감을 느끼면서도 디지털이라는 과학 도구를 만드신 전지하신 하나님을 만나는 일이 시급한 시대임을 고백하지 않을 수 없다.

마틴 루터 킹은 보아야 할 곳을 볼 줄 아는 안목을 갖춘다면, 새롭게 부상하는 세계를 볼 수 있다는 말을 했는데 그 세계는 흑백 차별이 없는 능력으로 대접을 받는 사회를 말하는 것이었는데 이제 이러한 통찰력은 다 창조의 하나님에게서 나온다는 것을 인정해야 유대교에 매여 있거나 이슬람교의 족쇄에 매어 있는 사이버 과학 영지주의자들을 적발해 낼 수 있다.

새롭고 산 길은 예수 품성 세미나의 21가지 미래 품성학을 "WJWD"(What Jesus Would Do?)의 세계관으로 전문인주의에 기초하여 사용함으로써 미래를 정복해 나가는 것이다.

이러한 전문인주의에 기초하여 7개의 산 영역에서 많은 사례를 만들어야 한다. 미래에너지 비즈니스의 중요성을 알아야 한다. 6대 에너지 믹스(태양광, 풍력, 수력, 태양열, 지열, 바이오, 폐기물)를 통해 6자 회담 이후에 "PATO"(미국-중국-러시아-일본-한국-북한)를 형성할 나라들이 함께 원자력 에너지 대체 프로그램을 통하여 북한을 잘 설득하여 신재생 열에너지를 잘 관리하여야 시너지 효과가 일어나고 원자력 르네상스가 지속된다.

특정 이념이나 정파에 치우치지 않고 초일류 대한민국-케냐라는 대의와 국가와 국민을 생각하는 전문인 정신으로 대한민국-케냐 국가미래전략을 실천하는 전문인 선교사를 양성해야 한다.

제16장

아프리카 문화 교류 전문인 선교 전략

> 나는 당신의 모든 염려가 변하여 감사가 될 수 있기를 기도합니다. 어떤 것이 만들어 내는 그림자가 그 물건 자체보다 더 클 수 있음을 기억하십시오. (특히 태양이 지평선에 가까워질수록 말이지요). 때로 미래에 대한 두려움이 엄청난 어둠으로 다가올 수 있지만, 사실 저 너머에서 보면 그 실체는 작은 점 하나에 지나지 않습니다. 오! 하나님께서는 종종 우리로 하여금 "저 너머의 관점"을 갖도록 해 주십니다. 우리가 모든 것을 하나님께서 보시는 관점으로 보게 하시고, 하나님께서 우리를 아들과 같이 대해 주신다는 것을 기억하게 하십니다.
>
> 짐 엘리엇(Jim Elliot) / 과테말라 선교사, 순교자

먼저 미국의 유명한 아프로 아메리칸의 소설가인 알렉스 헤일리의 『뿌리』(the Root)의 줄거리를 보며 다음과 같은 생각이 들었다. 대한민국은 일본 제국주의를 당했고, 아프리카는 영국과 프랑스 등 서양 제국주의에 당하여 동일한 한(恨)을 품고 있느니 동병상련(同病相憐)의 마음을 갖어야 한다는 것이다.

최근 들어 신문이나 방송을 통해 백인 경찰이 무장하지 않은 흑인을 무참하게 사살하는 사례가 자주 보인다. 아직까지 미국에서는 흑백 차별이라는 것이 엄연히 존재하는 모양이다. 이런 의미에서 이 책은 여전히 유효하다는 생각이 든다. 사실 우리의 정서와는 달리 서양에서는 후손들이 자신의 조상들을 기억하는 일은 드문 것으로 안다. 그들에게는 우리에게 익숙한 족보나 제사라는 것도 없다.

그런데 미국의 흑인 작가인 저자 알렉스 헤일리는 이 작품을 통해, 흑인 노예로서 미국 땅을 처음 밟았던, 그의 선조 쿤타킨테에서부터 자신까지 7세대에 걸친 가족사를 조사해서 그 슬픈 역사를 독자들에게 들려준다. 개인주의를 지향하는 미국인에게서는 볼 수 없는 모습이라 흥미롭다.

물론 단순히 한 개인의 가족사를 이야기하려는 것은 아니다. 가계의 흐르는 저주가 아니라, 미국 제국주의의 적폐와 생존이 우선인 노예의 식민지 근성으로 반(半)짐승으로 살았던 자신의 가족사를 통해 흑인 노예로서 핍박받으며 살았고, 아직까지도 흑인 차별로 고통 받는 현실을 적나라하게 보여줌으로써 이를 고발하기 위함이다.[1]

『뿌리』의 지은이인 알렉스 헤일리는 실지 외가 쪽으로 쿤타킨테의 7대손이다. 그는 어려서부터 외할머니를 통해 먼 조상인 쿤타킨테 할아버지의 사연을 어제 일처럼 듣고 자랐다. 저자는 "역사란 승자들 쪽으로 심하게 치우친 시각에서 쓰였다는 과거의 유산을 보완하는 데 도움이 되기를 바라는 소망"을 가지고 이 책을 썼다고 고백하였다.

이 책은 한 흑인 노예와 그 후손의 파란만장한 삶을 다루지만, 아프리카에서 아메리카로 끌려간 수많은 노예의 비참상을 유추해 볼 수 있기에 한

---

[1] www.reportworld.co.kr. 알렉스 헤일리, 『뿌리』에 대한 서평.

가계의 이야기를 뛰어넘는다.

1.『뿌리』

1) 열일곱 쿤타킨테, 숲에서 잡히다

쿤타킨테는 1750년 이른 봄, 서아프리카 감비아 해안에서 나흘 정도 강을 거슬러 올라가면 나타나는 주푸레 마을에서 태어났다. 아버지 오모로와 어머니 빈타 킨테의 첫 아들로 가족들의 사랑을 받으며 씩씩한 소년으로 자라났다. 엄격하고 혹독한 성인식을 무사히 치른 다음에는 이제 자신 또한 자신의 아버지처럼 결혼도 하고 아이들도 낳고 하면서 살아갈 꿈을 꾸며 동생들에게도 너그러운 형이었다.

그러나 쿤타킨테는 열일곱 살 때, 동생의 장난감 북을 만들어 주고자 괜찮은 나무를 찾아 숲을 헤매다 어이없게도 노예 사냥꾼에게 잡히고 말았다. 발가벗은 채로, 쇠사슬에 묶이고, 발에 차고가 채워졌다. 그는 찌는 듯한 더위와 구역질나는 악취를 겪었고, 비명을 지르고, 흐느껴 울고, 기도를 드리고, 구토를 하는 악몽 같은 광란 가운데 있었다. 칠흑 같은 어둠 속에서, 다른 두 남자 사이에서 누운 채로 정신이 들었다. 그는 가슴과 배에서 자신의 토사물 냄새를 맡고는 손으로 만져 보았다.

쿤타킨테는 붙잡히고 난 다음 나흘 동안 매를 맞아서, 온몸이 고통으로 경련을 일으켰다. 그러나 가장 아픈 곳은 양쪽 어깨 사이의 한가운데 인두로 지진 자리였다.

7대 후손인 알렉스 헤일리가 찾은 문서에 의하면 쿤타킨테는 1767년

"로드 리고니어호"를 타는데, 아나폴리스 항구에 도착한 140명 노예 중 42명이 죽고 살아남은 98명 중의 한 사람으로 미국 땅을 밟았다. 그는 "최고급 젊은 검둥개"로서 존 월러라는 사람에게 팔렸다.

그러나 쿤타킨테는 노예로서의 삶을 거부하고 생면부지의 땅임에도 불구하고 탈출을 감행하였다. 탈출이 실패로 돌아가 붙잡히면 죽도록 얻어맞아야 했지만 그는 두 번, 세 번 탈출을 멈추지 않았다. 뛰어 봤자 노예 사냥꾼들의 손바닥 안이고 더 이상 어찌 해 볼 수 없다는 것을 알게 된 것은 네 번째 탈출의 실패로 오른발이 잘리고 난 후였다. 네 번째 탈출에서 붙잡혔을 때 그는 노예 사냥꾼을 향해 돌멩이를 던져 상해를 입혔는데, 이해 격분한 노예 사냥꾼은 발을 자를까, 성기를 자를까하며 쿤타킨테를 위협하였다.

쿤타킨테는 진정한 남자는 아들을 두어야 한다는 내면의 울림에 자신의 성기를 가렸고 노예 사냥꾼은 쿤타의 발을 겨냥했다. 쿤타킨테가 비명을 지르고 몸부림을 치는 사이에, 도끼는 번쩍 올라갔다가, 순식간에 내려쳐서, 살갗과 근육과 뼈가 절단되었고 쿤타킨테는 도끼가 쿵 나무토막에 찍히는 소리를 실제로 듣고는, 충격과 고통이 머릿속 깊숙이 되울렸다.

폭발하는 듯한 고통이 온몸에 충격을 주자, 쿤타킨테의 상반신은 발작적으로 고꾸라졌고, 시뻘건 피가 잘린 발의 토막에서 뿜어져 나오자, 그는 떨어져 나간 발의 앞쪽 반 토막을 찾으려는 듯 두 손으로 정신없이 더듬거렸으며, 그리고 그의 주위는 온통 암흑이었다.

2) 노예의 삶을 살며 스스로 '그리오'가 되다

쿤타킨테는 발이 잘린 후로 일꾼으로도 별 쓸모가 없는 존재였고 쿤타킨테 자신 또한 탈출의 의욕을 상실했다. 존 월러 주인의 형인 의사 윌리엄 월러가 쿤타킨테의 발을 자른 것에 격분하며 동생으로부터 쿤타킨테를 샀다.

쿤타킨테는 발의 상처가 아물 때까지 새 주인이 된 의사 윌리엄 월러의 간호를 받았고 다 나은 다음에는 얼마간 정원사로 소일하다 윌리엄 주인의 마차를 끌게 되었다. 그리고 씨가 마르기 전에 어서 자손을 보라던 어느 늙은 노예의 말을 상기하며 윌리엄 주인의 오랜 요리사이자 자신의 발 상처를 정성껏 보살펴줬던 벨과 결혼하여 딸 키지를 낳았다.

쿤타킨테는 어린 딸 키지가 말을 배울 무렵부터 자신의 고향인 서아프리카 감비아 땅의 작은 마을 주푸레의 언어를 기억시켜 주려 애썼다. 기타를 보고는 "코", 강을 보고는 "캄비 볼롱고"로 가르치는 등 어린 딸에게 수없이 자신의 고향과 고향 말을 얘기했다.

열여섯 나이에 어이없이 부모를 떠나 다른 주인에게 팔려간 키지는 그의 아들 치킨 조지에게 아버지 쿤타킨테의 고향 아프리카를 뇌리에 심어주었다. 치킨 조지 또한 그의 자식들이 태어날 때마다 쿤타킨테 할아버지의 얘기를 되풀이했고 그것은 몇 세대를 거쳐 알렉스 헤일리에게까지 생생하게 전해졌다.

문자가 없던 시절, 쿤타킨테의 고향 사람들은 자신들의 역사를 말로 기억하는 구전 역사가인 "그리오"를 두었었는데 그 그리오들은 수백 년 역사를 한 점 어긋남 없이 기억하는 존재들이었다. 때문에 한 사람 그리오의 죽음은 오늘날로 치자면 도서관 하나가 불타는 것과 마찬가지라고 하였다. 알렉스 헤일리는 마치 그 사실을 증명하듯 자신의 6대조 외할아버지인 쿤타킨테와 그의 부모 형제 얘기를 그로부터 200년이나 지난 시대를 살고 있는 현재의 그리오에게서 정확하게 들었다.

쿤타킨테는 도서관 한 채와 맞먹는 "프로" 그리오는 아니었지만 자신의 뿌리만큼은 대대로 그의 자손들에 각인시켜 "작은" 그리오 역할을 하였다. 그것은 나아가 자신의 개인사를 넘어 아메리카로 잡혀 온 흑인 노예들의 총체적 삶을 되돌려 보는 계기가 되었다.

2. 눌린 자들의 회복

이들 눌린 자들이 느끼는 세속 정부의 모습을 힌두교도인 마하트마 간디는 이렇게 지적하였다.

① 원칙 없는 정치.
② 노동 없는 부.
③ 양심 없는 쾌락.
④ 인격 없는 교육.
⑤ 도덕 없는 경제.
⑥ 인간성 없는 과학.
⑦ 희생 없는 신앙.[2]

이제는 피부로 차별을 덜 받고 능력으로 차별을 한다고 하지만 문화적 혼혈인의 입장에서 보더라도 거듭나지 않은 영혼들 사이에서 제국주의와 식민주의의 잔재에 입각한 차별은 현저히 존재한다고 본다. 민주주의의 사망 이유라는 책을 스티븐 레비츠키와 대니얼 지블렛은 다양성이 민주주

---

2 신영복, 『담론』 (서울: 돌베개, 2015), 191.

의의 성공에 필수적인 절충과 관용의 문화를 형성하는 데 도움을 준다고 했으며 대부분의 서양의 국가들이 더 다양해질 것이다.[3]

민주주의의 요체인 다양성을 구비하지 못한 제국주의자들로 인한 식민지주의의 한(恨)을 승화해서 미래로 나가기 위해서는 공옥진의 병신춤과 같은 것이라도 일단 한을 승화할 수 있는 춤을 추면서 문화 교류를 통한 선교를 실천하는 것도 하나의 단(斷)의 실천을 하는 아프리카 흑인 민중 선교의 방법이다. 그러나 이제는 전문인의 시대다. 필자는 제2의 간디와 같은 심정이 되어서 이렇게 전문인 해석을 해 본다.

① 믿음의 법, 그리스도의 법, 생명의 성령의 법이 다스리는 정치.
② 자원봉사의 자세로 축복의 통로가 되는 나눔의 부.
③ 선한 양심을 지닌 더 큰 선과 작은 선 사이의 기쁨.
④ 자신에 대해서는 연단 받고 인내하며 절제로 나눔의 교육과 훈련.
⑤ 신자의 비세속성의 원리에 의한 정직한 도덕 사회.
⑥ 축복의 통로로서의 문명의 이기인 과학적 문화 교류.
⑦ 예수 그리스도의 대속적 속죄를 성결하게 실천하는 생활 전도자.

3. 아프리카 예배의 회복

이제 아프리카 선교를 위해서는 진정한 의미의 예배가 회복되어야 한다.

---

3 「서울경제」, 2019.3.12. 해외칼럼.

아프리카에서의 춤과 음악은 기본이다. 아프리카를 이해하고 선교하기 위해서는 문화 교류적인 측면을 중시하는 이유다. 아프리카의 오순절계 신학자들이 저술이 적다고 비판을 하지만 오히려 4차 산업 혁명 시대에는 음악으로 앞서가는 것이다. 문화 충격을 받은 서구의 그리스도인들은 아프리카의 토착화된 음악 선교에 거부감을 드러내지만, 성령을 받고 다시 들어보게 되면 영적 전쟁의 차원에서 분별이 될 수가 있다.

그래서 문화인류학의 대가인 폴 G. 히버트 박사는 성육신의 원리와 비판적 상황화를 선교의 두 기둥이라는 명언을 남겼다.

아프리카에서 예수의 성육신의 의미는 잘 이해가 되었는데 비판적 상황화를 서구 유럽의 자기의 의를 내세우는 바리새적인 율법이 아닌 한류를 통한 하나님의 의를 드러내는 하나님의 영광의 빛을 발하는 은혜로 잘 할 수 있도록 섬겨야 한다. 먼저 흑인 영가에 대한 근거인 "Blue Music"을 이해해야 한다.

미국 흑인 노예들은 백인들에게 기독교 신앙을 강요당하다시피 했다. 흑인들은 백인들에게서 전해 들은 성경의 여러 인물 속에 자신들의 모습을 투영했다. 이들은 그 안에서 위로와 희망의 씨앗을 싹 틔우고자 했는데, 이런 기운데 흑인 영가가 탄생한다. 가장 유명한 영가 중 하나인 "딥 리버"(Deep River)에서 이들은 이렇게 희망을 노래한다.

> 깊은 강, 나의 집은 요르단 강 건너에 있네. 주님 깊은 강이 있습니다. 강을 건너 야영지(사실 해방된 장소를 상징)로 가기 원합니다.
> 오, 당신은 원치 않으십니까?
> 약속된 땅, 잔치가 열려 있고, 모든 것이 평화로운 곳, 오, 주님 깊은 강을 건너 그곳에 가기 원합니다.

1867년 최초 흑인 영가집 『미국 노예들의 노래집』이 출판됐고, 이어서 1871년에는 레이드(A. Reid) 목사가 조직한 최초의 흑인 그룹인 "주빌리 싱어즈"(The Jubilee Singers)가 피스크대학의 신앙 집회에서 첫 연주를 하면서 흑인 영가가 널리 퍼지게 되었다.

사실 앞서 언급했던 모세보다도 이들의 마음속에 더욱 깊이 파고들었던 인물은 바로 "예수"였다. 매질과 가시관의 고통과 모욕, 그리고 십자가 위에서 비참하게 숨을 거두셨던 그 모습 속에서 이들은 탈출을 감행했다가 붙잡혀 매질을 당하거나 심지어 목숨을 잃어 간 가족이나 동료의 모습을 보았다. 예수님이 겪으셨던 고통은 이들이 실제로 현재 자신들이 겪고 있는 고통이기도 했던 것이다. 이러한 고통이 절절하게 표현된 노래가 바로 성가 "십자가의 주님을 보았나"다.

이 노래는 노동요(勞動謠)와 같은 구조에 바탕을 두고 있었기 때문에 마치 우리나라의 "쾌지나칭칭나네"처럼 개인의 선창(先唱)과 집단의 후렴(後斂)이 돌아가며 부르는 구조를 띠고 있다. 재즈(Jazz)에서 중요한 위치를 차지하는 즉흥 연주의 기원도 이 개인의 선창 부분에서 비롯되었다고 한다.

> 개인의 선창: "당신은 거기 있었나요? 그들이 내 주님, 십자가에 매달 때?"
> 선창자의 삽입구: "때로는 이 때문에 전율하고 몸서리치며 떨게 된다네."
> 함께: "그대 거기 있었나요? 그들이 내 주님, 십자가에 매달 때?"

이 영가(靈歌)는 "내 주님 못 박을 때"를 "그분을 나무에 못 박을 때"나 "무덤에 누일 때" 등으로 변화시키며 끊임없이 이어나가는 구조로 이루어져 있다.

노예들의 신앙과 한(恨)을 담은 미국판 아리랑을 한류로 아프리카의 춤과 음악으로 부활시켜야 한다.

① 대중의 마음을 얻기: 사람의 반응을 이끌어 내는 일, 다른 수준으로 이미지 끌어올리기, 청중한테 음악을 인정받는 일, 자신이 만든 음악이 대중들에게 다가갈 수 있게 하기, 사람들에게 자신을 알리는 방법 배우기, 진정성 있는 스토리텔링, 소통, 공감, 10대(50대) 정서 읽기, 복고풍, 유튜브, 페이스북, 트위터와 같은 소셜 네트워킹 서비스, 인스타그램, 팬덤(A.R.M.Y) 형성, 떼 창, 대중과 교감하는 화려한 퍼포먼스, 군무(群舞), 떼춤.

② 음악적 재능: 훌륭한 학위 대신 음악으로 전업하기, 곡을 직접 작사-작곡하기, 음악적 내 존재 확신, 자기 PR, 음악에 모든 것 쏟아 붓기, 빈틈없는 뮤지션, 음악 히트시키는 일, 정확한 일 처리, 수익 얻기 위한 사업적인 두뇌, 매사 옳고 그름 분별, 스케줄 및 시간 관리, 다시금 회자되는 뮤지션, 대중에게 전달하고 싶은 그들만의 메시지.

③ 독창적 음악: 독창적 그룹 만들기, 색다른 음악 만들기, 훌륭한 상품 내놓기, 무시할 수 없는 밴드 만들기, 웅장한 이름값 하기, 퀸의 고유한 상징 음악 만들기, 노래 혁신.

④ 프로페셔널 정신: 신중할 것, 훌륭할 것, 풍부한 경험 활용, 멋쟁이 뮤지션, 웅장한 음악 만들기, 위대한 그룹으로 남기, 위풍당당한 음악 만들기, 만반의 준비된 음악, 밴드로서의 성취감, 엄청난 상품 가치를 지닌 밴드 만들기, 사기꾼 가려내기, 악당 가려내기.

⑤ 자신감 갖기: 항상 새로운 꿈꾸기, 정상을 향한 음악 하기, 음악에 최고가 되기, 적당한 자만감과 자존심, 일류 밴드로 성공하기, 가수들의 세련된 스타일, 꼭 필요한 곳에 있기, 내 존재 알리기, "난 스타가

되지 않겠다. 전설이 될 것이다!"
⑥ 음악적 협력: '프레디-로저—존-브라이언'의 만남과 밴드 결성, 그룹 "스마일" 해체, 존 디콘 만남, 존 레이드(엘튼 존의 전 매니저) 만남, 바른 길잡이와 매니지먼트, 슈퍼 유닛(super-unit; 만능 집단) 이미지, 그룹 구성원 간 맹렬히 싸우지만 민주적 일 처리, 각자 곡 쓰고 앨범에 실으려고 치열하게 경쟁하지만 모두를 위한 곡(曲) 선택 과정, 4인 모두 팝스타 꿈꾼 건 맞지만 그래도 그룹을 먼저로 생각.

다음과 같이 평가할 수 있다.

한류 열풍은 일시적인 열풍이지만 진정한 하늘의 꿈이 없어서 발생하는 자기와의 내면 전쟁이며 산업화로 인한 인간의 자기 분열이다. 소확행(작지만 분명한 행복)을 추구하는 삶으로 목표를 가지고 사는 소시민은 사실 꿈이 없는 것과 마찬가지다.

4. 전문인 꿈의 해석학

그러나 진정한 드림(Dream)이나 비전(Vision)을 소유하기 위해서는 자기 훈련이 되어야 하며 하나님의 나라를 위해서 봉사하고 다음 세대에게 축복의 통로가 되도록 계승(succeed)해야 성숙한 성공(success), 즉 대확행(크고 분명한 행복한 천국 시민권자의 삶)을 산다.

"D-R-E-A-M"은 "Digital," "Redemption," "Evangelical," "Available," "Mission"이다. 즉, 하나님의 나라를 위하여 구속사를 실천하는 디지털 차원의 가능한 선교를 하는 것이다. 그리고 "V-I-S-I-O-N"은 "Very Important," "Sacrificial," "Insightful," "O2O Education," "Network"이다. 즉, 하늘의 비전은 O2O 교육을 통하여 통찰력을 가지고 희생하게 하는 매우 중요한 하나님과의 네트워크다.

선교의 하나님의 시각을 통하여 확정하고 확정하는 오프라인의 꿈과 온라인의 비전을 성취하기 위해서는 요셉과 같이 다니엘과 같이 전에 하던 대로 온라인 교육인 비형식적인 교육인 1:1의 면대면 기도를 하면 하나님이 그리스도 안에서 그리스도의 마음을 DV(Dream-Vision)로 품게 하시고 문화 교류 변혁자(Transformer of Interculture)로서 쓰임을 받게 하시는 것이다. 조용기 목사는 이를 꿈, 생각, 믿음, 말씀이라고 했는데, 여기에 설교와 선교가 들어가서 6차원 영성이 되어야 한다고 본다.

먼저. 예수, 바울, 코메니우스, 피터 드러커, 크리스티 윌슨 주니어로 이어지는 전문인 신학의 계보를 살펴보기로 하자.

요한 아모스 코메니우스(Johann Amos Comenius)는 체코 출신으로 코멘스키(Komensky)라고도 한다. 보헤미아(Bohemia)의 교육학자이며 모라비아에서 출생했다. 빈곤한 탓으로 늦게 16세 때 취학하였으며, 하이델베르크대학교에서 철학과 신학을 공부하고 목사가 되었다. 30년 전쟁 때문에 1632년 폴란드의 리사로 피신했고 영국, 스웨덴, 서(西)프로이센(Preussen), 헝가리 등의 초청을 받아 학교 제도 개혁을 연구했다.

코메니우스는 1654년에 리사로 돌아갔으나 전쟁으로 인하여 다시 피신, 독일의 각 지방을 떠돌다가 암스테르담에서 사망하였는데 그의 교육 학설의 원리나 방법은 근대적이지만 표현 형식에는 당시의 종교적 성격이 많이 포함되어 있다. 그것은 그가 완전한 지상(地上) 생활을 영위하는 것이 인간의 첫째 임무라고 주장하면서도 궁극적인 목적은 천국에 들어가 신의

세계에서 영원한 행복을 얻는 데 있다고 서술한 것으로도 알 수 있다.[4]

코메니우스의 교육철학은 오늘날 전문인 철학의 형성과도 그 맥락이 닿아 있다. 코메니우스는 인식론적으로는 이성과 신앙의 분열을 넘어섰다. 그는 사물을 바라보는 명확한 인식론에서 시작해서 그 발전으로 사람의 관계를 논하며 신앙 또한 대상은 달라도 그런 명확성으로 다가가기를 시도했다.

코메니우스의 이런 인식적 태도를 받쳐내는 방법론이 바로 비판적 사고에 의한 종합 비판(Syncrisis)의 방법이다. 사물을 명확히 인식한 다음, 인간을 볼 때 자연을 버리지 않고, 다시 하나님을 바라볼 때 인간을 버리지 않는 방식이다.

이는 노자의 무위자연과 피터 드러커의 통찰력과도 같이 내가 이미 가지고 있는 전체성을 배경으로 한 단계 상위의 대상을 외부자적 시각, 내부자적 시각, 공시적 시각, 통시적 시각으로 인식하는 방법이다. 그리하여 이 방법은 자연과 인간과 하나님 모두에 도달한다. 그리고 그것은 추상에

---

[4] [네이버 지식백과] 코메니우스 [Johann Amos Comenius] (체육학대사전, 2000. 2. 25.); 14, 15세기의 르네상스와 16세기의 종교개혁으로 인해 인간의 관심이, 신학에서 과학으로, 초자연적인 것에서 자연적인 것으로 변화했음에도 불구, 여전히 언어주의, 형식주의와 같은 키케로주의가 남아 있음을 비판하는 사조로서, 17세기 자연과학의 발달로 감각을 통한 관찰과 실험을 교육에 응용하여 교육의 실용성과 실천성을 강조하며 등장한 사조가 실학주의 사상이다. 특히, 이 중 코메니우스는 감각적 실학주의자의 대표자로 『세계도회』라는 최초의 어린이를 위한 그림책을 개발, 감각 경험을 통해 사물을 보거나 느끼고 그다음 언어로 배우도록 구성했으며, 교육 방법론이 제시된 '모든 사람에게 모든 것을 가르치는 기술'이라는 부제의 『대교수학』을 저술해, 6-3-3-4의 단선형 학제를 구상, 기회균등의 원칙을 주장했다. 그는 특히, 사물, 직관, 경험, 아동 중심의 교육 즉, 감각 인상교육을 주장한 점에서 교육에 있어서 코페르니쿠스적 전환을 일으킨 인물로, 그 사상이 18세기 루소의 자연주의 교육(교육의 원리를 자연 속에서 발견)의 시조가 되었으며, 19세기의 페스탈로치, 프뢰벨, 엘렌 케이, 진보주의 사상의 모체가 되었다는 점에서 큰 의의가 있다.

로 나가는 길이 아니라 현실 가운데서 이 모든 대상을 인식하는 것이다.

이것이 코메니우스의 사상에 들어있는 충만인데 주역의 창조적 중용과도 통하는 것이다. 이 충만은 우리를 새로운 현실성에로 나아가게 하는데, 그것이 바로 개혁이다. 코메니우스는 그 체제에 있어서 열린 전체성을 가졌다 다가오는 현실은 끊임없이 이미 있는 전체성을 배경으로 하여 이해된다. 그래서 우리의 삶은 다시 끊임없이 개혁된다. 그리고 그 개혁은 개혁하는 개혁이 되어서(reforming reformation) 우리를 다양한 가운데 조화를 이루며 모든 것을 향한 일치에로 이끈다.

이 일치는 우리에게 평화의 촉진자가 한다. 개혁은 이와 같이 일치와 평화에로 이끈다. 그의 사고는 마틴 루터를 넘어서는 것으로서 오늘날 자발적인 의지에 의해서 스스로가 미래의 삶을 개척하려는 전문인에게는 새로운 실천적 역동을 제공한다. 우리는 그 사상의 교육 실천 영성과 함께 실천적 역동을 수용함으로써 우리 시대의 전문인 영성 사상으로 사용할 수 있는 것이다.

코메니우스는 종교개혁이 불완전한 개혁이라고 보았는데, 필자가 보기에는 무엇보다 일치와 평화라는 관점에서 가톨릭에 무게의 중심이 있는 그런 것이었기 때문이다. 아나뱁티스트와 같은 근본적 개혁(Radical Reformation)보다는 교육/훈련에 의한 스테이지를 통한 점진적 개혁(Progressive Reformation)이 되어야 하기에 변혁하는 변혁(transforming transformation)으로 가는 시발점일 뿐이었다고 본다. 그래서 필자는 6R의 '회개-부흥-개혁-화해-구조 조정-빚의 탕감'으로 이어지는 품성 교육/훈련의 6 Stages 이론을 전개하고 있는 것이다.

필자가 코메니우스의 창의적 교육 학교[5]와 피터 드러커의 프로페셔널의 조건에 기초한 사도 바울의 신학과 자비량 선교를 융섭한 전문인 신학(Professional Theology)을 이야기하는 것은 기존의 20세기까지의 정통주의 신학으로는 21세기의 종말론적인 세계를 품을 수 있는 신학의 부재를 이야기하기 때문이다. 글로벌 전문인 신학은 극한 신학(Extreme Theology, Zenith Transformational Theology)이다. 선교 신학자들이 극한 도전과 한계돌파에 의해 달성할 수 있는 것이기 때문이다.

오늘 우리가 한국인으로서 만난 극한 상황이라는 것이 무엇일까?

첫째, 중국 공산주의라는 극한 도전에 직면하고 있다. 수출의 80%를 담당하고 있는 나라이기에 중국 경제가 어려워지게 되면 우리에게도 직격탄이 될 수 있다는 염려와 불안으로 눈치를 보고 있는 실정이다.

둘째, 북한의 ICBM 발사로 인해 미국은 비핵화에 관하여 극한 한계에 직면하고 있다. 미국와 중국 간의 무역 전쟁과 화폐 전쟁으로까지 비화하고 있다.

셋째, 창조적 파괴를 해야 하는 상황에서 과학적 신학이 출현을 해야 하는 상황에 직면하고 있다. 그러나 현세 구복적 샤머니즘 신학이 지배하는

---

[5] www.comeniusschool.com: 1. Leadership: We seek to raise up the next generation of leaders with the cooperative effort of each family, the church at large, and the staff at school. We provide an atmosphere that encourages worship of the Creator, a love for learning, a desire for excellence, and the development of each student's gifts, talents, and leadership skills. 2. Four Day Work Week: Classes are held Monday through Thursday. Fridays are free so that students may supplement their education by taking classes at nearby colleges, interning or apprenticing at local ministries or businesses, work at jobs, or further develop artistic and musical skills. 3. No Home Work: We believe that overwhelming students with homework does not guarantee a good education nor does it encourage creative thought. Homework does not generate creativity, it crushes it.

한국의 보수 복음주의와 샤머니즘 신학 그리고 자유주의 신학에서는 영적 돌파의 에너지를 찾기가 힘들다. 문화 교류적인 입장에서 보면 지고(至高)의 변혁(Zenith Transformation)이 필요하다.

넷째, 글로벌 의무의 준행이다. 성경을 해석하되 역사적 문법적 신학적으로 해석을 하는데, 더 나아가서 과학적으로 해석하는 것이 21세기 영적 전쟁의 현실에서는 더욱 필요하다고 여겨 졌다. "E=MC2"의 상대성의 원리를 지상 대명령의 준행이라는 글로벌 의무(Global Responsibility)로 새 해석을 하게 되었다.

마치 사도 바울이 믿음의 법, 그리스도의 법, 성령의 법으로 기독교를 해석한 것과 마찬가지다. 한마디로 영성 전문인주의(Spiritual Professionalism)로 나가자는 것이다.

이를 실행하는 전문인은 하나님의 참된 백성으로 혈통이 아니라 거듭나서 아브라함처럼 하나님께 순복하는 품성을 가지고 예수님을 따라 자기 십자가를 지고 자기를 부인하고 하나님의 뜻을 준행하기 위해서 하나님의 모든 말씀에 순종하고 복종하며 살아가는 성도들이다. 이를 위해서는 유혹을 이기고 연단을 극복하는 노력 즉 하나님 앞에서 하나님이 함께하시는 진정한 회개(悔改)가 성령의 역사로 있어야 영생을 산다.

① 강력한 회개(repentance)여야 한다. 전자 폭탄이나 태양 폭탄과 같은 폭탄으로 죄에 물든 영혼을 하나님의 빛으로 다메섹 도상의 사울과 같이 하나님이 친히 강타해야 한다.
② 치명적인 부흥(revival)을 경험해야 한다. 제2의 평양 대부흥과 같이 하나님이 다시 한번 역사하셔서 동북아 선교의 마지막 장을 열어야 한다.

③ 반복적인 개혁(reformation)을 해야 한다. 미국과 북한 간의 협상에서 후반전도 있고 연장전도 있을 것임을 알고 반복적인 개혁이 이루어지게 되면 변혁, 변의, 변설, 변선이 이루어지게 된다.

④ 은밀한 화해(reconciliation)를 해야 한다. 진정한 하나님의 사랑을 서로가 느끼면 대속적 속죄, 구속적 속죄, 만족적 속죄, 화목적 속죄(대속-구속-만족-화목)를 이루는 하나님의 역사가 내면적으로 먼저 왼손이 하는 것을 오른손이 모르게 은밀하게 하나님이 보시고 하나님이 이루시게 된다.

⑤ 직접적인 구조 조정(restructure)을 해야 한다. 2030 초일류 대한민국의 꿈과 비전이 성취되게 된다.

⑥ 노골적인 빚의 탕감(remission)을 해야 한다. 대한민국은 미국을 위협하는 중국을 제치고 G-1 국가가 되는 것이다. 이것은 우리 한민족이 노골적으로 원하는 꿈과 비전이 되어야 한다. 하나님이 다스리는 하나님의 나라가 되는 것임을 2019년 3월 1일에 선포해야 한다. 이것은 확정되고 확정된 일이다(시 57:7). 이것이 하나님이 기뻐하시는 진정한 초일류 대한민국의 완벽한 선포인 것이다.

이를 위해서 전문인 영성을 재정립하고 적용해야 한다.

① 유혹(temptation)이 아닌 연단(trial)이다.
② 노력(try)이 아닌 피와 땀과 눈물의 정성(effort)이다.
③ 성공(Success)은 세상적인 성공(sex, screen, sports)이 아닌 그리스도 안에서 성공(salvation, sanctification, service)이다. 성공을 위해서는 교회 공동체(church community)가 복음적(evangelical)으로 연합(unity in diversity)이

되어야 한다.

④ 스트레스를 받을 때, 6R(회개, 부흥, 개혁, 화해, 구조 조정, 빚의 탕감)에 기초하여 훈련(train)을 받으면 복음적으로 승리할 수 있는 한반도 나무(local)도 보고 지구촌 숲(global)도 글로컬(glocal)로 보는 고통 가운데 희망의 눈이 열리게 된다.[6]

⑤ 기도, 찬송, 말씀, 생활 전도로 배우고 확신한 일에 거해야 한다(딤 3:14).

⑥ 창조주 하나님을 2019년도 증강 현실[7]의 6차원 교육으로 실현해야 한다(전 12:1). 역사에서 이루어진 현실이기에 3D로 가상 현실에서도 이루어지는 것이고 5G 사회에서 증강 현실로 각 나라와 족속과 방언 가운데 토착화하여 그리고 비판적 상황화하여 얼마든지 체험을 할 수가 있다고 본다.

⑦ 하나님의 뜻은 3-3-1로 10초 안에 상대방을 파악하고 실천하는 전광석화와 같이 영적 전쟁에서 승리하려면 먼저 기도하고 결정하는 자세로 하나님과 합력하여 순간 응답을 받는 것이 지고(至高)의 선(善) 즉 최선임을 알아야 한다(롬 8:28-31).

---

[6] 미국은 세계 공영을 위한다는 명목으로 아시아 공영을 위한다고 달려든 일본에 히로시마와 나가사키에도 원자탄을 퍼부은 나라다. 미국은 현재의 G-1 국가다. 우리가 증강 현실로 미래의 G-1 국가가 되려면 이것도 더러운 전술로 알지만 중공군을 차단하기 위한 전술로 알고 눈감아 주어야 한다. 이것이 진정한 의미에서의 고통과 희망(suffering & hope)의 전문인 신학(professional theology)의 과제다.

[7] ① 야곱의 벧엘의 사닥다리 체험, ② 만나와 메추라기 체험, ③ 홍해 도강의 체험, ④ 엘리야의 갈멜산 전투 체험, ⑤ 아람 왕과의 도단성 전투 체험, ⑥ 사렙다 과부의 종지기 체험, ⑦ 다니엘의 사자굴/불못 체험, ⑧ 공생애의 시작 체험, ⑨ 오병이어의 기적 체험, ⑩ 예수의 죽으심과 부활하심, ⑪ 마가 다락방의 난 곳 방언의 체험, ⑫ 다메섹 도상에서 사울이 바울된 사건, ⑬ 유라굴로 광풍 체험.

북핵 문제 해결이라는 한반도라는 지정학적 운명과 전문인의 지혜를 생각할 때는 "그럼에도 불구하고 축복의 통로"가 되고자 하는 손양원 목사의 사랑의 원자탄과 같은 사고를 해야 한다. 대한민국의 그리스도인의 신앙도 축복과 건강의 신앙을 넘어선 나눔과 구제의 신앙으로 넘어갈 때, 진정한 의미에서의 축복(blessing)이라는 의미가 "피를 흘리다"(bleed)라는 동사에서 나온 명사임을 알게 된 것이고 이를 실천하는 것이다.

대한민국은 한반도에서 한국 전쟁으로 인해 UN 참전 아프리카의 에티오피아를 비롯하여 17개국 그리고 북한에 참전한 나라들에 대한 빚 잔치(remission)를 하고 나서야 비로소 초일류 대한민국으로 나갈 수 있다. 저출산, 저고용, 저생산, 저소득, 고령화로 인한 남한의 경제를 향후 2030년까지 바라봐야 한다.

하나님이 경제의 복잡성 가운데 성령의 인도하심을 통해서 2030년까지 초일류 대한민국을 허락하신다. 대한민국은 골드만삭스의 분석에 의하면 2050년에는 G-1 국가가 된다고 하는데, 그 힘을 가지고 무엇을 위해서 사용할 것인지를 하나님이 기울어진 끓는 가마와 같은 남북의 상황에서 질문하고 계시는 것이다.

아프리카로 발상의 전환을 하면 해결책이 보인다. 2030 미래 선교의 비전은 신의 품성을 닮은 한민족으로서 남을 끝까지 존중하고 배려하는 전문인이 되어서 그리스도 예수를 대신해서 온 세상 가운데 빛과 소금의 역할을 다하라는 것이다.

앞에서도 밝혔듯이 피터 드러커(Peter Drucker)가 말한 전문인(Professional)은 자발적인 의지에 의해서 스스로가 미래의 삶을 개척하는 지식 근로자다. 전문인과 생명에 대한 인식은 바이오(bio)로서의 육생과 조에(zoe)로서의 영생의 차이점을 분명히 인식하고 있음을 밝히고자 한다.

이에 대한 분명한 인식이 없기 때문에 영생교 등 이단이 나오고 기독교를 무비판적으로 토착화하는 것을 볼 수 있다. 이러한 주장을 펼치는 근본에는 세계관(Worldview)이 다르기 때문이다. 다시 말해서 진정으로 거듭나지 못했기 때문에 성경과 다른 주장을 하는 것이다. 육생은 영벌에 처하고 영생은 천국으로 들어간다는 것이 요한복음 3:16의 진리다.

우리는 지금 인류사적 전환기의 전문인 시대를 살고 있다. 진리와 비진리가 난무를 하고 서로의 꼬리를 먹고 먹히는 뱀의 전쟁과 같이 혼돈 가운데 자신의 의에 기초한 주장이 인간 관계를 파괴하고 있다. 그러나 하나님의 영역 주권의 원리대로 2018년 현재 한반도와 국제 사회는 창조적 파괴를 경험하는 전환기의 시대에 와 있다는 사실을 우리는 알아야 한다.

지구촌교회의 이동원 목사님이 늘 말하는 대로 선교사는 균형 잡힌 사고를 해야 한다. 다시 말해서 나무도 보고 숲도 보아야지 숲만 보고 허송세월을 하다가 민둥산이 되어 버리고 나무만 보고 숲을 보지 못해서 강이 다 썩어가는 우를 범하면 안 되는 것이다.

본 어게인 코리아를 외쳐야 한다. 미국도 "America First," 일본도 "Again Japan"이라고 하는데, 왜 우리만 가만히 속이 타 들어가는가?

로렌 커닝햄이 말한 대로 "It's your time!"의 시대가 왔는데, 카이로스의 시간을 통찰하고 있지 못하는지 자문자답을 하고 있는 것이다. 오히려 필리핀의 두테르테가 미국과 중국에 좌충우돌하며 필리핀의 국익을 지키려고 하니 아시아의 작은 영웅으로 비춰는 시대를 살고 있다.

본 어게인 코리아가 되기 위해서는 근친 증오와 같은 동서 간의 갈등과 남북 간의 갈등을 해결해야 하는데 이는 전 세계적으로 확산하는 전 국민 기도 운동을 통해서 가능하다. 왜냐하면, 한반도는 하나님으로부터 1907년 평양 대부흥을 허락받은 나라이기 때문에 다시 한번 가능하다고 본다.

일단 살고 보아야 한다는 실속 챙기기에 급급한 억압받았던 한을 푸는 차원이 아니라 세계 속의 한국, 한국 속의 세계로서의 하나님의 나라 측면에서 자발적인 의지로 스스로가 미래의 삶을 개척하고 하나님과 같이 경영하는 전문인의 사고가 초일류 대한민국을 꿈꾸는 우리에게는 통일한국시대의 전문인이 되기 위해서는 반드시 필요하다는 것이다.

사도 바울이 말한 대로 믿음의 법, 그리스도의 법, 생명의 성령의 법을 모르는 자들인 시진핑 총통령과 은퇴한다는 일본 천황과 재임에 성공한 독재자 러시아의 푸틴과 북한의 김정은에게 정치 충돌과 군사 충돌로 빚어지는 육체적인 전쟁을 하지 말고 사랑의 원자탄을 같이 쏘고 핵무기 철폐, 종족 학살 금지, 환경 오염 중단을 실천하는 친구들이 되는 길은 하나님의 나라와 의를 구하는 전문인 세계관 혁명밖에는 없다.

대한민국은 나무 끝에 달린 까치밥과 같이 인정이 있는 나라로서 전쟁이 없는 한반도에서 살게 하신 하나님의 은총에 감사하며 이후에도 전쟁이 아닌 평화의 왕이 다시 오시는 것을 눈으로 보기를 원하며 날마다 휴거하는 마음으로 살기를 원한다.

우리는 선 긋기의 원한이 세워진 곳마다 그리스도의 십자가를 다시 세워야 한다. 우리 대한민국의 전문인은 더욱 피와 땀과 눈물을 흘려서 대한민국의 빚을 갚는 것은 물론이고 남과 북이 하나님의 시간에 하나가 되고 열방에 빚진 것을 그리스도의 사랑 안에서 대속 재물로 구속적 재물로, 만족적 재물로, 화목적 재물로 갚아 주는 일에 유엔과 국제 사회와 함께 나아가기를 원한다. 지금은 "재물"의 용어를 쓰지만 나중에는 하나님께 거룩한 산 "제물"로 드려질 것을 서원한다.

이를 통해서 한반도의 창조적 전문인화가 이루어지고 우리는 세계 문화시민으로서 인정을 받으며 하나님의 택함 받은 선민이요 하나님의 백성으로서 초일류 대한민국으로 나아가는 길에서 국격의 승화를 체험하게 될 것이다. 한 명의 작은 전문인이 모여서 두 명의 작은 전문인이 되고 예수를 닮은 작은 예수인 이들을 통하여 전문인 소그룹의 집단개종이 이루어지고 다양한 가운데서 조화를 이루게 될 것이다.

조선 말기의 중립화의 실패를 본 대한제국을 반면교사로 이제 2019년의 대한민국은 전문인에 의한 서구 기독교 문화를 우리의 것으로 소화한 창조적 국가가 될 때 미국과 함께 G-1 국가가 되어 인도의 시성 타고르가 예언한 대로 동방의 등불이 될 수가 있다.

왜냐하면, 한국인의 속성은 세계 1위권으로 부상한 기마 민족이다.

그 정체성(identity)은 다음과 같다.

① 근면하고 우수한 산업 전사의 국가.
② 선진기술도입에서 정상의 R&D 국가.
③ 외자로 산업을 건설한 개방 경제 국가.
④ 운명을 바꾼 선택, 해외에서 승부하는 전략.
⑤ 기적의 최종 열쇠 한국인의 DNA.[8]

이러한 기마 민족의 후예가 이제 격변기의 시기에 디지털 기마 민족의 선두 주자로 강력하게 부상하고 있다. 한국인의 4가지 특징을 상관성(relevancy)의 입장에서 보기로 하자.

① 끈질긴 생존 본능, 하면 된다는 신념으로 고난과 역경을 극복.

---

8 김석동, 『김석동의 한민족 DNA를 찾아서』(서울: 김영사, 2019), 30.

② 승부사의 기질로 경쟁을 두려워하지 않고 시장 경제를 빠르게 체득.
③ 강한 집단 의지로 리더십이 확립되면 집단 목표에 돌입.
④ 개척자의 근성 세계를 무대로 나아가서 승부.[9]

이러한 상관성을 가지고 정체성과 상관성의 재조화를 이루며 강소국으로 부상을 하게 되는데, '중국-미국-일본-인도-독일-통일한국-영국-브라질-프랑스-인도네시아'의 순으로 되어서 G-6 국가로 등극할 것으로 예측을 하고 있다.

끈질긴 생존 본능과 승부사 기질과 강한 집단 의지와 개척자의 근성으로 텍스트도 없이 살아남는 기마 민족 DNA로 위기에 강한 국가 세계와 경쟁하는 국가 통일로 번영하는 국가로인 4차 산업 혁명 시대의 준마인 디지털 노마드가 된다.[10] 필자는 영적으로 볼 때, 기독교 신앙에 의해 세워진 G-1 국가인 미국과 함께 영향력에서 세계 1위의 영향력을 지닌 2030 초일류 대한민국의 비전을 가지고 있기 때문이다.

---

[9] 김석동, 『김석동의 한민족 DNA를 찾아서』, 32.
[10] 김석동, 『김석동의 한민족 DNA를 찾아서』, 554.

제17장

결론: 케냐에 간 국가 전문인 선교사 정근모 박사 연구

1. 서론

아인슈타인도 말년에 절대자의 존재를 인정했으며 소명 앞에 무릎을 꿇은 위대한 과학자일수록 신실한 그리스도인이 될 수가 있으니 나의 부족한 헌신이 하나의 밀알이 되어 우리가 21세기 역사적인 역할을 하는 민족으로 일어서는 데 디딤돌이 될 수만 있다면 무엇을 더 바랄 수 있을까(정근모 어록).

케냐의 몸바샤 항에 원전선이 정박하여 아프리카 전역에 전기가 부족한 나라들에 전기를 공급하는 사역을 할 수 있다면 이는 분명 하나님이 기뻐하실 일이다. 이 일을 위해서 사도 바울의 14개의 팀 사역과 같이 케냐 전문인 선교의 현장에 팀이 필요하다. 하나님은 봉쇄된 어항과 같은 한국의 영적 현실에서 영적 돌파를 케냐를 통하여 시작하시는 것이다.

피터 드러커가 말하는 4중 전문성인 창조성, 효율성, 효과성, 융통성이 모두 북핵 문제를 해결하는 지혜라고 본다. 창조성은 이분법을 버리고 제3의 길로서 창조적 중용을 찾아내는 것이다. 효율성은 많은 시간을 보내며 협상하는 경비로 인권 문제 등을 포함한 하나님의 마음을 시원하게 할 수 있는 전략적 협상을 추가로 받아낼 수 있느냐에 대한 것이다. 효과성은 비핵화가 된 후에 북한은 정말 국제 사회에서 인정을 받을 수 있는 문화 교류를 통한 남북문제의 개선을 통해서 2045년경에는 통일이 될 수 있겠는지에 대한 것이다.

그러므로 결국은 우리는 2030년 초일류 대한민국을 꿈꾸면서 2045년까지 가지 않고 통일이 될 것을 바라며 신의 한 수를 통해서 한류가 겪을 수 있는 분단된 조국의 현실을 융섭할 수 있는 4차 산업 혁명 시대를 살고 있기에 우리는 낙관하고 있다.

발상의 전환을 하여 먼저 우리가 아프리카 선교를 통해서 하나님의 종말론적 구원론을 완수하면 하나님은 은혜로 한반도에도 이사야 60:3-4의 말씀처럼 한반도에 이중 은혜를 주실 것이다.

> 열방은 네 빛으로 열왕은 비취는 네 광명으로 나아오리라. 네 눈을 들어 사면을 보라. 무리가 다 모여 네게로 오느니라. 네 아들들(아랍에미리트를 통한 이슬람 선교의 열매들)은 원방에서 오겠고 네 딸들(Kenya를 통한 아프리카 선교의 열매들)은 안기워 올 것이라(사 60:3-4).

이제 에너지 전문인 선교의 "doing mission"을 위해서 거북선의 지혜는 우리의 고단한 한국 사회에 힘이 된다고 고백을 한다. 2019년 현재 미·중 무역 갈등 북한의 비핵화 쇼, AIIB 가입과 사드 배치 등 중국과 미국 사이의 자국 이익주의에 끼어서 울돌목에 갇혀 있는 동북아의 섬이 된 이 나라가 사랑의 원전선(소형 원자력 발전소를 배에 싣고 전력이 필요한 나라마다 방문하여 전기 발전을 시켜 주는 사업이다)을 통해서 초일류 대한민국으로 가는 길목에서 영적 관통을 하는 전문인 선교사업임을 인식해야 한다.

또한, 케냐 몸바샤 항을 거점으로 하는 이동식 원자력 병원선을 추가로 구비한다면 예수님이 가르치고 고치고 선포하신 복음을 실천하는 것이 된다. 이러한 모델은 성결교단의 순교자인 문준경 선교사가 우리에게 주었다고 본다.

현재 중국은 대한민국의 기술력의 50% 정도의 수준으로 서해 연안 도시에 집중적으로 28기의 원자력 발전소를 2020년까지 완공을 목표로 추진을 하고 있고 일본은 이미 후쿠시마 원전 사태로 신용을 잃은 상태이지만 생존을 위해서 원자력을 100%다 가동하고 있으며 한국은 고리 원자력 발전소를 폐쇄하고 간헐적으로 원자력 발전소가 가동이 중단되는 사태를 유도하고 있다.

영국의 유력 매체인「파이낸셜 타임스」(FT)는 신고리 4호기가 유휴 상태로 방치되고 하루에 15억에 달하는 손실이 발생하고 있다고 추산하며 정치적 압력이 원자력 발전을 저해하고 있으며 한전이 상반기에만 1조 2,000억 원의 손실을 입은 것도 원자력 에너지보다 2배나 비싼 액화천연가스(LNG)로 급속히 전환했기 때문이라고 꼬집었다. 원전 수출의 장애는 곧 중국으로의 인재 유출로 이어지게 된다.[1]

언제든지 원자력 발전소의 위기 상황이 발생할 수 있다는 것이기에 먼저 위기 관리 능력을 배양한 원전선을 통하여 동북아 시대의 화해의 조정자의 역할을 감당할 수가 있는 리더가 되게 눈을 뜨게 해 주어야 하는 것이다.

하나님의 카이로스의 시간이 소중하다. 원전선은 노아의 방주와 로고스

---

[1] 「서울경제」, 2018.10.2.

호와 마찬가지로 온 세상을 다니며 어둠에 갇힌 제3세계의 가난한 나라에 빛을 제공하여 주고 병자를 고쳐 주어야 한다. 한마디로 하나님의 사랑의 대사가 되는 것이다.

더구나, 현대판 해상 실크 로드를 따라서 동북아 시대의 해양 리더로서 대한민국(Lead up Korea)이 일어나는 결정적인 일을 감당하게 하는 비즈니스 전문인 선교의 현장을 보여 주게 될 것이다.

라이즈업 코리아는 칭의(Justification)에 의한 일차적 구원을 보여 준 한국교회의 목사 중심의 선교다. 라이즈업 네이션스는 성화(Sanctification)에 의한 이차적 구원을 보여 주는 한국교회의 복음의 확산을 위한 평신도 중심의 선교다. "Lead Up Nations"는 비로소 애화(Lovification)에 의한 3차적 구원의 완성인 영화(Glorification)을 향한 천국선과 같은 한국교회의 선교 완성을 위한 전문인 중심의 선교의 역할 모델이다. 이를 실천하기 위해서는 헌신 즉, 희생이 필요하다.

원전선이 이 시대에 현대판 거북선이 되어서 영적 전쟁으로 승리하며 무궁화 꽃으로 삼천리에서 발원하여 물이 바다 덮음같이 온 지구상에 하나님의 사랑을 증거하는 선교선이 되는 것이 성촌(聖村) 정근모 박사의 사랑의 원전선의 갈 길이다.

2. 본론

영적 전쟁이요, 경제 전쟁에서 하나님의 지혜로 승리해야 한다. 이념 전쟁에서 하나님 중심의 세계관을 가지고 승리해야 한다. 사랑의 원자탄 신학은 실천적으로 하나님의 의의 품성[2]을 닮은 사랑의 원전선이라는 선교 현장이 있기에 글로벌 상황화 신학이 될 수 있다.

2030 미래 예측을 하는 입장에서 보니, 한국은 계속 세속화하고 사람들은 "참 믿음"을 떠나는 것이 분명하다. 이러한 난세에 "참 우리"는 이 풍진 세상을 만나게 되었다.[3]

이 민족과 국가가 주변의 강대국 사이에 근본이 잘못된 세력에 의해서 잘못되지 않고 바울과 같이 이순신과 같이 자신을 비울 때 하나님이 채우심의 법칙을 알고 거북선에서 배운 지혜가 원전선으로 승화되는 전문인 리더십인 종의 도(servantship), 청지기의 도(stewardship), 그리고, 희생의 도(sacrificeship)에 기초하여 원전선 선교 사업을 통하여 "Global Zero Peace"

---

[2] 예수 품성 21가지 가운데 첫 번째로 정직이라는 의에 대해서 말하고자 한다. 하나님의 의가 제공하는 의의 7가지 품성들. ① 의는 율법의 제도와 상관이 있다(롬 3:21 상). ② 의는 하나님의 계시를 배움으로 발견된다(롬 3:21 중). ③ 의는 오직 믿음으로만 얻어지는 것이다(롬 3:22 상). ④ 의는 모든 사람에게 차별 없이 주어지는 것이다(롬 3:22 하-23). ⑤ 의는 하나님의 은혜로 인해 자유롭게 주어지는 것이다(롬 3:24 상). ⑥ 의는 예수님의 구속 사역을 인해 완성되었다(롬 3:24 하). ⑦ 의는 속죄 제물로 인해 값을 치렀다(롬 3:25 상).

[3] 제2기 제8회 동북아미래기획 포럼(이승률 이사장), 2차 북미 정상 회담 평가와 한국의 역할, TV조선
BD 스페이스 리온, 2019.3.15., 정경영 교수 발표 소감문: "한반도의 위기를 극복하기 위해서는 과도한 동맹 의존에서 벗어나야 한다. 그 대신에 힘을 구비한 대한민국이 되어야 한다. 미국 없이는 북한을 이길 수 없다는 생각과 전략적 무기를 미국으로부터 가장 많이 구입하고 있다는 현실 사이에서 PATO와 같은 태평양 지역 안보의 기능을 가진 기구가 만들어져야 하고 일단 전술핵을 달러를 지급하고라도 재배치하는 데서 시작해야 악에 대해서 싸울 의지가 생긴다. 미군이 계속 주둔하느냐, UN군이 주둔하느냐는 것은 강대국이 지역 안보, 사이버 안보, 그리고 우주 안보, 알아서 할 일이고 강소국이 되고자 하는 우리는 만일의 사태를 대비해서 최소의 피해로 국민을 지키고 한반도 재건을 우리의 힘으로 할 수 있는 정서적으로 국민 통합을 해야 한다. 동북아의 공존과 평화는 관용 화합으로 가능하기 때문이다."

운동(핵무기 철폐, 인종 학살 중단, 환경 오염 금지)을 펼치는 축복의 통로로서의 전문인 선교 한국의 사명을 다 감당해야 한다.

2017년 대한민국을 찾았던 중국인 요우커의 숫자가 다시 회복되어 600만 명이라고 한다. 향후 2년 안에 2천만 명에 이르게 된다고 한다.

물질을 가장한 공산주의의 인해 전술을 무찌를 수 있는 것은 예수 사랑의 원자탄을 우리가 먼저 쏘는 것밖에 더 있겠는가!

최근에 「중앙일보」에 82회 연재로 원전의 중요성을 설파하셨던 글로벌 원자력의 아버지인 정근모 박사의 말씀처럼 이제는 기독교 밖에는 한반도의 위기를 구할 조직이 없다.[4]

여기서 우리가 교훈을 얻게 되는 것은 2030년 미래 예측의 입장에서 보면, 백령도, 연평도 등 북한과 지속적인 마찰을 가지고 있는 도서 섬들에서도 전투형 원전선의 모델을 찾을 수 있다는 것이다.

① 무슬림은 대부분의 교회를 사원으로 바꾸었다는 것이다.
② 원자력 병원을 위한 소형 원전선을 개발하는 것도 중국의 요우커들을 고급 환자로 유치하는 원자력 병원 선교 전략이다.

---

[4] 「중앙일보」, 2018.9.29.의 기사를 읽어 보았으며 마지막 회에까지 실린 내용의 핵심은 아래와 같다. ① 도산 안창호 선생의 가르침대로 꿈속에도 정직한 사회를 이루자. ② 지식 전수를 넘어 서로 협업하고 인정하며 함께 하도록 인격 교육을 하자. ③ 과학 기술에 계속 도전하고 개척해 무한 가치 창출의 과학 기술 경제를 건설하자. ④ 지구촌 환경 오염을 최소화하여 전력을 공급하는 산전국이 되자. ⑤ 핵무기같은 대량 무기를 근절하고 국민이 공포에서 벗어나도록 6자 회담을 확대한 지역 안보 기구인 아시아 태평양조약기구(PATO)를 창설하자. ⑥ 모든 국민이 노후에도 편히 지내도록 사회 안전망을 강화하고 능력 있는 시민들은 나눔과 이타의 봉사 정신을 발휘하자. ⑦ 한류를 확대 생산해 대한민국을 희망의 브랜드와 메시지로 만들자. ⑧ 지도자들은 사랑과 봉사의 일꾼이 되고 대한민국은 국제 사회의 헌신적인 친구가 되자.

③ 해양에서 해적들을 차단하는 방어로서의 핵무기를 장착한 원전선과 미사일 부대도 같이 필요하다.

④ 원전선과 함께하는 한류 관광 사업을 계발해야 한다.

⑤ 7개의 거점에 온라인 신학교육의 오프라인 교육을 보완할 수 있는 "multi-campus satellite mission center"인 원전선O2O플랫폼대학교를 세울 수 있다.

우리가 방문한 충남 보령시의 고대도를 비롯한 10개의 섬들을 보면서 고린도에서 천막을 수선하는 텐트메이커였던 사도 바울이 브리스길라와 아굴라와 함께 실천한 자비량 선교의 시역과 함께 종합적으로 소아시아의 7개의 섬에 팀으로 한 사역과 마찬가지로 독일에서 가죽 허리띠를 만드는 기술자였던 귀츨라프의 전문인으로서의 직장 선교 정신인 자치(self-governing), 자립(self-supporting), 자전(self-propagating), 자신학(self-theologizing), 자경영(self-managing), 자선교(self-missiologizing)의 전문인 신학의 주춧돌을 재발견을 해야 한다.

2030년까지 한반도가 초일류 대한민국으로 가는 순례자의 길에서 라이즈업 코리아로 나라를 세워 주셨으니 라이즈업 네이션스로 초일류 대한민국의 기틀을 다지고 "Lead Up Korea"로 하나님이 쓰시는 초일류 대한민국으로 나가는 대업을 완수하는데, 섬김의 도(servant-ship), 청지기의 도(steward-ship), 희생의 도(sacrifice-ship)가 필요함은 두말할 것도 없다.

핵무기와 원자력 발전의 차이점을 잘 모르는 그러나 무조건 핵 없는 사회 운동을 하는 시민 단체들을 볼 때 이것이 원자력 에너지를 생산하는 "doing mission ship"으로서의 원전선에 대한 소개를 제대로 해야 하는 이유라고 본다.

영적 전쟁에서 승리하는 성경적인 삶의 기본 원리는 모든 사람에게 적용되는 것으로 선택사항이 아니다. 따라서 인간은 누구나 이 원리를 따르지 않으면 하나님의 뜻을 위반하는 결과를 초래하게 된다.

사도행전 27-28장은 유라굴로 광풍 앞에서의 항해는 영적 전쟁의 교과서와 같다. 이 본문에는 영적 전쟁을 일으키는 돈, 권력, 섹스에서 제외된 지중해 유라굴로 광풍, 즉 저들이 말하는 해신 앞에서의 사건이기 때문이다. 이 본문에서 평안, 감사, 청결, 기쁨, 찬양, 축복을 발견할 수 있기 때문이다.

흔들리는 바다에서 승리했다면 메마른 땅에서도 승리할 수 있기 때문이다. 히브리어 스올(Sheol)과 헬라어 하데스(Hades)의 지옥의 권세를 이겼으니 여기서 끝이 나는 것이 아니라 이제 육지 귀신인 로마의 제우스 신에게로 나가는 것이다. 귀신을 축사하는 것이 최종 목표가 아니고 그다음에 온전한 복음인 그리스도의 새 계명을 전해서 복음이 확산되도록 하는 데 가지 나가야 한다. 이것이 영적 전쟁의 마지막 시상대 앞에 서는 일이다.

그러므로 영적 전쟁에서 승리하는 비결은 견고한 진을 파하고 얻은 칭의의 삶에서 날마다 지속적으로 성화를 유지하는 것이다. 성화를 유지하는 것은 십자가의 사랑을 실천하는 애화이니 날마다 하나님의 말씀을 붙잡고 예수님 중심의 해석을 하며 무장하는 것이다.

주 안에서 거하는 삶을 살아야 하는데, 이는 그리스도 안에서 그리스도와 교제하는 기도, 찬송, 말씀, 생활 전도의 삶을 사는 것이다. 그리고 자기 자신을 쳐서 복종하는 절제의 삶을 살아야 한다. 그리고 말씀으로 채울 때 마귀와의 싸움에서 능력이 나타나는 것이다. 그리고 매일 말씀 연구를 통한 성령 충만을 통해 죄에 대하여, 의에 대하여, 심판에 대하여 깨닫게 하시는 성령의 음성에 민감하게 반응하고 실천해야 한다.

이미 십자가에 못 박힌 우리가(갈 2:20) 나는 죽고 그리스도만의 자세로 날마다 정과 욕심을 십자가에 못 박는 삶을 살아야 한다(갈 5:24). 그리고 선교지에 나가면 혼자 있게 되는 때가 많기 때문에 항상 자기를 살피고 영적으로 각성하고 항상 깨어서 일어나 이방의 빛을 발하는 삶을 살아야 하늘의 평안, 날마다 감사, 마음의 청결, 샘솟는 기쁨, 영혼의 찬양, 강 같은 축복이 물밀듯이 채워져서 주의 은혜로 주님이 내안에 사셔서 승리하게 하신다.

흔들리는 바다 위에서 이순신 장군이 임진왜란과 정유재란의 해전들에서 23전 23승을 하신 것처럼 원전선이 성공을 한다면 고리 월성 원자력 발전소도 승리를 할 수 밖에 없다.

핵 없는 세상을 위한 한국 그리스도인 연대에서는 핵 없는 생명 세상을 위한 총회에서 굿바이 수명 다한 노후 원전을 주장하고 있다.[5] 이 문제의 해결은 목사 선교도 아니고 평신도 선교도 아니다. 제3의 길로서의 연합인 전문인 선교가 그 정답이다. 그 전문인 선교의 역할모델로서 원자력 에너지 선교의 가능성을 소개했다.

세계교회협의회(WCC)에서는 오늘날 핵에너지를 판단하는 데 있는 에너지 윤리 원칙을 세 가지로 지적하고 있는데, 이를 평가하면 아래와 같다.

① 창조 세계의 지속 가능성을 촉진하기 위해서 미래 세대에 대한 책임의 원칙을 원전선을 통한 에너지 선교로 가능하다.

---

[5] "핵 없는 세상을 위한 한국 그리스도인 연대 2015년 제4차 총회," 기독교회관 2층, 57. 그 이후로 고리 원자력 발전소는 폐쇄가 되었다. 대한민국의 탈 원전 정부에 의해서 교묘하게 북한의 김정은의 비핵화를 위한 시간을 끌고 국제 사회의 제재를 무력화시키도록 돕는 것이 아니냐는 오해를 불러일으키고 있다.

② 인간의 생존과 성취를 가능하게 하는 정의의 원칙을 원전선을 통하여 GZP(핵무기 철폐, 종족 학살 금지, 환경 오염 중단) 운동으로 가능하다.
③ 삶에 직접적인 영향을 미치는 에너지 선택에 사람들이 참여하게 하는 원칙을 통하여 원전선에서 사역하는 전문인 선교사들을 통하여 전 신자 선교사주의가 실현 가능하다.

한마디로 이러한 세 가지 원칙을 모두 충족시키는 현대판 피타고라스의 원칙의 적용이 원전선이라고 평가하고자 한다.

전문인 선교 전략의 입장에서 문제해결을 위한 협상의 원리에 기초하여 원전선을 통한 전문인 선교를 평가하도록 한다.

① 무슨 일이 일어나야 하는지를 이해하라.
② 다른 사람들의 경험으로부터 배워라.
③ 종합적인 전략이나 접근을 개발하라.
④ 문제를 해결하기 위한 계획을 개발하라.
⑤ 계획을 실행하기 위한 지원을 확보하라.
⑥ 계획을 실행하라.
⑦ 결과를 활용하라.[6]

---

6 J. 마크 테리, J. D. 페인, 『선교 전략 총론』, 임주연 역 (서울: CLC, 2015), 425-27. 이에 대한 전문인 선교 전략적 평가를 하면 아래와 같다. 전통적인 선교 전략이 아니라 전문인 선교 전략이며 단순한 비즈니스 선교 전략이 아닌 에너지 선교 전략 가운데서도 원자력 에너지를 생산하는 배라는 개념이다. 이동식 미소 밥차라든지 최근의 문화 선교에서 사용되는 사역에서도 운전선이라는 개념이 가능하지만 무엇보다도 이순신 장군의 4대 대첩 가운데 특히 옥포대첩과 사도 바울의 3차 선교 사역지에서 얻은 경험을 사용한 것이기에 글로벌한 선교 전략으로 발전할 수 있다. 원전선을 건조하고 로고스호나 둘

이러한 문제 해결의 원리대로 진행되면서 초일류 대한민국을 이루어가며 구원선으로서의 노아 방주요 선교선으로서의 갈대 상자의 역할을 다할 수 있도록 다시 우선순위에 집중하는 것이 원자력 에너지를 생산하는 원전선을 통한 전문인 선교의 길이며 초일류 대한민국으로 나갈 수 있는 첩경을 여는 길이기도 하다.

세계무역센터의 무역 전시선의 비즈니스 선교적인 기능을 할 수 있다. 이제 장보고가 꿈을 꾸었던 해양 국가의 의미가 우리 남한에 무엇을 의미하는지 알게 되었으며 칼 귀츨라프의 고대도 선교를 통해서 이미 하나님이 조선반도를 축복의 당으로 점지하셨던 것을 확인할 수 있었다.

로렌 커닝햄이 말한 전 세계의 항구 도시마다 YWAM 지부를 세우는 전략이 무엇이었는지 비로소 깨닫게 되자 장자의 호접몽(胡蝶夢)이 바로 이것이었다고 생각을 하게 되며 도산 안창호 선생님의 호가 왜 도산(島山)이

로스호와 같이 병원선교선과 같은 개념으로 응용하여 사역을 할 수 있다. 여기에 원자력 병원선과 이동식 밥차와 같은 한류 음식과 문화 사역도 가능한 한강의 새빛 둥둥섬과 같은 기지를 피선교지의 거점을 만들어서 사역을 할 수도 있다. 실제로 사도 바울이 1-3차 선교 사역과 로마로의 여행에 이르기까지 14개의 선교팀을 구성한 것과 마찬가지로 다양한 원전선을 활용한 에너지 전문인 선교팀을 구상할 수 있으며 기독교 역사의 사례에서 다양한 특징적인 섬들로부터 얻은 정보를 2030년까지 남한의 서해 여러 섬을 개발하는 데 활용할 수 있다. 원전선이 필요한 것은 일본의 후쿠시마 원전의 사고와 함께 문제의식을 가지고 비롯되었으며 향후 우리나라의 서해안 방면으로 중국이 2020년까지 28기의 원자력 발전소가 건설이 완료된다는 가정하에 일어날 안보적인 측면에서 볼 때 움직이는 원자력 발전소인 원전선은 이 시대의 거북선과 같은 역할을 반드시 할 것으로 보인다. 원전선을 통해서 전문인 선교를 하기 위해서는 먼저 옥포에 원전선 건립이 발주될 수 있도록 해야 할 것이다. 이를 국민에게 설득할 수 있는 가장 좋은 무기는 원자력 발전소의 잦은 고장을 침소봉대하는 핵 없는 세상을 위한 한국 그리스도인 연대와 같은 NGO 등 반대자의 입을 봉쇄할 수 있는 무기가 되기 때문이다. 그것은 다양한 유형의 원전선을 만들어서 위기 관리 안보적인 측면에까지 능력을 보여 주는 종합 전략을 구축하는 것이 중요하다.

었는지 그분의 마음을 알고 옷깃을 여미게 되며 이를 융섭한 정근모 박사의 천재성을 생각하게 된다.

구약의 니느웨성의 회개를 외치던 정신없는 선교사 요나(비둘기)가 신약에 오면 물고기를 잡는 바요나(요나의 아들) 시몬이 된다.

그 율법에 매어 있던 바요나 시몬이 고넬료의 집의 환상을 보며 하나님의 은혜를 체험하고 이방인 선교의 문을 연 가이사랴 빌립보의 바닷가를 상상해 보라.

성도의 연합으로서의 교회의 머리 되신 그리스도의 몸으로서의 교회를 완성케 하신 하나님의 비밀의 경륜을 하와이 코냐와 충남 보령의 고대도에서 다시 한번 깨닫게 된다. 그리고 그것이 이 시대에는 우리에게 전문인 선교로서 원자력 발전을 통해서 하나님의 사랑을 실천하는 원전선임을 다시 한번 거듭 깨닫게 된다. 하나님은 살아 계신 참 하나님이시다.

이러한 하나님의 경영을 이루기 위해서 먼저 아프리카의 르완다-가나-케냐에서 먼저 이 일을 성취하고자 하는 것은 하나님의 뜻이라고 본다.

특별히, 사도 바울이 선교한 로도스섬에 있는 페탈루데스(나비 계곡)은 그리스어로 '날다'라는 뜻에서 파생한 페탈루다(나비)가 떼를 지어 다니는 것으로 유명하다. 우리나라의 전남 함평도 나비 축제가 있다. 1999년부터 시작된 함평 나비축제는 지역 축제를 떠나 세계 축제로 승화시켰는데 2008년 나비 곤충 엑스포 때는 함평을 찾은 관광객이 무려 126만 명이나 되었고 입장료 수입만도 93억 원이라는 수입을 올리고 간접 수입까지 합치면 120억의 소득을 올린 것으로 보고되었다.[7]

여기에는 로마서 8:1-2의 애벌레가 나방이 되는 것과 같은 영적인 차원

---

7 장송학, 『열정은 시련도 녹인다』 (서울: 마들, 2011), 24.

에서의 변혁(transformation)을 묵상하게 해 준다. 경영 행정을 디지털 노마드로 전수하라는 것이다.

남북이 분단된 2019년 코리아가 향후 핵 문제를 지혜롭게 해결하는 비법을 제시해야 한다.[8] 라이즈업 코리아에서 라이즈업 네이션스로 그리고 리드업 코리아(Lead Up Korea), 리드업 네이션스(Lead Up Nations)로 발전하듯이 변혁(transformation)은 변의(transmeaning), 변설(transpreaching), 변선(transmission)으로 완성되는 것이다.

다시 말해서 원자력 발전의 유용성과 핵무기의 안보성을 융합한 역할이 위기 관리 리더십에 여전히 요청되는 것이다. 핵폐기물 저장 장소 선정 등 문제가 많은 한국의 경우에는 원전선의 유익성과 함께 충남 보령시를 비롯한 여러 섬과 원자력 발전소 폐기물 처리장이 동시에 머드 축제와 같이 가는 축제성을 부각해야 해양 시대에 해양강국이 된다.

---

[8] 무에서 유를 창조한 것은 하나님의 전능성이다. 그러나 아닐 비(非, Wrong)에서 옳을 정(正, Right)을 창조할 수는 없다. 북한의 비핵화는 오래된 비원이다. 공산주의로 한반도를 엮으려다가 허리춤의 밧줄이 끊어진 것이다. 사랑의 밧줄로 꽁꽁 묶어야 한다. 여기서의 사랑은 십자가의 사랑에 기초한 서로 사랑이다. 비핵화가 26년 동안 안 되니 북한은 핵무장 국가가 되고 대한민국 대만 일본은 핵 공유 체제를 유지하게 될 것은 자명하다. 조기에 '관용과 화합'의 정신으로 한국 정부가 미국의 양해로 전술핵 재배치를 다시 할 수 있도록 기도해야 한다. 한국의 전문인들이 깨어서 세계 속의 한국을 축복의 통로로 나누어 주는 일을 가속화해야 한다. UN참전국들을 비롯한 제3세계의 아시아 아프리카 남미의 여러 국가가 대한민국과 함께 비폭력 무저항주의로 핵무기 철폐 종족 학살 금지 그리고 환경 오염 중단을 계속 실천하고 있어야 한다. 그리고 NATO와 같은 지역 방어를 위한 태평양조약기구(PATO)를 6자회담 참여해야 한다. 무에서 유를 창조한 것은 하나님의 전능성이다. "이 일에 하나님의 긍휼과 자비를 구하자." 세속적인 공산주의와 시장 경제 민주주의에 대한 소통은 불가하며 영적으로 물과 성령으로 거듭나는 것이 우선이다. "하나님의 시간에 영적 돌파가 이루어져야 한다." 하나님의 나라 차원에서 오래 참고 기다리며 위기를 기회로 삼아 하나님의 눈동자와 같은 가난한 자 병든 자 고아와 과부를 돌보는 씨알인 핵에 숨이 트이도록 영생의 선물을 신의 이름으로 부여하는 특권을 즉시 신실하게 해야 천손 민족이요 아리랑 민족이다.

향후 2019년 2월 기도하는 나라들에 과학 기술을 전파하기 위해서 아프리카 케냐에 설립을 위한 기공식을 한 NAIST는 한국의 KAIST와 KINGS(국제원자력대학원 대학교)의 기능을 융섭한 대학교가 되면 어떨까? KAIST가 설립될 나이로비 인근의 KONZA 도시를 성촌 KONZA 7대 비전[9]으로 업그레이드하는 프로젝트를 제시하면 될 것이다[10]. 그렇다면 원자력 병원도 설립되어 AIDS로 죽어 가는 많은 아프리카의 하나님의 백성들을 구원할 수 있을지도 모른다. 이것이 진정한 한류에 의한 성촌 사랑의 원전선 이야기의 별미다. 원자력 에너지는 아프리카인의 시련과 눈물도 녹일 수 있기 때문이다.

3. 결론

필자는 1832년 귀츨라프 선교사가 충남 보령의 고대도에 오셔서 25일 머무는 동안에 주기도문을 한글로 번역한 것을 기억하며 주기도문에 기초하여 직장 선교의 비전을 단계별로 구체적으로 6R(회개, 부흥, 개혁, 화해, 구

---

[9] 성촌 KONZA 7대 비전: ① 누구나 살고 싶은 경쟁력을 갖춘 KONZA를 건설하는 데 조력한다. ② 기업하기 좋은 도시, 일할 맛 나는 도시 KONZA가 되도록 조력하겠다. ③ 쾌적하고 살기 좋은 맑은 도시 KONZA가 되도록 조력하겠다. ④ 품격 있는 교육 문화 도시 KONZA가 되도록 조력하겠다. ⑤ 누구나 살고 싶은 안전하고 편리한 KONZA가 되도록 조력하겠다. ⑥ 나눔과 희망의 복지 KONZA가 되도록 조력하겠다. ⑦ 깨끗하고 투명한 KOREA기업인이 KONZA에 오도록 조력하겠다.

[10] 교회 설립 건축, 선교 병원, 의료진, 신학교 설립, 고아원 설립. 유치원 설립, 초등학교 설립(2개소), 중등학교 설립, 기도원 설립, 가나안 농업선교, 케냐 기독교 방송국 설립, 수시 의료 사역 실시, 선교 비전 트립 사역, 선교사 훈련(정기), 케냐 목회자 한국-미국 방문 사역(년1회), 미전도 종족 양육 사역, KAIST 대학장학금 지원 사역 등 인프라를 구축하고 도시 재생 사역을 보조해야 한다.

조 조정, 빛의 탕감)-6S(구원, 성화, 봉사, 종의 도, 청지기의 도, 희생의 도)에 기초하여 주의 도(Lordship)를 실천해 나가는 2020-2030년의 원전선 전문인 선교 로드맵을 이제는 케냐의 KAIST 설립으로 좀 더 구체적이고 체계적으로 디자인을 단계별로 해야 한다.

이제 대륙 간의 율법 같은 국경은 사라질 것이다.
이제 자유 민주주의 시장 경제는 가능해질 것이다.
이제 군사력은 아프리카 유니언이 담당하게 될 것이다.
이제 4차 산업 혁명 기술은 KAIST가 5G로 협력할 것이다.
이제 한류가 섬기는 리더십을 보여 주니 내정 간섭은 사라질 것이다.
이제 국가의 진정한 가치는 하나님의 나라임을 알게 될 것이다.
이제 국가의 진정한 주인은 참주인임을 알게 될 것이다.
이제 아프리카는 무한한 자원을 나누는 축복의 통로가 될 것이다.
이제 제국주의는 멸망당하고 하나님의 나라가 영영할 것이다.

향후 케냐의 KAIST인 NAIST는 정근모 박사가 에너지 공급자의 이미지를 가지고 사랑의 빛을 쏘아주는 역할을 하면 하나님의 영광의 빛이 발하게 된다. 이 빛이 '아랍에미레이트-사우디-케냐-루마니아-중남미'로 이어지는 하나님의 영광을 드러낼 수 있다.
시간이 가면서 한국의 KAIST와 KINGS의 기능을 융섭한 대학교가 되면 어떨까?
그렇다면 원자력 병원도 설립되어 AIDS로 죽어 가는 많은 아프리카의 하나님의 백성들을 구원할 수 있고 치유 받은 자들을 그 옛날 아프리카의 조상들이 영매의 역할을 했다면 이제 2019년 이후에는 로봇 시술을 하는 의사로 키울 수도 있을지도 모른다. 이것이 진정한 한류에 의한 "성촌" 사랑의 원전선 마을 이야기의 별미다.

2030 케냐 전문인 선교 전략은 다음과 같다.

① 케냐에 민족 화합기도회를 설립하여 아프리카 국내 선교의 일환으로 피스메이커 운동을 펼치면 된다.
② 바닥 공동체의 정서를 이어받아 케냐식 헤비타트 운동을 펼치게 된다.
③ 복음 전도를 위한 "케냐 성촌(聖村)의 집"을 만들어서 케냐 전통 과자를 구워서 자립하는 복음의 구멍가게, 오두막집을 만들고 운영하며 셀 그룹으로 번식한다.
④ 한국-케냐 청소년 집회를 KAIST에 열어서 코리안 디아스포라 리더들이 대거 모이는 한국 문화와 한국어를 전파하는 격 연례 행사를 한다.
⑤ 세종학당을 세워 삼성, SK 등에 취업하게 하고 한류 문화 교류를 실천하는 문화 교류 센터를 증강시켜 문화 교류 강국을 실천한다.
⑥ 시더 모임을 만들어서 기독 실업인들이 케냐 뉴딜정책에 마중물로 참여하는 오피니언 리더를 양성한다.
⑦ "RUN Africa" 사역의 핵(核)기지로 하나님이 인정하시는 해 돋는 나라 케냐가 되게 한다(삼하 23:4-5).
⑧ 케냐 KAIST에서 아랍에미리트와 사우디로 그리고 루마니아로 선교사를 KAIST 교수 선교사를 파송한다.
⑨ 케냐의 몸바사에 원전선 기지를 만들어 중국의 정화(鄭和) 원정의 유산을 중국과 함께 일대일로를 넘어선 KINGS 길로 재구성하여 동인도회사에 빼앗겼던 신실크로드를 다시 Back to Jerusalem을 비전으로

하는 문화 교류 선교를 실천한다.
⑩ "KBS/CBS Africa"를 통하여 철저한 현지화로 아프리카 54개국에 글로벌 최고의 한반도의 자연과 자연을 정보를 송출한다.

한국-케냐의 참주인 선교
흑석동으로 빠르게 간다
아니 벌써 나 여기 있나
가상 현실을 느끼지 못한다
한국 선교 침체한 건가
돌아보니 방향이 잘못되었다

알 수 없는 머나먼 길
이디오피아 내시 간다게의 길
흑진주로 사파리로 나아간다.
쿤타킨테의 부모가 눈물을 흘리며
씨를 뿌린 곳에 추수기를 당해 내디뎌 간다

오늘이 시간의 추로 나를 반긴다
어제와 오늘의 공간의 추로 융섭되어
과학적 기업 선교로 아프리카를 살린다
이것이 세계 지정학이다

선교하며 춤을 추자
아프리카인을 춤추게 하자

된다 된다 믿으면서
웃으며 춤추어 보자
초일류 아프리카가 된다

즐겁다 웃으면서
하얀 이를 드러내며
당당하게 주님 앞으로 가자
어제의 코리안은
오늘의 아프리카인이 된다

그리고 아프리카 나이로비의
황야를 카우보이가 아닌
목자가 되어 물가로 걸어간다
물가에 비친 천국의 도성을 본다.

선목(宣木) 김태연 약력

1956.　　대구 출생
1976.　　서울고등학교 졸업(28회)
1982.　　한국외국어대학교 中國語과 졸업(부전공:국제통상학)
1985.　　한국침례신학대학원 졸업(M.Div. 2회)
1989.　　Mid-America Baptist Theological Seminary(M.A.R.E.)기독교교육학
1991.12. Mid-America Baptist Theological Seminary(Ph. D.)(전공: 선교신학, 부전공: 조직신학, 구약학-창세기)

■ 가족 관계
사모 김연화(1959.2.8.)
아들 김학연(1994.3.22.)

■ 경력
1982-85. 침신학보 편집실장
1985-86. 한국침례신학대학교 대학원 조교/박사 과정
1986-87. 조선일보 워싱톤 기자(Washington Post 번역) 역임
1987-91. 멤피스한인침례교회 전도사 및 부목사 역임(담임:박승빈 목사)
1989.　　Outstanding Young Man of America 상 수상
1991.-1995.4. 워싱턴한인침례교회 담임 목사
1995.5.-2005.2. 한국전문인선교훈련원(GPTI 원장)
1995.5.-2003. 지구촌교회(이동원 목사) 선교협동목사
2003.5.-2009. 강남중앙침례교회(피영민 목사) 선교협동목사
1995-2005. 침례신학대학원 선교학과(강사, 겸임교수) 역임
1996.이후 서울신학대학원, 성결대신학대학원 선교학과 강사 역임
　　　　극동방송운영위원(김장환 목사)
2001.6-현재 미드웨스트대학교(세인트 루이스) 선교학 교수
2003.11. 한국전문인선교협의회(KAT) 회장 역임

2002.2. 구로/잠실 CBMC(한국기독실업인회) 강사 역임
2002.5. SAM의료복지선교회(박세록 장로) 고문 역임
2002.5. 세계전문인선교대회 유치 위원(5월 20-23일 서귀포, 제주도)
2003.3.-2005.8. 한국외국어대학교(기독교와 문화) 강사 역임
2003.1.-2005.7. 외대선교센타교회 개척/담임. 외대목회자협의회 총무
2005.   KWMA NCOWE IV 협동 총무/전문인 선교 분과위원
2005.-2007. 2007 포럼 선교 분과위원장
2005.-현재 한국신학회 총무 이사
2005.3.-현재 한국전문인선교원(GPI) 원장
2010.-2013. 할렐루야 교회(김상복 목사) 협동 목사
2010.-2014. 한국 로잔위원회 총무 역임. 중앙위원(현)
2010.-현재 국제사이버신학교 선교학 교수
2012.-2017. WIN CHURCH 목사
2012.-현재 라이즈업코리아 법인 이사, 교육 본부장.
2018.-현재 Cincordia International University 경영 학장

■ 선교지 경험
미국: 해마다 신학교 특강으로 강의, 선교 부흥회 다수
중국: 해마다 3-4차례 연변 과기대 중심으로 사역, 연변 지하 신학교, 샘 단동 병원 사
     역 지속적 참여
카자흐스탄/우즈베키스탄: 컴퓨터문화원(1999) 사역
러시아: 단기선교 임상실습(1998) 사역
인도, 파키스탄: 선교 임상실습(2000) 사역
일본, 인도네시아, 말레이시아, 싱가포르 외 20여 개국 이상

■ 기타
극동방송(김장환 목사) 운영위원
크리스천 문학신인상 수상(2006.3.)

■ 저서

선교의 패러다임이 바뀐다 (창조, 1999, 공저)
전문인선교사를 깨워라 (이레서원, 2001)
전문인선교사를 구비시켜라 (치유, 2001)
전문인선교사로 살아라 (치유, 2003)
전문인선교학총론 (미드웨스트, 2002)
전문인설교코드분석 (보이스, 2002)
전문인선교폭발 (수하 프로패셔날, 2004)
전문인선교사로 나가자 (예영, 2004)
전문인신학서설 (바울서신사, 2004)
전문인선교행전코드분석 (수하 프로패셔날, 2004)
유아세례 다시 보기 (바울서신, 2004, 성결교신학회, 공저)
전문인 선교의 패러다임이 바뀐다 (바울서신, 2004, 공저)
선교하며 춤을 춰라 (수하 프로패셔날, 2006 공저)
전문인 신학 (예영, 2006)
비즈니스 전문인 선교학 (수하 프로패셔날, 2008)
전문인선교 전략 (보이스사, 2010)
하나님의 손수건 1, 2 (수하 프로패셔날, 2011)
2030 미래 예측 품성설교집 제1-6권 (선교목회연구원, 2017)
한국교회와 중국선교 (CLC, 2017)
파파 서번트 리더십 (LPGA, 2019)
마마 메이드 서번트 리더십 (LPGA, 근간)
한국교회와 아프리카 선교 (CLC, 2020)

■ 시집

선교나무 (C & G, 2002, 개정판)
단동으로 가는 길 (C & G, 2002)
당신을 살리는 나무가 되리 (C & G, 2003)
하나님의 손수건 (굿 글로벌, 2010)
화해의 강 (비전사, 2011)

■ 논문

석사 학위: 1980년대의 한국교회의 中共 선교에 대한 선교방법연구, 한국침례신학대학
원, 1985.

박사 학위(Ph.D.): 1890-1990년까지의 한국 土着化 신학에 대한 비평-침례교의 입
장을 중심으로-, Mid-America Baptist Theological Seminary, 1991.12.(지
도 교수: Dr. John. D. Floyd, Vice-President), Memphis, Tennessee, USA.

■ 소논문

한국전문인선교운동의 내용과 방향, 한국전문인선교협의회, 2003.11.27. 발제

구속적 유비와 전문인선교의 상관관계고찰-지역 선교학 연구를 위한 전제, KMQ. 2004
년 봄호 게재 외 다수

연락처: 010-4983-0208(핸드폰), 031-383-9677(자택)